Die großen Mätressen

Alfred Semeran
Paul Gerhard Zeidler

Die großen Mätressen

Voltmedia

ISBN 3-937229-75-2

Gesamtherstellung: Oldenbourg Taschenbuch GmbH, Kirchheim

Einbandgestaltung: Oliver Wirth, Bonn

Bianca Capello

Vierundzwanzig Jahre hindurch hielt diese Frau eine Welt in Atem. Elend, Erniedrigung, Aufstieg, Glanz und Pracht bleiben unlösbar mit ihrem Namen verknüpft: „Bianca Ca pello, Großherzogin von Toscana"; geboren 1548, gestorben 1587. Sechzehnjährig, die schönste Venezianerin ihrer Zeit, begegnete Bianca auf einem Kirchgange Pietro Bonaventuri. Dieser hübsche, leichtsinnige Jüngling, seines Zeichens Bankkommis im Hause Salviati, wurde des Mädchens Schicksal. Viel Ehrgeiz, viel Ruhmsucht und krankhafte Freude an äußerem Prunk lebten in Bonaventuri. So wählte er, das einfache Kind des Volkes, ein Narrenkleid, um die Glücksgöttin herauszufordern. Die Kunde von der schönsten Tochter der Lagunenstadt, der vornehmen Patrizierin Bianca Capello, war zu ihm gedrungen. Heimlich entwendete er Geld, kaufte sich ein purpurrotes Seidenwams mit gleichfarbigem Barett und suchte eine Begegnung mit Bianca. Als das Mädchen den Dom zu San Marco verließ, sah sie ihn. Ein Blick, ein stummer Gruß unter züchtig gesenkter Wimper; beider Schicksal war besiegelt.

Von hilfsbereiter Dienerin unterstützt, sah Bianca Capello den Geliebten nun oft. Zum Narrenkleid der falsche Name; für das ahnungslose Mädchen hatte der Name Pietro Salviati berückenden Klang ...

Im prächtigen Palazzo Capello lebte Bartolomeo Capello nur dem einen Ziele, seine herrlich erblühte Tochter einem vornehmen Manne zu vermählen. Durch ihre verstorbene Mutter, eine geborene Morosini, war Bianca reich und kostbar ausgestattet worden.

Während vieler verschwiegener Nächte gab sich das betörte Mädchen sorglos ihrem Glücke hin. An einem Tage erlosch alles: Jugend, Glanz und Glück. Bianca fühlte sich Mutter. In tödlichem Entsetzen erkannte sie, daß es nur eine Rettung gäbe für sie und Pietro: die Flucht. Die Gesetze der venezianischen Gesellschaft waren äußerlich sehr streng; sie erklärten ein Mädchen in Acht und Bann, das ihr Magdtum gläubig dem geliebten Manne gab.

Es kam die Flucht.

Es kam der Skandal im Palazzo Capello.

Brutaler hatte wohl die Lebensnot nie einen Liebestraum zerstört als diesen. Die Flucht wurde entsetzlich. Als Bianca auf der Flucht vor einem Priester stand, um sich mit Pietro zu verbinden, erfuhr sie Bonaventuris schändlichen Betrug. Bianca war eine Venezianerin, und so zuckte sie nicht einmal zusammen, als der Priester in der Trauformel den Namen „Pietro Bonaventuri" nannte. In Venedig ritt die Vergeltung schnell. Der Hohe Ritt unter dem Vorsitz des Dogen hielt Gericht. Zu diesem Rate gehörte auch Biancas Oheim Grimani, der Patriarch von Aquileja. Im Palazzo Ducale wurde das Urteil gesprochen. Die Dienerin Biancas und der Onkel Pietros wurden wegen Beihilfe zur Flucht zu lebenslänglichem Kerker verurteilt. Den Entführer Bianca Capellos, Pietro Bonaventuri, verurteilte der Senat *in contumaciam* zum Tode. Für die Ergreifung der Flüchtlinge wurde eine Summe von tausend Dukaten ausgesetzt. Die gleiche Summe gab der tiefverletzte Vater Bartolomeo Capello aus eigenen Mitteln.

Dieser Schiedsspruch war schlimmer als sofortiger Tod! In der Folge lernte die junge Bianca die Furchtbarkeit ihrer Lage immer klarer erkennen. Sie, das verwöhnte, gepflegte Kind aus altem, reichem Hause, schleppte sich mühsam, gesegneten Leibes, wie eine Diebin durch die Tage. In Klöstern und Herbergen wurde kurze Rast gemacht, dann ging es weiter. Der Goldstrom von zweitausend Dukaten gleißte den Häschern zu verlockend in die Augen. Sie ruhten nicht bei Tag und Nacht.

Das Wunder geschah. Das Paar erreichte Florenz. Sie fanden Unterkunft bei Pietros Eltern. Dieses Daheim hatte für Bianca Märchenschimmer gehabt. Sie wurde wieder grausam enttäuscht. Die alten Bonaventuris, stumpfe, bigotte Menschen, brachten der Frau ihres Sohnes nur versteckten Haß entgegen. Jetzt, da der Narrentraum ihres Sprößlings so finstere Folgen gehabt hatte, warfen sie ihren dumpfen Unmut auf die junge Frau.

Bianca lernte zu schweigen. Sie genas einer Tochter. Die Lage der jungen Leute änderte sich nicht. Sie waren Gefangene. Sie durften die dumpfe, schmutzige Kammer nicht verlassen. Die Qualen dieser Tage und Nächte waren für Bianca lehrreich. Es starb aber auch alles in ihr an Weichheit und Zärtlichkeit. Äußerlich konnte ihr das Leid nichts anhaben; schöner und strahlender blühte sie nach der Geburt des Kindes auf.

Die Stunde kam, die für Bianca wiederum schicksalhaft werden sollte. Sie vergaß an einem Tage alle Vorsicht und trat ans Fenster. Ein vorüberreitender Edelmann sah sie. Von soviel Liebreiz war er bezaubert. Don Francesco de' Medici konnte die schöne fremde Frau am Fenster der ärmlichen Wohnung nicht vergessen. Er war reich, seine Macht war groß. Marchesa Mondragone, eine Dame seines Gefolges, übernahm bereitwillig das schwierige Amt der Vermittlung. Ein Besuch Biancas im Heim der Marchesa entschied alles. Don Francesco näherte sich der jungen Frau als Retter. Bianca nahm mit glühender Dankbarkeit das Geschenk seiner Gnade entgegen.

In wenigen Tagen änderte sich das Los der Flüchtlinge. Sie erhielten eine Villa als Wohnung. Die Form wurde gewahrt; Pietro bewohnte das weitläufige Parterre, Bianca das obere Geschoß. Don Francesco de' Medici, der Sohn des Herzogs Cosimo de' Medici, erwirkte beim Senat von Venedig den Freibrief für die beiden Flüchtlinge.

Nun kam der Aufstieg. Die schöne Bianca hatte sich in ihrem neuen Heim verändert. Aus dem holden Mädchen war eine kühl wägende Circe geworden. Die furchtbare Armut war ihr zu jäh, zu brutal aufgezwungen worden. Sie würde nie mehr zu sich selbst zurückfinden können. Sie wollte jetzt nur eines: die Gemahlin Don Francescos werden! Dieses Ziel war fern. Pietro war ihr angetraut; die katholische Kirche trennte nicht, was sie gebunden hatte. Zudem lebte draußen in der alten Medice-Villa Poggio a Cajano, ihr schärfster Feind, der Herzog Cosimo. Das wußte sie. Sie war sehr wach. Nach unten gab sie reiche Geschenke und stopfte die Klatschmäuler mit Geld. Das wirkte! Und nach oben schützte sie der Prinz Francesco. Dieser kalte, mißtrauische Fürst war der klugen Venezianerin verfallen. Er wurde ihr Sklave, obgleich Bianca stets seine demütige Dienerin blieb. Mit dieser Demut fesselte sie ihn immer stärker. Er liebte ihre berückend schönen Hände, die Pracht ihrer Glieder, ihr Goldhaar, ihr blühendes, klares Gesicht mit der klugen Stirn. Bianca ließ sich durch seine Liebe nicht blenden. Der Alte in seinem Lustschloß lähmte sie. Er, der nach heißem Leben sein müdes Blut an den Reizen seiner Gemahlin zur linken Hand, Camilla Martelli, erwärmte, hatte für die Neigung des Sohnes kein Verständnis. Er verfluchte die Circe aus Venedig. Mochte sie mitsamt ihrem Bankkommis in den Bleikammern Venedigs verfaulen. Wie störte sie so unbarmherzig seine Pläne! Francesco mußte sich vermählen, und so hatte er ihm die stolze Erzherzogin Johanna von Österreich, die Schwester des Kaisers Maximilian, zur Gemahlin erwählt. Diese Frau trug in jeder Falte ihrer starren Gewänder das steife spanische Zeremoniell in den Pitti. Ihr Blut war von mütterlicher Seite günstig gemischt. Sie würde, obgleich sie reizlos war, die richtige Gemahlin eines Mediceers, seines Sohnes, werden.

Bianca erfuhr von Cosimos Plan. Sie lächelte. Ihre Zeit reifte langsam ... So gab sie Francesco frei, damit er die ihm aufgezwungene Frau ehelichen konnte. Mit diesem Zugeständnis band sie den verliebten Fürsten nur noch fester an sich.

Während der Hochzeitsfeierlichkeiten, bei denen Florenz unerhörte Pracht entfaltete, traf kaum ein Blick die reizlose Kaiserschwester aus Wien. Bianca war der Mittelpunkt. Sie strahlte im Glanze ihrer sieghaften Schönheit. Die Frau, die blaß und ablehnend unter dem Thronhimmel saß, konnte ihr niemals gefährlich werden. Auch Francesco erkannte das sehr schnell, so schnell, daß er wenige Tage nach seiner Vermählung seine Kammerherren mit kostbaren Geschenken offiziell zu Bianca sandte. Sie wußte, was das zu bedeuten hatte. Sie war nun die anerkannte Mätresse Don Francesco de' Medicis. Ihr Ziel war schon weiter gesteckt. Dieses Ziel war der Pitti. Der Pitti mit seinen Schätzen und goldenen Sälen, der steingewordene Machtrausch der Mediceer.

Pietro Bonaventuri wuchs sich zum Schrecken der Florentiner aus. Seine Plebejerinstinkte waren erwacht. Er wurde in jeder Beziehung maßlos und ordinär. Kostbar gekleidet, mit reichen Geldmitteln ausgestattet, verbrachte er seine Tage und Nächte in den verschwiegenen Boudoirs des weiblichen Florentiner Adels. Pietro war kein Ritter. Noch nicht abgekühlt vom Rausch der Liebesnächte, ging er auf die Gassen und erzählte flüchtigen Bekannten, woher er käme. Das Volk murrte! Don Francesco erfuhr von des Mannes schamlosem Treiben. Er beschwerte sich bei Bianca. Diese, tödlich erschreckt, versuchte den Gatten zu warnen. Aber Pietro fühlte die geistige Kluft zwischen sich und Bianca zu stark. In ihm gärte dumpfer Haß. Er vergaß, was er an dieser Frau gesündigt hatte, vergaß auch, was er ihr nun zu danken hatte. Gemein, zügellos beschimpfte er sie und drohte, sie zu vernichten. Er ahnte nicht, daß Don Francesco Zeuge dieser Unterredung gewesen war ... Als Pietro in einer der nächsten Nächte von Cassandra Ricci, einer vornehmen Florentinerin, kam, wurde er überfallen und im Kampfe getötet, Bianca war erschüttert. Mit dem Namen des Toten verband sie viel. Er war der Vater ihres Kindes gewesen. Wenngleich sie später keine Liebe geheuchelt hatte, so hatte sie ihre Haltung ihm gegenüber nie geändert. Sie begegnete ihm wie eine hilfsbereite Schwester. Seine Räume waren auf das Kostbarste ausgestattet. Sie gab ihm stets, was er begehrte. All dies hatte den Glücksritter kleinen Formats nicht gehindert, sie in den Armen seiner Buhlerinnen offen zu schmähen und zu verhöhnen! Prinz Francesco ließ auf Biancas Bitten hin Nachforschungen nach den Mördern Bonaventuris anstellen. Es blieb jedoch nur Scheinmanöver. Er war sehr befriedigt über den Abschluß dieses Ehebündnisses. Der Kommis aus Venedig war leider stets eine üble Zugabe zu seinem, Francescos, Glück gewesen. Er war der angetraute Gatte Biancas, nichts löschte diese Tatsache aus.

Sein Tod hatte Konflikte gelöst. Don Francesco wurde ritterlicher, verliebter. Bianca fühlte die sklavische Liebe ihres Gebieters mit wachsender Befriedigung. Des Kaisers

Schwester aus Wien war nun ganz kaltgestellt. In ihrem Schoße trug sie die Hoffnung des Landes. Dieser Zustand machte sie nicht reizvoller. Da sie sehr fromm war, hatte sie sich mit ihrem Gefolge aus Wien, ebenfalls frommen Frauen, allmählich ganz zurückgezogen. Johanna haßte alles in diesem Lande, die Schönheit der Natur, die herrliche Stadt, die Sonne, das stets fröhliche Volk. Und doch wuchs ihr gerade in dem Volke eine starke Schutzwehr. Pietro Bonaventuri hatte das Volk zu sehr gekränkt. Das mußte die blonde Circe nun büßen. Sie bewitzelten und verspotteten die „Mätresse" bei jeder Gelegenheit; die still leidende Gemahlin Don Francescos wurde ihnen immer mehr der Begriff absoluter Reinheit und vorbildlicher Frömmigkeit.

Bianca, durch ihre bezahlten Spione ständig gut unterrichtet, war viel zu klug, um die Florentiner noch mehr zu reizen. Sie blieb zurückhaltend. Zeigte sie sich dennoch in ihren goldenen Sänften, feenhaft geschmückt, so erlosch das Glückslächeln nicht auf ihrem Gesicht. Mit diesem Lächeln band sie auch den Fürsten immer fester. Er hatte ihr den Schwur vor einem Marienbilde geleistet, daß er sie heiraten werde, sobald sie beide frei wären. Bianca war beruhigt. Viel zu klug, um den Dingen vorgreifen zu wollen, übte sie sich in Geduld. Sie gab üppige Feste, und schon dadurch fesselte sie viele Herren und Damen der Gesellschaft stärker an sich. Das wollte sie. Nie durfte das Volk von Florenz aufhören, sich über Bianca Capello die Zungen zu zerreißen. Sie mußte das Tagesgespräch von Florenz sein — und bleiben!

Donna Johanna fühlte sich einsamer und unglücklicher im Pitti. In grenzenloser Ohnmacht erkannte sie, daß sie nie den Kampf aufnehmen könne gegen diese Rivalin. Sie ließ sich einmal hinreißen, bei einer Begegnung mit Bianca

Capello ihrem Gefolge den Befehl zu geben, die Mätresse in den Arno zu werfen. Dieser Befehl mußte ausgeführt werden. Dem Beichtvater Donna Johannas gelang es im letzten Augenblick, durch sein taktvolles Dazwischentreten diesen unerhörten Skandal zu verhüten.

Francescos Geschwister, alle von dem sprichwörtlichen grenzenlosen mediceischen Hochmut erfüllt, kannten nur ein Ziel: Der Papst sollte den Herrn Vater zum Großherzog von Toscana erheben. Ferdinand, Kardinal in Rom, erwartete von dieser Rangerhöhung verschiedene Vorteile für sich. Er war der zweite Sohn Cosimos. Daher waren seine Apanagen naturgemäß nicht so hoch wie die Francescos. Seine Neigungen und seine vornehmen Passionen verschlangen jedoch ungeheure Summen.

Ferdinands Schwester Isabella, Gemahlin Giordano Orsinis, wollte von ihrem „großherzoglichen" Herrn Vater dann bald das kleine Zugeständnis erbitten, daß sie ihre unglückliche Ehe lösen dürfe. Der Bruder Kardinal hatte für diesen Wunsch bislang taube Ohren gehabt. Er war zwar ein Weltmann, dennoch blieb die Ehe für ihn ein „unlöslicher" Begriff. Isabella war oft Gast in Biancas Schlössern. Glühende Bewunderung für die schöne Venezianerin trieb sie immer wieder von Rom nach Florenz. Zudem war Bianca eine erfindungsreiche Gastgeberin. Die kleinsten Wünsche ihrer Gäste lagen ihr am Herzen. Isabella wurde stets von ihrem Neffen, einem zärtlich verliebten Pagen, begleitet. Auch das fand der Gastgeberin schweigende Zustimmung. Fern von Rom, fern den Spionen ihres mißtrauischen Gemahls, lebte Isabella dann völlig ihrem tändelnden, verschwiegenen Glück.

Papst Pius V. ernannte den Herzog Cosimo im Jahre 1569 zum Großherzog von Toscana. Sämtliche italienischen

Fürsten erhoben Einspruch. Es nutzte nichts. Unter ungeheurem Pomp wurde die Krönung in Rom gefeiert. Das Haus de' Medici nahm die Gelegenheit wahr, alten Glanz wiederaufleben zu lassen. Selbst Donna Johanna wurde in den rauschenden Festtagen gesehen, aber sie war dem Gemahl schon zu fern gerückt. Blaß und reizlos wirkte die Fürstin in ihren überreichen Staatsroben. Ihre Tage waren ganz einförmig geworden; sie fand sich nicht mehr unter den Menschen zurecht. Ihr Exil war der Pitti. Ihre beiden Töchter wurden scheu und verschüchtert erzogen. Die strenge, fast klösterliche Abgeschiedenheit der Mutter und ihres Gefolges wirkte niederdrückend auf die Kinder. Mit religiösen Kultübungen wurden die Tage ausgefüllt. Jede freudige Lebensäußerung war verpönt. Bianca wußte dies alles. Mit klarer Berechnung hatte sie sich Kardinal Ferdinand und die schöne Isabella zu Freunden gewonnen. Wenn ihr auch an beiden nichts lag, so täuschte sie dennoch herzliche Gefühle vor. Sie meisterte sich in kluger Selbstbeherrschung. Ihre männliche Willensstärke erleichterte ihr alles; Launen gab sie nie nach. Sie kannte nur ein Gebot: Selbstzucht! Deshalb blieb ihre demütige Hingabe zu Francesco unverändert. Er hatte sie aus dem Dunkel gezogen und von schwerer Not befreit. Sie war zu sehr Adelsmensch, um das je vergessen zu können.

Großherzog Cosimo von Toscana starb. Francesco erbte den Thron. Nun hatte er Freiheit in allen Dingen. Er überhäufte seine Mätresse jetzt mit Kostbarkeiten.

Sonst geizig, ließ er sich hier zu maßloser Verschwendung hinreißen. Zu der einsamen Frau im Pitti kam nichts! Der neue Großherzog hätte sie wohl noch weniger beachtet, wenn nicht sein Beichtvater immer wieder klug vermittelt hätte. Es gab sogar Stunden, in denen Francesco in heißem Zorn das ganze bigotte Weiberpack im Pitti zum Teufel wünschte. Dennoch ließ er sich nie zu einem bösen Wort der Großherzogin gegenüber hinreißen. Er kannte das Volk. Es lag beständig mit gespitzten Ohren auf den Gassen. Die Freiheit um den Pitti war nur trügerisch. Und dieses Volk verzieh ihm die „leidende Gemahlin" und die „strahlend glückliche Bianca" niemals.

Bianca hatte einen Plan. Für das Volk von Florenz bedeutete die Thronfolge im Pitti eine ernste Sorge. Der Erbe blieb aus. Obgleich die Großherzogin tagelang vor dem Madonnenbild betete: Der Sohn blieb ihr versagt. Biancas schärfster Gegner, der alte Cosimo, war tot. Sie hatte gewartet; nun schien die Zeit ihrem Plan günstig. Francescos Lieblingswunsch sollte erfüllt werden. Von ihr mußte er den Sohn erhalten! Sie würde ihn damit für immer an sich binden. Aber so viele Strapazen Bianca auch ertrug, so heiß auch sie vor dem Madonnenbild betete, ihr Leib blieb unfruchtbar. Sie war verzweifelt. In den Nächten glitt die kühle Beherrschung von ihr ab. Sie sah ihre Zukunft klar und ohne Nebel. Wenn Johanna den Sohn doch noch gebar, was dann?

Bianca schritt zur Ausführung ihres Planes. Sie brauchte zwar Menschen dazu, aber was tat das? Die wurden mit Gold gekauft!

Florenz hatte sein Tagesgespräch: Die Mätresse des Großherzogs war schwanger! Bianca sorgte nun für die Volksohren; ein Gerücht überholte das andere: „Der Großherzog soll ganz wild sein vor Freude!"

„Er stattet die Mätresse nun noch fürstlicher aus!"

„Sie lebt nun ganz zurückgezogen und empfängt niemand mehr!"

Bianca schrieb dann an den Kardinal Ferdinand nach

Rom, daß sie ihrem „Gebieter" einen Sohn schenken werde. Gestützt auf die Hilfe zweier gekaufter Ärzte und zweier Dienerinnen führte Bianca ihren Betrug zu Ende. Es wurde eine Glanzleistung ihrer Willenskraft. Zeitweise ermüdet durch die lästig wirkenden Liebkosungen Francescos, verlor Bianca fast die Geduld. In manchen Stunden war sie kleinmütig. Würde sie den Erfolg erringen? Aber dann drang die Prophezeiung einer Sibylle verführerisch an ihr Ohr: Sie werde herrschen über ein großes Land und ihre Stirn werde eine Krone schmücken! Bei aller Klugheit war Bianca der Wahrsagekunst völlig untertan. Viele dieser dunklen Gestalten wurden über die Geheimtreppen in Biancas Gemächer geführt und reich belohnt wieder entlassen ...

Die peinlichen Strapazen der vorgetäuschten Schwangerschaft hatten Bianca oft so ermüdet, daß sie dem Herrscher nur noch todesmatt ihre Hände entgegenstrecken konnte. Wenn sie im schweren Schritt der Hochschwangeren auf ein Ruhebett zuwankte, kannte Francescos Fürsorge keine Grenzen mehr. Prüfte sie dann unter mattgeschlossenen Wimpern sein Gesicht, so war sie beruhigt. In der Verstellung war sie Meisterin. Es kam hinzu, daß sie alle Menschen ihrer Umgebung beherrschte.

Und die Stunde nahte, da die Dienerin in einem Musikfutteral den „gekauften" Säugling brachte. Bis ins kleinste war für das Finale alles vorbereitet. Vor den Türen ihrer Gemächer wartete ängstlich Donna Biancas Gefolge. Der Großherzog hatte sich wegen Übermüdung einige Zeit zurückgezogen. Als die Ärzte das Kind aus dem Futteral hoben, schrie Bianca laut und gellend auf ... Wenige Minuten später schwirrte die Freudenbotschaft durch den Palast: Donna Bianca habe soeben einem gesunden Knaben das Leben gegeben!

Durch Florenz jagten die Nachrichten:

„Die Mätresse hat einen Sohn!"

„Der Großherzog hat dem Neugeborenen bereits Rechte und Würden verliehen, auf die jeder Prinz erst viel später Anrecht erheben darf."

„Zu Ehren des heiligen Antonius, dem der Großherzog ein Gelübde abgelegt habe, werde der Sohn den Namen Antonio erhalten!"

Einige Wochen nach diesem Ereignis hatte Bianca einen neuen Plan. Sie schrieb dem Herrn Vater nach Venedig, daß er jetzt, nach so vielen Jahren, ihre Schuld verzeihen möge. Aus jeder Zeile wuchs klar das Bild der klugen Kurtisane, die unter allen Umständen sich ihren Platz an der Sonne erkämpfen wollte. Die Antwort kam bald. Bartolomeo Capello, von den letzten Jahren zermürbt, um Biancas willen vom Hohen Rat dauernd ignoriert, war bereit, der gefeierten mächtigen Tochter die Hand zur Versöhnung zu reichen. In gleichem Sinne äußerte sich der Bruder Vittore. Sie nahmen Biancas Einladung nach Florenz dankend entgegen. Bianca jubelte. Zwölf Jahre versanken; sie sah sich im Geiste in Venedig, sie war wieder das zärtlich behütete Töchterchen im Palazzo Capello.

Von einer Ehrengarde eingeholt, kamen die Venezianer nach Florenz. Der alte Patrizier, trotz seiner hohen Jahre schön und würdevoll in reichen Prunkgewändern, imponierte den Florentinern gewaltig. Es gab zu gaffen in diesen Tagen für das Volk. Bianca sparte nicht. Tag und Nacht standen ihre Küchen offen; jeder konnte sich Speise und Trank holen. Ein Fest löste das andere ab. Vater und Sohn waren befriedigt. Der vollerblühten, gefährlich schönen Bianca verziehen sie nun alles. Pellegrina, Biancas Tochter aus der Ehe mit Bonaventuri, und der winzige Antonio wurden des Großvaters Entzücken. Der echte Mediceerfürst Francesco war so sehr der ritterliche verliebte Sklave Biancas, daß Vater und Sohn völlig beruhigt wurden. In verschwiegenen Nachtstunden saß Bianca bei dem Herrn Vater und sprach ihm von ihrer Zukunft. Sie verschwieg ihm nichts. Ihre Pläne verrieten dem klugen Bartolomeo, daß seine Tochter aus der furchtbaren Enttäuschung ihres Lebens überreich gewonnen hatte. Diesen Weg vermöchte ihr keiner nachzumachen. Dieser starke Geist, die kühle Überlegung, das Ausschalten jeden Gefühls in schwierigen Situationen, das alles fand sich niemals wieder bei einer äußerlich so schönen, reizvollen Frau. So war Bartolomeo um die Zukunft seiner Tochter nicht mehr besorgt. Anders der Bruder Vittore. Er war kalt und verschlagen. Um der Schwester willen hatte er bei dem Adel Venedigs manche Demütigung erdulden müssen. Das sollte Bianca jetzt gutmachen ... Die Schwester verstand ihn schnell. Ihr Grundsatz: „Man muß alles bezahlen!" wurde als erste Notwendigkeit bei jedem ihrer Pläne verbucht. So war der letzte Händedruck zwischen ihr und dem Bruder Vittore beim Abschied vielsagend und vielversprechend.

Bianca hatte die Kindesunterschiebung mit aller Überlegung ausgeführt. Soweit eigene Kunst in Betracht kam, war auch alles geglückt. Nur an eins hatte die Mätresse nicht gedacht, daß auf gekaufte Kreaturen niemals zu bauen sei. Dieser böse Rechenfehler drohte ihr nun gefährlich zu werden. Die Mutter des gekauften Kindes hatte noch Zeit zu reden. Vorsichtig wurde das Gerücht weitergegeben. An diesem leisen Gerücht wuchs die Volkswut.

Als Bianca von ihren Spionen diese Nachricht erhielt, zog sie sich sofort in ihre Geheimgemächer zurück. Sie wollte in größter Ruhe überlegen. Drang dieses Gerücht zum Großherzog, dann war ihre Stellung erschüttert. Sie kannte Francescos Hochmut. Stand die Ehre seines Hauses auf dem Spiel, wurde er gnadenlos. Er hatte dem Herrn Vater, Großherzog Cosimo, niemals seine Leidenschaft zur jungen Martelli verzeihen können. Kaum war Cosimo tot, so ließ der Sohn die Martelli in ein Kloster unter strengste Klausur bringen. Bianca, in kluger Vorahnung späterer Zeiten, hatte versucht, die Martelli zu befreien. Der nette Großherzog hatte zum ersten Male seiner Geliebten ein schroffes „Nein" gesagt. Es blieb bei seinem Befehl. Ebenso unerbittlich war er den Klagen Isabellas gegenüber geblieben, die an der Seite ihres brutalen und rohen Gemahls immer unglücklicher weiterleben mußte.

Als Bianca ihre Gemächer wieder verließ, zeigte ihr Gesicht keinen Schatten. Sie gab sofort Befehl zu einem außergewöhnlich üppigen Fest. Durch Kuriere wurden die besten Künstler und Gaukler für den Abend in ihren Palast befohlen. Mit allem Raffinement wollte sie dieses Fest steigern, um den kühlen Großherzog in Rausch zu bringen.

Der prachtliebende Mediceer ward an diesem Abend sehr angenehm gesättigt. Als sich Bianca mit ihm in ihre Gemächer zurückzog, war der Großherzog verliebter denn je. Diese Nacht war der Frau sehr günstig. Dem verliebten, berauschten Herrscher drang die Beichte seiner Mätresse nicht so peinlich klar in die Sinne ... Er hörte vieles „von schwerer Schuld aus Liebe zu dir", aber was bedeutete diese Schuld gegen den Beweis ihrer „grenzenlosen Liebe zu ihm, dem Herrscher". Diese Liebe konnte selbst die Aussicht auf Not und Schande nicht erschüttern. Francesco verzieh der selig lachenden und weinenden Bianca alles. In Gebelaune versprach er, daß er Antonio jetzt als seinen Sohn erklären und dafür sorgen werde, daß die spanische Majestät ihm einen Ehrentitel verleihe. Bianca sollte nicht der kleinste Verdacht treffen. So mächtig wäre wohl ein Großherzog von Toscana, das verhindern zu können. Biancas Dank war groß und echt. Ihre nächste Sorge war nun darauf gerichtet, die Ärzte und Dienerinnen, die um das Geheimnis wußten, verschwinden zu lassen. Dies ließ sie so gut besorgen, daß niemand mehr zum Reden kam ...

Kaiser Maximilian in Wien starb; sein Sohn erbte den Thron. Seine erste Tat war die, in Florenz zwischen dem Großherzogspaar Frieden und Eintracht leidlich wiederherzustellen. Der Großherzog verstand den Wink. Er war zu klug, um die Beziehungen zu Rudolf II. ernstlich zu trüben. Aus dem „Scheinfrieden" und dem „Scheinglück" im Pitti erblühte dem Lande eine neue Hoffnung. Als Johanna wieder schwanger war, mied Francesco den Pitti von neuem im Gefühl treuerfüllter Pflicht. Die Großherzogin war selig. Sie glaubte ihren Gemahl nun völlig von der Mätresse befreit. Keiner in ihrer Umgebung hatte den Mut, ihr diese Gewißheit zu zerstören. Da sich Bianca abwechselnd auf ihren Lustschlössern außerhalb Florenz' aufhielt, wurde Johanna in ihrem Wahn bestärkt.

Dem Großherzogspaar wurde 1577 ein Sohn geboren. Der Jubel des Volkes war ungeheuer. Viele Tage und Nächte wurde Florenz nicht still. Francesco war glücklich. Er, der geizige Despot, ließ Geld verteilen; alle sollten an der hohen Freude seines Hauses teilnehmen.

Bianca durchlebte bei dieser Nachricht zwar eine schwarze Stunde, doch keiner merkte es. Ihr klassisch schönes Gesicht wurde in den nächsten Tagen oft von neugierigen Augen durchforscht. Aber dieses Gesicht verriet die wahre Stimmung niemals.

Aus Rom kam die Nachricht, daß Isabella Orsini von

ihrem Gemahl getötet sei. Das gleiche Schicksal hatte Troilo, ihren verliebten Neffen, getroffen. Bianca wurde durch den Tod ihrer schönen Freundin aufrichtig erschüttert. In jenen Tagen hielt sie sich völlig zurückgezogen in ihren Gemächern.

Im April 1578 erkrankte Großherzogin Johanna von Toscana schwer. Die jähe Erkenntnis, daß Bianca nach wie vor des Gemahls Mätresse sei, warf die bereits wieder Schwangere in ein böses Fieber. Schnell berührte der Tod diese müde Frau. Das Volk weinte. Mit allem Pomp, den das spanische Zeremoniell forderte, wurde die Herrscherin beigesetzt. Bianca hielt sich klug zurück. Sie ordnete zwar für ihre Schlösser strengste Trauer an; sie selbst, im sicheren Instinkt, daß der Herrscher es so wolle, zeigte sich in schmucklosen, weißen Seidenroben.

Francescos Eid, einst vor ihrem Marienbild geleistet, erhielt jetzt Bedeutung. Bianca trug nun auf dem Zeigefinger der linken Hand den Wappenring der Capellos. Die rechte Hand blieb frei für den Wappenring der Medici. Francesco verstand den Wink. Der Eid quälte ihn. So sehr er seine Mätresse auch liebte, so klar übersah er die Volksstimmung. Das Volk haßte Bianca. Francescos Vermählung mit ihr konnte den Einspruch der italienischen Fürsten herausfordern. Sie war doch immerhin eine verwitwete Bonaventuri.

Kurz nach der Beisetzung der Großherzogin Johanna hatte der Herrscher eine Unterredung mit seinem Beichtvater. Der Priester, ein vollendeter Weltmann, wußte den Großherzog geschickt zu gängeln. Auf die klar ausgesprochene Bemerkung Francescos, er wolle nun die Donna Bianca heiraten – ein Eid binde ihn –, wußte der Priester Dämpfer zu setzen. Wenn wirklich der Großherzog eine neue Ehe schließen wolle, so gäbe es in italienischen Landen viele Prinzessinnen, die gern seine Hand nehmen würden. Donna Bianca könne ernstlich für diesen Vorzug nicht in Frage kommen, da sie eine verwitwete Bonaventuri sei! Und Bonaventuri sei doch eben nur Bankkommis in Venedig gewesen! Die Kirche erwies sich als mächtig. Für den Augenblick war der Herrscher geschlagen. Ihren Argumenten hätte er nicht zu widersprechen vermocht. Francesco war sogar bereit, eine sofortige Erholungsreise anzutreten, die der Priester vorschlug.

Bianca, von dem Reiseplan bereits unterrichtet, sah eine riesengroße Gefahr aufsteigen. Sie ließ jedoch den Herrscher reisen. Die Florentiner jubelten laut und unbekümmert auf den Gassen; die wildesten Märchen wurden erzählt und geglaubt:

Die mächtige Mätresse sei nun wirklich erledigt.

Der Großherzog sei abgereist.

Die Mätresse sei geflüchtet.

Bianca rührte sich in der Zwischenzeit sehr emsig. Sie schrieb viel an den Herrn Vater in Venedig und an den Kardinal Ferdinand nach Rom. Ihre Schreiben nach Rom waren ehrerbietig und voll kluger List. Der Kardinal bediente sich oft ihrer Vermittlung bei dem Herrscher. Sein üppiges Leben verschlang Unsummen. Der Bruder Großherzog war sehr geizig. Bianca wußte es dann stets zu erreichen, daß die Apanagen augenblicklich erhöht wurden. So verpflichtete sie sich den Kardinal immer stärker.

Auf seiner Reise erhielt der Herrscher viele Briefe von Bianca. Bald war sie darin demütig, bald verliebt, bald verzichtend. Mit diesen wechselnden Gefühlsausbrüchen verwirrte sie den ohnehin schwankenden Großherzog immer mehr. Er verfluchte bereits seine Reise. Er wurde launisch, reizbar, despotisch. Die Umgebung war ratlos.

Zur gleichen Zeit schickte Bianca den kleinen Antonio, reich geschmückt, in Begleitung eines Mönches auf die Straßen. Obgleich das Volk hinter dem ungleichen Paar herlachte, änderte Bianca nichts daran. Sie hatte nun ihren Plan. Er konnte mißlingen; dann war sie erledigt. Darum mußte er eben gelingen.

Der Großherzog kehrte nach Florenz zurück. Am gleichen Abend ließ er sich bei seiner Geliebten melden. In weiser Berechnung hatte Bianca alles gut vorbereitet. Die Spannung der letzten Wochen war furchtbar gewesen. Ihre Feinde sollten diese Sorgen büßen! Von dem Mönch unterstützt, wußte Bianca dem Herrscher die Qual der letzten Zeit so beweglich zu schildern, daß er fassungslos und erschüttert war. Sein Wille versank. Er ordnete die sofortige Übersiedlung Biancas und ihres Gefolges in den Pitti an. Der Dank der Mätresse war ehrlich, als sie sich über des Herrschers Hände beugte, um sie zu küssen.

Der neue Streich des Großherzogs entfachte die Volkswut stärker denn je zuvor. Francesco wurde davon kaum berührt. Kurze Zeit später ließ er sich mit Bianca trauen. Sie hatte zu allem recht klug und beharrlich geschwiegen. Sie hatte noch andere Ziele. Die Rolle als Gemahlin zur linken Hand lag ihr gar nicht. Die Situation im Pitti war ihr auch zu wenig behaglich. Draußen auf den Gassen das feindliche Volk, außerhalb Florenz' der ebenso feindliche Adel: Sie hatte das Gefühl eines Eindringlings. Die Fürsten ringsum schrieen sich tot über die „Abenteuerin" im Pitti. Der Kardinal von Rom hatte keinerlei Notiz von ihrer Vermählung genommen. Gewiß, er erkannte ihre hohen Vorzüge an: Sie war eine ungewöhnliche Frau. Nur die „Mätresse" war viel gefährlicher gewesen als die „Gemahlin". Die eheliche Verbindung seines Bruders Francesco mit Donna Bianca

würde so aufzufassen sein wie einst das Verhältnis des großherzoglichen Herrn Vaters mit der Martelli ...

Der Kardinal sollte bald erkennen, daß er die Venezianerin doch erheblich unterschätzt hatte ...

Francesco, durch die Anfeindungen des Volkes und
Adels gegen Bianca schwer gereizt und erbittert, war Biancas Plan, den sie ihm klar entwickelte, sofort günstig gestimmt. Bianca hatte diesen Schachzug gut vorbereitet. Sie
wollte durch den toskanischen Gesandten Sforza dem Senat
von Venedig ihre Vermählung offiziell mitteilen. Gleichzeitig, und hier zeigte sich deutlich ihr überlegener Geist,
wollte sie den Senat bitten, sie zur „Tochter der Republik"
zu ernennen. Mit diesem Titel würde sie vor allen Prinzessinnen der italienischen Häuser rangieren; sie stand dann in
fürstlichem Rang!

Der Plan gelang. Die Handschreiben des Großherzogs
und Biancas an den Senat von Venedig waren Kabinett-
stücke männlicher Klugheit und weiblicher List. Alles wurde
übertroffen von der Überlegenheit des Senats von Venedig.

Das Handschreiben des Dogen von Venedig hatte folgenden Wortlaut:

*Wir haben aus Euer Durchlaucht Brief und aus dem münd-
lichen Vortrag des Signors Mario Sforza, Ihres Gesandten,
erfahren, daß Sie die Signora Bianca Capello, die aus einer
der vornehmsten Patrizierfamilien Unserer Republik stammt,
wegen ihrer Eigenschaften, die sie einem großen Fürsten
liebenswürdig und seinem Volke schätzbar machen, zu Ihrer
Gemahlin erwählt haben. Über diese Botschaft sind Wir
ungemein erfreut und danken Euer Durchlaucht, daß Sie Ihre
Ergebenheit und Ihr Wohlwollen gegen Unsere Republik
durch die Wahl einer Gemahlin aus einer Unserer Patrizier-*

familien jedermann deutlich bewiesen haben. Ihrem Gesandten haben Wir Unsere Freude darüber bezeugt und Uns bemüht, diese Freude aufs feierlichste in Unserer Stadt kundzumachen. Der Nachwelt soll ein ehrenvolles Denkmal von dieser Verbindung hinterlassen werden. Deshalb haben Wir heute mit feierlichster Zustimmung Unseres Rates die Durchlauchtigste Bianca Capello, Großherzogin von Toscana, zur „Tochter der Republik Venedig" ernannt. Dies haben Wir zuförderst getan, dem Großherzog, ihrem Gemahl, den Wir als Unseren Sohn lieben, für die zahlreichen Beweise Seines Wohlwollens gegen Unsere Republik Unsere Freundschaft zu beweisen. Außerdem aber wollen Wir der Großherzogin, Unserer geliebtesten Tochter, zeigen, wie angenehm Uns ihre Erhebung ist.

Damit dies jedermann kundwerde, haben Wir diese Urkunde ausgefertigt und mit Unserem Goldenen Insiegel bestätigt.

General Mario Sforza überreichte dem überglücklichen Großherzogspaar im Pitti feierlich das wertvolle Dokument. Bianca sah sich am Ziel ihrer kühnsten Träume! Sie erkannte mit leisem Hohnlächeln die Verschlagenheit des venezianischen Dogen gern an. Alle Hochachtung, er hatte sie übertroffen! Der Großherzog war einfach überrumpelt worden. Der Senat von Venedig hätte der Gemahlin zur linken Hand wohl niemals diese hohe Würde verliehen.

Während der Festtage, anläßlich der Krönung, gab es für das Volk von Florenz so viele Herrlichkeiten zu schauen, daß man sogar den Klatsch vergaß. Die Straßen von Florenz glichen Festsälen. Die Prachtentfaltung überstieg jedes Maß. Der Schönheitsrausch der Renaissance erwachte. Die italienischen Fürsten wagten keinen Einspruch gegen Biancas Krönung zu erheben. Die mächtige Republik Venedig hatte die große Mätresse in der höchsten Form ausgezeichnet; Vater und Sohn Capello wurden zu Rittern der „Goldenen Stola" ernannt. Letzten Endes war dies alles das Werk einer klugen Frau. Ihrem Geist, ihrer List, ihrer Biegsamkeit in heiklen diplomatischen Dingen, ihrem ruhigen Zuwarten, dem allem war der große Erfolg, das gute Ende zuzuschreiben. Diejenigen, die einst eine Bianca Capello wild geschmäht hatten, mußten nun den Nacken vor der Großherzogin von Toscana sehr tief beugen. Am Tage der Krönung fand auch die Vermählung ihrer Tochter Pellegrina mit dem Grafen Bentivoglio statt. Der Patriarch von Aquileja, derselbe, der einst im Hohen Rat von Venedig das Urteil über die Fliehende ausgesprochen hatte, segnete nun das Herrscherpaar und krönte Bianca. In diesen wahrhaft glücklichen Tagen höchsten persönlichen Triumphes zeigte Bianca sich im Glanze ihrer reifen Schönheit. Sie war befriedigt, wenngleich sie erkannte, daß sich die Zahl ihrer Feinde vermehrt hatte. Ein Schatten blieb! Kardinal Ferdinand hatte zur Krönung zwei Herren seines Gefolges als Zeugen geschickt. Er selbst blieb fern! Über diese Taktlosigkeit war Francesco sehr erbittert. Bianca war nicht so empfindlich. Auf ihrem Wege zum Pitti hatten viele Opfer bleiben müssen. Es wäre feige gewesen, dies vor sich selbst verschleiern zu wollen. Nur Bianca gestattete sich nie zurückzuschauen. Heute brauchte sie ihren klaren Blick. Sie war sich in jeder Minute ihres hohen Amtes bewußt! So brachte sie den Töchtern der verstorbenen Großherzogin gut temperierte Freundschaftsgefühle entgegen. Sie verwöhnte sie maßlos. Das stand in ihrem Berechnungsplan und hatte mit ihrem Herzen nichts zu tun. Der Herrscher war von ihrer Güte tief gerührt. Er hätte nun gern seine Älteste vermählt. Aber der erwählte Don Vincenz von Mantua verhielt sich zugeknöpft.

Der Bruderzwist zwischen Francesco und Ferdinand wurde arg beklatscht. Die Herzöge von Savoyen, Ferrara, Parma und Mantua rissen sich die Zungen entzwei, Bianca handelte! Sie schrieb an Ferdinand und ließ durchblicken, wie sehr der Herrscher unter seinem Schweigen leide. Der Erfolg war verblüffend. Der Kardinal kam sofort. Auf ihrem Lustschloß Poggio a Cajano gab das Herrscherpaar dem Gast glänzende Feste. Die Brüder waren tief befriedigt. Jeder dankte Bianca.

Francesco, der sich immer mehr vom Volke zurückzog, blieb der Gemahlin gegenüber der ritterliche Liebhaber. Er war ihr Werkzeug. Sie dankte ihm mit Demut und Treue. Er ließ Antonio öffentlich als seinen legitimen Sohn erklären. Dies glaubte er der Herrscherin schuldig geworden zu sein. Biancas Gestalt veränderte sich in den nächsten Jahren. Der Großherzog merkte es kaum. Für ihn blieb sie die klassisch schöne Bianca, die eine Welt in Entzücken gerissen hatte. Aus der gefährlichen Mätresse war eine vollendete Herrscherin geworden. Eine Herrscherin, die wußte, daß das Volk ihr feindlich bleiben werde. Durch ihre Agenten hörte sie von den Verwünschungen, die sie noch heute trafen. Sie hörte alles an – und schwieg. Sie schwieg jedoch nicht, als sie ihren eigenen Bruder Vittore, der von Francesco nach Florenz in ein hohes Amt berufen worden war, bei einem schändlichen Betrug erwischte. Die Frau übersah sofort die Gefahr, die ihr aus eigenem Blute drohte. Vittore, vom Herrscherpaar mit Gnadenbeweisen und Kostbarkeiten überschüttet, war frech geworden. Er mußte nun peinlich erkennen, daß die mächtige Schwester Gefühle und Gefühlchen ausschalten konnte, wenn die Lage es forderte. Sie meldete den Vorfall dem Herrscher sofort. Vittore mußte augenblicklich Florenz verlassen! Selbst Francesco war von der Kälte Biancas zu ihrem Bruder flüchtig erschüttert. Dann fühlte er jedoch beglückend, daß diese Haltung ja nur in ihrer Liebe und Treue zu ihm, dem Großherzog Francesco, wurzelte.

Der gefeierten Bianca hatte das Leben alles gegeben, nur den kostbaren Begriff „Frieden" lernte sie niemals kennen. Ganz Italien befehdete Toscana. Neid und Mißgunst flackerte allerorten auf. Die italienischen Fürsten verziehen den Mediceern die glorreiche Vergangenheit nicht. Mit kleinlichen Mitteln wollten sie diesen Glanz verdunkeln. Aber Francesco war ihnen ein überlegener Gegner. Mit Florenz blieb der Begriff „Medici" verknüpft: keine Macht der Erde würde da Wandel schaffen. Titelstreitigkeiten und kleine Gefechte im Dunkel erbitterten ihn dennoch sehr. Zudem war Venedig beleidigt. Ihr Spion Vittore Capello war ruhmlos ausgewiesen. Sehr laut wurde überall in italienischen Landen die „Unebenbürtige" im Pitti bewitzelt und verhöhnt. Der Herrscher verstand diesen Neid. Der Besitz dieser Frau mußte den Neid erregen! Was männlicher Diplomatenkunst nicht gelang, schaffte sie mit List. Nach langwierigen Verhandlungen brachte sie die Vermählung der Tochter Johannas, Eleonore, mit dem Sohne des Herzogs zu Mantua zustande. Sie arrangierte eine glanzvolle Hochzeit. Auch der Kardinal kam nach Florenz. Zwischen den Brüdern gärte neue Spannung. Die Günstlinge Francescos, Serguidi und Abbioso, waren dem Kardinal feindlich gesinnt. Diese beiden Vertrauensleute wirtschafteten toll; maßlos füllten sie die eigenen Taschen, wie einst der Kommis Pietro Bonaventuri und später der Patrizier Vittore Capello. Hier nützte Biancas Warnung nichts. Der Großherzog ließ sich nicht überzeugen. So fuhr der Kardinal in übler Stimmung nach Rom zurück.

Ein neues Gerücht schwirrte durch Florenz: die Großherzogin Bianca solle gesegneten Leibes sein. Der Kardinal in Rom hatte bei dieser Nachricht eine böse Stunde. Der „Herrscherin" würde ein neuer Betrug noch besser gelingen als der erste. Sie war ein Teufelsweib. Ihre Trümpfe hielt sie stets bis zuletzt zurück. Pietro, ein Halbbruder Francescos und Ferdinands, weilte um jene Zeit am Hofe von Toscana. Sofort erhielt er von Bruder Ferdinand aus Rom bestimmte Ordres. Es war ein Pech, daß der jugendliche Heißsporn die Befehle zu wörtlich nahm. Die Tochter Biancas, ebenfalls in hochschwangerem Zustande, hatte bei der Mutter im Pitti Wohnung genommen. So wurde auch sie in Pietros Beobachtungsdienst einbezogen. Bianca durchschaute diesen Spion sehr bald. Sie amüsierte sich großartig. Ihre Spione fingen Pietros Briefe an den Bruder Ferdinand ab. Die Herrscherin las sie und übergab sie dann ihren Kurieren mit dem Befehl, die Briefe eiligst nach Rom zu befördern. Das heimliche Überwachungsspiel des geistvollen Kardinals belustigte sie. Sie selbst glaubte im übrigen diesmal fest an ihre Schwangerschaft. Ihr Leib, durch jahrelange Quacksalbereien, durch das Vernichtungswerk von Kurpfuschern schrecklich gequält, war nun aufgetrieben wie bei einer Hochschwangeren. Diese Unförmigkeit verdeckte Bianca durch faltigere und noch kostbarere Kleidung. Francesco war überglücklich. Da der Sohn aus erster Ehe sehr schnell gestorben war, ersehnte er einen neuen Thronerben. Bianca fühlte sich seit Monaten nicht wohl. Ihr Wille meisterte zwar diese Schwäche, aber es blieben Zweifel. Was ging mit ihr vor? Ihre Briefe an Kardinal Ferdinand in Rom zeigen die ungeklärte Lage und Biancas Stimmung.

Am 27. September 1586 schrieb die Großherzogin dem Kardinal Ferdinand nach Rom:

Signor Prospero, mein Arzt, hat vielleicht aus Liebe gegen Unser Haus öffentlich das Gerücht verbreitet, daß ich schwanger sei. Er hat sich viel verfrüht zu bestimmt über meinen Zustand ausgesprochen, und ich wünschte nicht, daß die Freude, die Sie darüber empfanden, in das Gegenteil verkehrt würde, wenn der Erfolg Ihren Erwartungen nicht entsprechen sollte. Es ist in der Tat wahr, an mir finden sich alle Zeichen der Schwangerschaft, ausgenommen die Bewegungen des Kindes in meinem Leibe, der doch sehr aufgetrieben ist. Solange dieses sicherste Zeichen fehlt, lebe ich unablässig in Furcht und vermag die Zweifel selbst nicht zu unterdrücken.

Und weiterhin berichtete sie am 3. Oktober 1586 dem Kardinal:

Das sicherste Zeichen der Schwangerschaft, die Bewegungen des Kindes, bleiben zu lange aus. Das bereitet mir viel Sorge, und ich fürchte deshalb vielmehr krank, als schwanger zu sein. Der Großherzog hat zwei der erfahrensten Hebammen zu Rate gezogen, deren eine behauptete, ich sei schwanger, während die andere dies verneinte. Beide stützen ihre Auffassung durch gute Gründe. Diese Verschiedenheit der Meinungen schafft mir äußerste Besorgnis, weil ich in dieser Ungewißheit nicht in der Lage bin, mich der Mittel zu bedienen, die meine Gesundheit fordert.

Der Spion Pietro im Pitti wurde zur lächerlichen Figur. Er war der Schrecken der hochschwangeren Pellegrina. Bianca verlor die Geduld. Sie packte eines Tages den Jüngling und führte ihn zum Herrscher. Pietro mußte Farbe bekennen. Ferdinands Name fiel bei der Untersuchung. Bianca war geistesgegenwärtig genug, um zu vermitteln. Keinesfalls durften sich die beiden Brüder, Francesco und Ferdinand, noch stärker verfeinden. Es gelang ihr, Francesco zu beruhigen. Nur Pietro mußte sofort den Pitti verlassen. Zur gleichen Zeit erklärten die Leibärzte der Großherzogin, daß sie sich getäuscht hätten. Ein schweres organisches Leiden, vermutlich Wassersucht, hätte diese Täuschung veranlaßt. Noch an demselben Tage erfuhren die Florentiner von Biancas Krankheit. Sie wußten auch aus sicherer Quelle, daß der Großherzog bei dem Bericht der Ärzte über das Befinden seiner Gemahlin geweint habe! Die zerstörte Hoffnung wurde zwischen dem Herrscherpaare mit keinem Worte mehr erwähnt.

Obgleich Bianca durch peinliche Kuren körperlich sehr geschwächt wurde, so war sie um den Frieden des Hauses doch unablässig bemüht. Täglich erhielt der Kardinal von Rom ihre Briefe voller Ehrerbietung und – versteckter Tücke. Der Kardinal klagte ihr, daß das uneinige Haus Medici in Rom bereits sehr ernst beurteilt werde. Der Papst sei unmutig! Augenblicklich antwortete Bianca:

Weil Ich das Werkzeug sein soll, die Liebe und Eintracht in dieser Familie zu erhalten, so lieben Sie Mich mit Recht deswegen mehr, als um irgend anderer Verdienste willen. Sie können Sich darauf verlassen, daß Ich Tag und Nacht auf Heilmittel sinnen werde, die Ihre Wunden nicht allein reinigen, sondern so vollkommen heilen sollen, daß nicht einmal eine Narbe von ihnen zurückbleiben wird, und Ich hoffe, das wird Mir gelingen. Fände das Übel auch noch soviel Nahrung, würde es durch boshafteste Verleumdung noch so sehr verschlimmert, es soll doch nie so weit um sich greifen, die guten Anlagen des Großherzogs zu vernichten; denn Mein Gegengift ist wirksam.

Schon seit einigen Tagen sind alle von Ihnen befürchteten schlimmen Eindrücke beim Großherzog verwischt; bei allen seinen Unterredungen zeigt sich die gütigste Gesinnung gegen Sie. Dies bestätigt Meine Erwartung, daß die Verleumder fallen und daß sie das Sprichwort „sia carne et unga, non sia nissum, che punga" wahr machen werden. Quälen Sie sich also nicht mit unnötiger Furcht. Suchen Sie vielmehr durch Ihre Nachsicht und Klugheit sowie durch unveränderliche gefällige Gesinnungen und Handlungen dem Großherzog zu gefallen. So können wir beide zeigen, daß es Unsere gemeinschaftliche Absicht ist, das Beste der Familie zu fördern. Auf diese Weise wird kein Anlaß, Sie zu verleumden und über Sie zu lachen, mehr vorhanden sein, und Ich werde ungehindert alles ausführen können, was nötig ist, um Ihnen Ruhe und Zufriedenheit zu schaffen. Ich ermutige Sie nochmals, in allen Geschäften mit dem Großherzog gemeinsame Sache zu machen, sich nie der angenehmen Pflicht zu entziehen, ihm zu dienen und ihm nichts mitzuteilen, was ihn beunruhigen könnte. So werde Ich in Meinen Bemühungen glücklich sein, und Sie können nicht allein deutliche Proben Ihrer Gesinnung geben, sondern auch alten Feinden die Gelegenheit nehmen, ihr teuflisches Gift auszubreiten.

Ich habe keinen anderen Wunsch, als nach dem Großherzog Ihnen zu dienen und die Einigkeit zu erhalten; mit dem Besten, was immer ist, will Ich die Ehre eines Hauses fördern, dem Ich Mein Leben aufzuopfern jederzeit bereit sein werde. Deshalb will Ich alles tun, um den Großherzog zu überzeugen, daß er im ganzen Kardinalskollegium bei keinem anderen als bei Ihnen Liebe und Treue finden wird.

Dieser Brief voller Weltklugheit und Takt erregte in Rom Aufsehen. Der Papst wünschte die Frau zu sehen, die in langen Jahren so heiß um die Interessen des Hauses Medici bemüht gewesen war.

Ferdinands Ansehen stieg in Rom zur Stunde! Er sandte einen Kammerherrn nach Florenz, um der Herrscherin seinen Dank abstatten zu lassen. Der unselige Bruderzwist schien endlich beigelegt zu sein.

Papst Sixtus VI. zeichnete die hochbeglückte Bianca durch Verleihung der „Tugendrose" aus. Darüber hinaus stellte er seinen Besuch am toskanischen Hofe für den kommenden Sommer in Aussicht. Das Herrscherpaar von Florenz war von dieser besonderen Anerkennung Seiner Heiligkeit begeistert. Bianca vergaß jede körperliche Schwäche. Sie hatte nun neue Pläne. Sie wollte eine Reise nach Venedig unternehmen. Unter ungeheurer Prunkentfaltung würde sie in ihrer Heimat einziehen. Die höchste, gesteigertste Pracht war sie ihrem Mädchennamen und ihrem heutigen Range schuldig. Dort würde sie zeigen, wer eine Bianca Capello wäre!

Der Hof von Toscana siedelte im Herbst 1587 nach Poggio a Cajano über. Hier wurde Kardinal Ferdinand mit allem Pomp empfangen. Die beiden Brüder söhnten sich wieder aus. Die Herrscherin hatte an die kleinsten Wünsche und Passionen des hohen Gastes gedacht. So verliefen die Tage in äußerer Harmonie. Theater, Schäferspiele, Bootfahrten im Mondenschein und ähnliche Lustbarkeiten brachten reizvolle Abwechslung. Nicht bei Tag und Nacht verlöschte der Kerzenglanz, und die rotglühenden Fackeln erstrahlten vom Schloß aus wie die Wahrzeichen üppigster Lebensfreude.

Jäh erlosch aller Glanz, alle Freude, alle Lust.

Francesco erkrankte schwer. Bianca selbst, plötzlich von böser Schwäche befallen, verlor jede Haltung. In folternder Angst saß sie am Lager ihres Gebieters, bis sie schließlich bewußtlos in ihre Gemächer gebracht werden mußte.

Wenige Stunden nach dem furchtbaren Anfall starb der Großherzog Francesco von Toscana.

Wie ein Orkan fuhr die düstere Nachricht durch die Straßen von Florenz. Das Volk wußte, daß draußen auf Poggio a Cajano die Friedensfahne gehißt worden war. Und nun? ... Die Fama wurde geschwätzig. Gerüchte schwirrten auf. Noch war die erste Erschütterung nicht überwunden; schon kam die zweite:

Bianca Capello war tot!

Ganz kurz nach dem Herrscher starb die Herrscherin, kaum vierzig Jahre alt!

Viele Legenden sind entstanden. Um das blonde Haupt Bianca Capellos hat sich im Laufe der Jahrhunderte ein üppiger Sagenkranz gewunden. Niemand glaubte an einen natürlichen Tod des Herrscherpaares von Toscana. Wer hatte Interesse daran, diese beiden Menschen auszulöschen? Wem wurde diese kluge Frau mit dem gegängelten Gemahl zu gefährlich? Viele Stimmen sprachen gegen den neuen Herrscher, Ferdinand, Kardinal von Rom. Die Frau im Pitti war knapp vierzig Jahre alt! Die Welt hätte von dieser ungebrochenen Kämpferin noch manche Überraschungen zu erwarten gehabt! Der Papst hatte sie in der höchsten Form ausgezeichnet!

Sei es wie es auch sei: Der Täter war so überlegen, alle Spuren seines Anschlags zu vernichten!

Des neuen Herrschers Gesicht ist unbewegt geblieben beim Anblick des toten Herrn Bruders. Es blieb auch unbewegt beim Anblick der grausam veränderten Bianca.

Dennoch mag diesen beherrschten Fürsten ein Grauen beschlichen haben, als er die tote Frau sah. Sie hatte oft tändelnd und listig die Waffen ihres Geistes mit den seinen gekreuzt. Sie war eine ebenbürtige Gegnerin gewesen. Stets, wenn er ihr begegnet war, hatte er ihre reiche Persönlichkeit bewundern müssen. Selbst ihm, dem kühlen Skeptiker, war es nicht immer leicht geworden, sich ihrem berückenden Zauber zu entziehen. Ja, in solchen Stunden hatte er den Herrn Bruder sogar verstehen können, der ihr willenloser Sklave geworden war. Zielsicher und unbeirrt, allen Hemmungen zum Trotz, war Bianca Capello ihren Weg gegangen, obgleich die Welt sie verhöhnt und geschmäht hatte! Nun, da sie die steile Höhe erklommen, ging ihre Sehnsucht nach Venedig, nach der Heimat. Diese letzte Sehnsucht blieb unerlöst. Ihr rastloser Geist sank jäh in Todesnacht!

Ihr Gesicht zeigte auch im Tode keinen Frieden. Über alle Zerstörung hinweg leuchtete noch immer ihr Goldhaar. Und viel verrieten ihre nun ohnmächtigen wunderschönen Hände.

Vierundzwanzig Jahre hatte diese Frau eine Welt in Atem gehalten!

Für alle Zeiten bleibt das Rätsel um den Tod der stolzen und klugen Mätresse Bianca Capello.

Bianca Capello

Françoise Athenais
Marquise von Montespan

Von den bedeutendsten Mätressen Ludwigs XIV. von Frankreich, die als seine erklärten Geliebten gelten, hat man treffend gesagt, daß die La Vallière ihn als Geliebte, die Maintenon als Hofmeisterin, die Montespan als Herrin liebte. Diese letztere ist unter den vielen, die das leicht entzündliche Herz des Königs gewannen, unbedingt die interessanteste. Aus einem alten vornehmen Haus – Gabriel von Rochechouart, Herzog von Mortemart, ist ihr Vater – wurde sie, wie alle adligen Damen der Zeit, im Kloster erzogen; ihre Mutter, Diana von Granseigne, bemühte sich, wie Frau von Caylus erzählt, ihr Grundsätze unerschütterlicher Frömmigkeit einzupflanzen und die Frömmigkeit des Fräulein von Tonnay-Charente, wie sie bis zu ihrer Heirat genannt wurde, soll eine leidenschaftliche, überschwengliche gewesen sein. Als sie neunzehnjährig als Hofdame der Königin nach Versailles kam, ging sie täglich zur Kommunion und brachte der frommen Spanierin die vorteilhafteste Meinung von ihrer Tugendhaftigkeit bei. Aber sie verstand Frömmigkeit mit einem lebhaften weltlichen Wandel völlig zu vereinen, zeigte bei allen Festen die Vorzüge trefflicher weiblicher Erziehung und brachte auch die ihr von der Natur verliehenen körperlichen und geistigen Reize zur vollendeten Wirkung. Mit zweiundzwanzig Jahren heiratete die Vielumworbene einen Edelmann ihrer Provinz, den Marquis von Montespan, der ein Jahr jünger als sie war. Es war eine der üblichen Heiraten, wo auf möglichste Ähnlichkeit in Rang, Stand, Vermögen gesehen wurde, wobei man es den Gatten überließ, sich zusammenzufinden oder das gewöhnliche Nebeneinander zu leben. Liselotte von der Pfalz, die die Marquise gründlich haßte, aber, wenigstens teilweise, ihrer Schönheit Gerechtigkeit widerfahren ließ, erklärt, sie sei eher ehrgeizig als unsittlich gewesen, und hat damit auch das Rechte getroffen. Françoise Athenais Marquise von Montespan strebte bald höher, als sie sah, mit welchem Glanz die Geliebte des Königs, Louise de la Vallière, umgeben wurde. Sie fühlte sich ihr in allem überlegen, machte sie zur Zielscheibe ihres Witzes und zeigte ihren Neid in vielen kleinen Bosheiten. Es glückte ihr auch bald, die Augen Ludwigs auf sich zu ziehen, und sie setzte alles daran, die stille, sanfte La Vallière aus der Gunst des Königs zu verdrängen. Es gelang ihr auch, und welcher Mittel sie sich dabei bediente, sollte erst später einem kleinen Kreis ihrer Zeitgenossen und dem König selbst offenbar werden.

Die junge Marquise hatte sich aber, als sie ihren Liebeshandel mit Ludwig zu knüpfen begann, in der Willfährigkeit ihres Mannes verrechnet. Er war, wie Fräulein von Montpensier erzählt, ein sonderbarer wunderlicher Mensch, der sich bei allen Leuten über die Zuneigung des Königs zu seiner Frau beklagte, der er heftige Szenen machte und die er ohrfeigte. Auch Ludwig selbst gegenüber benahm er sich nicht zurückhaltend: mit Berufung auf die Bibel, wobei er ihm besonders den König David anführte, sagte er ihm offen, er solle ihm seine Frau zurückgeben und die Strafe Gottes fürchten. Die Marquise war ergrimmt darüber, daß er, wie sie sagte, seine Possen dem Hof zum Besten gebe: „Ich schäme mich, daß mein Papagei und er das Gesindel amüsieren!" Das Auftreten des Marquis erregte allgemeines Aufsehen, und Ludwig bei all seiner Allmacht fühlte sich doch getroffen und gedemütigt, da er nicht offen gegen den Mann, dessen Frau seine Geliebte geworden war, einzu-

schreiten wagte. Molière hatte allerdings in seinem 1668 auf-
geführten „Amphitryon" erklärt, daß eine Teilung mit Jupiter nichts Entehrendes habe, doch der junge Montespan
sah nicht ein, was die meisten anderen Höflinge wohl sofort
getan, und Ludwig erklärte nach langen Jahren, als er seine
Geliebte verabschiedete, wenn sie Mann, Haus und Kinder
verlassen, um ihm zu folgen, so habe er seinen Ruf, der
schwer geschädigt, preisgegeben, indem er eine Frau geliebt,
die nicht anzusehen, wie er es getan, er seine gewichtigen
Gründe gehabt hätte. Als der Marquis erkannte, daß seine
Bemühungen um Zurückgabe seiner Frau vergeblich waren
und er bei längerem Verharren am Hof nur von einem
königlichen Geheimbefehl bedroht werden würde, legte er
Trauer an, kleidete sein ganzes Haus in Trauer und nahm in
einer schwarzausgeschlagenen Karosse von seinen Verwandten, Freunden und Bekannten Abschied. Er ging auf sein
Gut zurück, wo der König unter einem sehr durchsichtigen
Vorwand die Möglichkeit fand, ihn in eine gerichtliche
Untersuchung zu verwickeln. Montespan flüchtete nach
Spanien. Ein von der Marquise verfaßtes Ehescheidungs-
gesuch wurde erst nach geraumer Zeit, 1674, erledigt und
die Trennung der Gatten auf Grund von Verschwendung
des gemeinsamen Vermögens seitens des Marquis sowie des
schlechten Einvernehmens zwischen den Gatten und der
Mißhandlungen, deren Montespan beschuldigt wurde, ausgesprochen. Aber auch jetzt fühlte sich Ludwig noch nicht
sicher, und als der Marquis 1678 vorübergehend wegen
eines Prozesses nach Paris kam, schrieb der König seinem
Minister Colbert: „Ich höre, daß sich Montespan unziem-
liche Reden erlaubt. Er ist ein Narr, den mir aus den Augen
zu lassen Sie mir das Vergnügen machen werden ... Sorgen
Sie dafür, daß er Paris verläßt."

Die anerkannte neue Mätresse Ludwigs mit ihrem großen Einfluß, ihrem stark entwickelten Geist, ihrem scharf ausgeprägten Ehrgeiz wurde Glück, Hoffnung und Schrecken der Höflinge, Minister, Generäle. Daß sie ihre Familie erhob, ist selbstverständlich: Ihr Vater wurde Gouverneur von Paris, ihr Bruder Marschall von Frankreich. In ihrem Salon fanden sich die Besten der Geburts- und Geistesaristokratie ein. Sie förderte Racine und Boileau und erhielt dem alten Corneille seine Pension; sie protegierte Lully. Sie wußte genau, welchen Wert es hatte, wenn man sich die Künstler und Dichter günstig stimmte. Sie war, erklärte der strenge Saint-Simon, der mit minutiöser Feinheit und Schärfe alle Ereignisse am Hof verzeichnete, stets eine vortreffliche Gesellschafterin von einer Anmut, die ihrem Stolz wohl anstand und ihn vergessen ließ. „Es war nicht möglich, mehr Geist, Gewandtheit, originelle Ausdrucksweise, natürlichen Verstand zu besitzen, was alles ihr gewissermaßen eine besondere Sprache verlieh, die jedoch entzückend war und sich durch die Gewohnheit so sehr auf andere übertrug, daß ihre Nichten und alle Personen, die häufig mit ihr verkehrten, ihre Kammerfrauen und die, die ihre Erziehung genossen, diese Sprache annahmen und man sie heute noch bei den wenigen, die am Leben sind, erkennen kann." Von ihrem Äußern ist er ebenso entzückt, er nennt sie „schön wie der Tag". Und die große Briefschreiberin und berühmte Zeitgenossin des Memoirenschreibers Saint-Simon, Frau von Sévigné, erklärt die Schönheit der Marquise für wunderbar und ihre Toilette für nicht minder wunderbar als ihre Schönheit und ihren Frohsinn für nicht minder wunderbar als ihre Toilette. Strahlend schön und selbstbewußt nennt sie die große Mätresse, von der uns keins der erhaltenen Bilder den mächtigen Reiz ihrer Per-

sönlichkeit vermittelt. Als Frau von Sévigné ihrer Tochter
eine Zeichnung des Hofes gibt, an dem die Marquise ihren
Glanz leuchten läßt, schreibt sie: „Um drei Uhr finden sich
der König, die Königin, Monsieur, Madame (Bruder und
Schwägerin Ludwigs), Mademoiselle (von Montpensier, die
Tochter des Herzogs Gaston von Orléans), alles, was es an
Prinzen und Prinzessinnen gibt, Frau von Montespan,
deren ganzes Gefolge, sämtliche Hofherren und Hofdamen, kurz, was man unter dem Hof von Frankreich versteht,
in den wundervollen Privaträumen des Königs zusammen.
Alles ist aufs herrlichste ausgestattet. Frau von Montespan
in Spitzen aus Point de France, die Haare in tausend Locken
und Löckchen frisiert, die der Schläfen tief bis in die Wangen fallend, schwarze Bänder auf dem Kopfe, mit Perlen
und Juwelen überrieselt, mit einem Wort, eine sieghafte
Schönheit, die Bewunderung aller Gesandten." Die Marquise liebte den Luxus, wie ihn alle Schönheiten lieben, und
Frau von Sévigné versäumt nicht, ihrer in der Provinz lebenden Tochter ein der Favoritin von einem reichen und
galanten Höfling geschenktes Kleid zu beschreiben: „Gold
auf Gold, mit Gold bestickt, mit Gold umsäumt, darüber
ein krauses Gold wieder mit Gold durchwirkt und mit
einem gewissen Gold vermischt, was alles zusammen eins
der wundervollsten Gewebe darstellt, das je erfunden worden; es müssen Feen gewesen sein, die diese Arbeit im
stillen gefertigt." Im Schloß zu Versailles bewohnte die
Marquise im ersten Stock 20 Gemächer, die Königin im
zweiten 11; die Oberhofmeisterin von Noailles trug die
Schleppe der Marquise, ein einfacher Page die der Königin.
Bei ihren Ausfahrten wurde sie von Leibgardisten eskor-
tiert. Wo sie auch im Reich sich zeigte, brachten ihr die
Gouverneure und Intendanten ihre Huldigungen dar, und

die Städte schickten Abordnungen an sie. In sechsspänniger Karosse, von einer zweiten ebensolchen gefolgt, die ihre Ehrendamen trug, reiste sie durch die Provinzen. Dann kamen die Gepäckwagen, sieben Maultiere und zwölf Berittene. Eine solche Frau brauchte natürlich auch den passenden äußeren Rahmen für sich. Sie fand ihn in ihrem Schloß Clagny, einem zweiten Versailles neben Versailles. Anfangs hatte Ludwig für seine Geliebte in Clagny ein Lusthaus, einen kleinen Bau, errichten lassen; als die Marquise es sah, erklärte sie, für eine Operndame wäre es gut genug. Sie wollte ein Schloß und vertraute das Werk dem damals achtundzwanzigjährigen Mansart an. Grund und Bau des Schlosses kostete 2fi Millionen Livres, und schon 1769' wurde das Schloß auf Abbruch an den Architekten Delondre für 400.000 Livres verkauft; Frau von Sévigné sah es im August 1675, sie nennt es den Palast Armidas. Das Gebäude war noch nicht fertig, aber schon die Gärten, die der berühmte Le Nôtre angelegt. „Er hat ein kleines, düsteres Wäldchen gelassen, das sich sehr gut ausnimmt, dann findet sich ein kleiner Wald von Orangenbäumen in großen Kübeln. Sie bilden schattige Alleen, in denen man sich ergehen kann, und um die Kübel zu verbergen, sind zu beiden Seiten Palisaden angebracht, die ganz von blühenden Rosen, Jasmin und Nelken bedeckt sind. Es ist sicherlich die schönste, erstaunlichste, bezauberndste Neuerung, die man sich denken kann." Sieben Kinder gab die Marquise dem König, der sie durch das Parlamentsgericht als seine legitimen Kinder anerkennen ließ: den ältesten Sohn machte er zum Herzog du Maine und häufte Besitz und Würden auf ihn, die älteste Tochter verheiratete er mit dem Herzog von Bourbon, eine andere mit seinem Neffen, dem Herzog von Chartres, dem späteren Regenten.

Trotz allen Glanzes aber und aller Macht, trotzdem sie bei allen Festen, die sie gab und die ihr gegeben wurden, der Mittelpunkt war, stand ihre Herrschaft doch nur in den ersten Jahren auf festen Füßen. Dann mußte sie, bei der Unbeständigkeit Ludwigs, fürchten, einer jüngeren, wenn auch nicht schöneren und klügeren Nebenbuhlerin zu unterliegen. Wer sie erhoben hatte, konnte sie auch wieder stürzen. Sie war nie ganz sicher und hatte ein Heer von Neidern, Gegnern und Feinden wider sich. Viele hatte sie durch ihren Stolz, viele durch ihre scharfe Zunge verletzt, und diese alle lagen auf der Lauer, um den König zu beobachten und festzustellen, ob schon die Zeit zu einer kleinen Palastrevolution gekommen war und eine neue Schöne an die Stelle der früheren, der er überdrüssig geworden, treten könnte. Man war auf solche Fälle immer vorbereitet und hatte stets Damen, für die es die Krönung ihrer Wünsche war, erklärte Mätresse zu werden, zur Verfügung. Einige Jahre hielt die Liebe und Leidenschaft für die Marquise bei Ludwig an, aber schon 1672 quälte eine rasende Eifersucht die stolze Mätresse, und sie war, wie die Sévigné meldet, in einer unbeschreiblichen Laune, sah vierzehn Tage lang keinen Menschen, schrieb von morgens bis abends und zerriß alles wieder, ehe sie zu Bett ging. Und niemand hatte Mitleid mit ihr, obschon sie vielen Gutes erwiesen, fügt die Schreiberin hinzu, bezeichnend für die Marquise und die anderen. Drei Jahre später, nachdem sich die Stürme verzogen hatten und Ludwig zu ihr zurückgekehrt war, wiederholte sich die Krise ernsthafter. Der König hatte mit einemmal Anwandlungen von Frömmigkeit, aber kluge Köpfe erklärten insgeheim, er sei der Marquise überdrüssig. Die stolze Frau erlebte es, daß am Gründonnerstag 1675 ein Priester ihrer Gemeinde ihr die Absolution verweigerte und, als sie sich empört beim Pfarrer von Versailles beschwerte, dieser das Vorgehen seines Vikars billigte. Dazu kam, daß der große Prediger Bossuet, der immer gegen den zweifachen Ehebruch seine Stimme erhoben hatte, sich wieder mächtig vernehmen ließ, und er erreichte es, daß der König seine Geliebte entfernte. Die Marquise bäumte sich auf, und als Bossuet sie besuchte, überschüttete sie ihn mit Vorwürfen: nur sein Hochmut habe ihn getrieben, sie fortschicken zu lassen; er allein wolle sich zum Herrn über die Seele des Königs machen. Als sie sah, daß alles an seiner heiteren Ruhe und Festigkeit abprallte, wollte sie ihn durch Versprechungen und Schmeicheleien gewinnen und ließ die höchsten Würden der Kirche und des Staates vor seinen Augen aufglänzen. Aber auch diesmal ging der Sturm vorüber. Ihre Verbannung dauerte noch keinen Monat. Das vertraute Verhältnis schien allerdings anfangs nicht ganz hergestellt, und Frau von Richelieu bemerkte: „Ich bin immer zu dritt", aber in jener Zeit gab die Marquise dem König wieder zwei Kinder, den Grafen von Toulouse und Fräulein von Blois, und die Sévigné schreibt Ende Juni: „Dein Urteil über die Quantova (so und Quanto nannten Mutter und Tochter die Marquise in ihren Briefen) ist sehr richtig. Vergangenes kann sie nicht ungeschehen machen, aber ihre Macht und Größe bis zu den Wolken erheben; doch sollte sie danach streben, das ganze Jahr hindurch ohne Gewissensbisse geliebt werden zu können. Einstweilen ist noch der ganze Hof um sie versammelt, die Ehrerbietung grenzenlos", und einen Monat später: „Die Liebe für Quantova ist noch immer hochgradig, man treibt es bald so weit, um den Pfarrer und die ganze Welt zu erzürnen." Wenn 1675 die Marquise aus religiösen Gründen entfernt werden sollte, so im folgenden Jahr aus solchen, die ihr eher großen Anlaß zur Erbitterung gaben.

Der König wurde mit einemmal von einer heftigen Sucht nach flüchtigen, beständig neuen Liebschaften gepackt, und die Sévigné, wie immer genau über den Hof unterrichtet, schreibt sehr bezeichnend: „In den Landen Quantovas duftet es nach frischem Fleisch." Zuerst eroberte sich die Prinzessin von Soubise die königliche Gunst. Sie liebte, wie man hübsch gesagt hat, den König aus Liebe zu ihrem Mann. Nachdem sie sich die gewünschten Würden, Ämter, Gelder gesichert, zog sie sich, als ihre Zeit abgelaufen war, bescheiden nach Hause zu ihrem Mann zurück, der sie, entzückt von dem flüchtigen Abenteuer, herzlich aufnahm und ganz der Ansicht Molières im „Amphitryon" war, daß eine Teilung mit Jupiter nichts Entehrendes habe, wenn nur der Gott den rechten Preis dafür zahlte. Die Sévigné schrieb am 2. September 1676, Frau von Soubise sei mit Blitzesschnelle wie eine Vision vorbeigezogen und alles wieder im Gleise, „Quanto lehnte neulich beim Spiel den Kopf an die Schulter ihres Freundes, fast als wollte sie sagen: Ich stehe besser als je!" Aber kaum war etwas mehr als eine Woche vergangen, da waren alle der Meinung, daß der Stern der Marquise im Erbleichen begriffen sei. Es gab Tränen, offenen Kummer, erkünstelte Heiterkeit, schmollende Stimmungen. „Mit einem Wort, es geht dem Ende zu, meine Liebe. Die einen zittern, die andern frohlocken. Manche wünschen, es bliebe beim alten, die meisten sind jedoch für einen Dekorationswechsel, kurz, man lebt, nach der Ansicht hellsichtiger Gemüter, in der Erwartung einer Krisis." Ende des Monats meldet die Sévigné, jeder sei überzeugt, die Liebe des Königs sei erloschen und die Marquise schwanke zwischen den Konsequenzen, die eine Wiederkehr der Gunst mit sich führten, der Gefahr, zu wenig zu tun, und der Befürchtung, man habe die Augen anderswo. „Außerdem ist es mit der

Freundschaft noch keine beschlossene Sache, so viel Schönheit und so viel Stolz lassen sich schwer auf den zweiten Platz verweisen. Die Eifersucht ist sehr rege. Aber hat sie je etwas verhindern können?" Mitte Oktober weiß die Marquise um ihr Schicksal. „Hätte Quanto sich an Ostern jenes Jahres, als sie nach Paris zurückkehrte (1675), zur Entsagung entschlossen, würde sie sich heute nicht in solcher Unruhe befinden. Es wäre ein weiser Entschluß gewesen, doch die menschliche Schwachheit ist groß; man will sich schöne Reste sichern, doch solches Sparen macht eher arm als reich." Der Soubise war Frau von Ludres in der Gunst des Königs gefolgt. Aber abgesehen von diesen Liebschaften, die doch, wie sie annehmen konnte, rasch vorübergingen, beunruhigte die Marquise der langsam heller werdende Glanz eines allmählich aufsteigenden neuen Sterns am Himmel von Versailles, der Witwe des verstorbenen Poeten Scarron, gebornen d'Aubigné, der nachmaligen Marquise von Maintenon, die auf Ersuchen der Montespan die Erziehung der Kinder, die sie mit Ludwig hatte, übernommen und mit der Zeit die Augen des Königs auf sich zu ziehen gewußt hatte. Die Sévigné nennt die Witwe Scarron in ihren Briefen „die Freundin" und meldet aus kleinen Anfängen ihren langsamen, aber unaufhaltsamen Aufstieg, der sie schon Anfang Mai 1676 zu einem Siegesbewußtsein geführt hatte, das größer war als das der Favoritin. „Alles ist ihr unterworfen. Sämtliche Kammerfrauen ihrer Nachbarin sind ihr ergeben; die eine hält ihr den Schminktopf in knieender Stellung, die andere reicht ihr die Handschuhe, eine dritte bringt sie zum Schlafen. Sie hat für niemanden einen Gruß, und ich glaube, daß sie heimlich herzlich über diese Dienstbeflissenheit lacht." Aber noch war nicht die Abschiedsstunde der Montespan von Ludwig und der Antritt der Herrschaft der

Maintenon gekommen. Auch Frau von Ludres wurde vom König abgedankt, und er kehrte wieder zu seiner alten Geliebten zurück, und zwar, wie es schien, mit der ganzen Hingebung der ersten Zeit. Am 11. Juni 1677 meldete die Sévigné ihrer Tochter: „Oh, mein Kind, welch ein Triumph in diesem Versailles! Welch ein Jubel in diesem erneuten Besitzergreifen! Ich war eine Stunde lang in ihrem Zimmer. Sie lag, schon frisiert und geschmückt, zu Bett, um auszuruhen bis zur Medianoche (eine Mahlzeit, die nach einem Fasttag gleich nach Mitternacht serviert wurde und bei der die Fleischspeisen nicht fehlen durften). Der armen Jo (Frau von Ludres) wurde ein Hieb nach dem andern versetzt, und sie lachte, daß diese die Frechheit besitze, sich über sie zu beklagen. Vergegenwärtige dir alles, dessen ein nicht sehr großmütiges Selbstbewußtsein fähig sein kann, und du kommst der Wirklichkeit nahe. Es heißt, die Kleine (Frau von Ludres) werde wieder ihre alte Stellung bei Madame (Liselotte von Orléans) einnehmen." Die arme kleine Frau wurde nach ihrem kurzen Glanz von der nun wieder auf die Montespan eingeschworenen Hofgesellschaft gemieden, die Marquise hätte sie am liebsten erwürgt, machte ihr das Leben herzlich sauer und nannte sie voll Verachtung nur „dieser Lumpen". Und die Sévigné meldete in den nächsten Monaten, daß der König und seine Geliebte länger und vertrauter beisammen seien als sie je gewesen; die ganze Hingebung der ersten Jahre sei wiedergekehrt, alle Befürchtungen seien geschwunden und jeder dürfe dreist behaupten, daß man nie eine fester begründete Macht gesehen. „Frau von Montespan war neulich über und über mit Diamanten bedeckt, man vermochte dem Glanz dieser strahlenden Gottheit kaum standzuhalten. Die Liebe scheint größer als je, sie sind jetzt beim Blickewechseln angelangt. Daß eine

Leidenschaft von neuem so fest Fuß zu fassen vermochte, ist noch nie erlebt worden." Aber trotz eines allen unerwarteten und so großen Sieges, trotz aller Huldigungen war die Favoritin von einer dunkeln Sorge bedrückt, was sich in einer erschreckenden Ruhelosigkeit äußerte. Sie hatte immer voll Leidenschaft gespielt, aber im Januar 1678 steigerte sich ihre Spielwut derart, daß Verluste von 100.000 Ecus täglich vorkamen (ein Ecu hatte einen Wert von drei Livres und die Livre an Silberwert mehr als ein Vorkriegsfrank. Doch der Wert des Geldes war damals unendlich viel höher als heute). Am Weihnachtsfest verlor sie 700.000 Taler, setzte auf drei Karten 150.000 Pistolen und gewann sie. Das letzte Jahr ihrer Herrschaft war gekommen, und die lange Reihe ihrer Triumphe sollte nun beschlossen werden.

Sie war jetzt achtunddreißig Jahre alt und wurde von einer Nebenbuhlerin verdrängt, die ihre Tochter hätte sein können. Im März 1679 bat sie den Abbé Gobelin, für den König, der am Rand eines tiefen Abgrunds stehe, zu beten und beten zu lassen. Dieser Abgrund war das achtzehnjährige Fräulein von Fontanges, die Haare von einem strohfarbenen Blond mit hellen Reflexen hatte, große blaßgraue, unergründliche, klare Augen, einen milchweißen Teint, rosenfarbene Wangen, und in ihrem Wesen, nach den Worten der Zeitgenossen, einer richtigen Romanheldin glich. Sie war wie die Ludres und La Vallière Ehrendame der Königin, nach dem Urteil der Liselotte von der Pfalz schön wie ein Engel vom Scheitel bis zur Sohle und von ihren Verwandten an den Hof geschickt, um mit ihrer Schönheit ihr Glück zu machen. Die Marquise verließ plötzlich den Hof wegen ihrer Eifersucht auf Fräulein von Fontanges, meldet ein gleichzeitiger Bericht aus dem Monat März. Aber Ludwig, der, wie man mit Recht gesagt hat, seine Mätressen nicht um ihrer, sondern um seiner selbst willen liebte, erlaubte nicht, daß sie ihn nach eigenem Belieben verließen. Wie einst die La Vallière dem Triumph der Montespan hatte dienen müssen, so sollte diese nun für die neue Favoritin den Hintergrund bilden. Sie fügte sich auch darin, vielleicht in der Hoffnung, daß der König sich doch nach einer gewissen Zeit wieder ihr zuwenden würde. Ende März schrieb sie dem Herzog von Noailles: „Es geht hier in allem sehr friedlich zu, der König betritt mein Zimmer nur nach der Messe und der Abendtafel. Es ist besser, sich wenig und in Ruhe als oft und in Unruhe zu sehen." Als der Bruder des Königs in Villers-Cotterets einen Ball gab, wobei einige Herrschaften in Masken erschienen, zeigte sich die Fontanges in einer glänzenden Toilette und von den Händen der Montespan geschmückt. Es war allen deutlich am Benehmen Ludwigs, daß sie gefallen war, der König beachtete sie nicht mehr, und die Hofgesellschaft, gewöhnt, sich den allmächtigen Herrn in jeder Lage zum Vorbild zu nehmen, folgte seinem Beispiel. Die Montespan war außer sich, weinte viel, und ihr Stolz litt grausame Qualen, wie die Sévigné schreibt. Wie sie sich früher in schärfster Weise über ihre Vorgängerin La Vallière lustig gemacht hatte, fiel sie nun mit ihrer scharfen Zunge über ihre Nachfolgerin her. Sie verleumdete die Fontanges öffentlich und sagte jedem, wie Bussy-Rabutin erzählt, der König könne nicht sehr heikel sein, wenn er ein Mädchen, das in der Provinz Liebschaften gehabt, lieben könne; sie besitze weder Geist noch Bildung und sei nichts weiter als ein schönes Bild. Die Fontanges aber, zur Herzogin ernannt mit einem Jahreseinkommen von 20.000 Talern, überhäufte ihre abgedankte Rivalin und deren Kinder mit kostbaren Geschenken. Jetzt brach der so lange, wenn auch nur mühsam zurückgehaltene Zorn und Haß der Montespan mit aller Gewalt los, sie machte dem König eine große Szene, und als ihr Ludwig ihren Stolz, ihre Herrschsucht und ihre anderen Fehler vorhielt, erklärte sie, von ihrer Wut fortgerissen, wenn sie schon alle die Fehler, die er ihr vorwerfe, habe, rieche sie doch wenigstens nicht so schlecht wie er. Die Herrschaft der Fontanges sollte nicht länger als zwei Jahre dauern; schon Ende Juni 1681 starb sie an einer Brustfell- und Lungenentzündung auf tuberkulöser Grundlage, deren Prozeß durch einen Blutverlust infolge einer Entbindung beschleunigt worden war. Sie starb in der Überzeugung, von ihrer Nebenbuhlerin vergiftet worden zu sein; auch Ludwig glaubte es und wollte die Leichenöffnung verhindern, aber die Verwandten der Herzogin bestanden darauf, und man konnte die wirkliche Todesursache feststellen. Trotzdem erhielt sich das Gerücht von einer Vergiftung, und Frau von Caylus, die Maintenon, Liselotte von der Pfalz und Bussy-Rabutin gaben es weiter. Heute wissen wir, daß es nicht unbegründet war und die Montespan noch mehr plante als die Beseitigung dieser Nebenbuhlerin. Wir wissen, daß sie eine Kundin der berüchtigten Zauberin und Giftmischerin Voisin war, von der Lafontaine schrieb: „Une femme à Paris faisait la Pythonisse", die einen großen Kundenkreis aus allen Ständen hatte und jährlich 50.000 - 100.000 Francs verdiente, die sie mit Schlemmereien, Prunk und ihren Liebhabern vergeudete. Als die Voisin auf Befehl des Polizeidirektors La Reynie im März 1679 verhaftet und ihr Treiben und das ihrer vorher verhafteten, gleiche und ähnliche Wege wandelnden männlichen und weiblichen Gesinnungsgenossen durchforscht wurde, schrieb La Reynie entsetzt: „Das Menschenleben ist ein Handelsartikel geworden, es ist beinahe das einzige Mittel, zu dem man in allen Familienschwierigkeiten greift. Gotteslästerungen, Tempelschändereien, Greuel aller Art sind an der Tagesordnung." Schon im Dezember 1677 war ein gewisser Louis von Vanens, ein junger Edelmann aus der Provence, von schlankem, gefälligem Wuchs, der treffliche Beziehungen zum Hofe und zur Montespan hatte, mit seiner Mätresse Finette verhaftet worden. Durch diesen Vanens kam die Marquise in den verbrecherischen Kreis der Zauberer und Zauberinnen, deren Prozessierung einer besonderen Kommission, der „glühenden Kammer", übergeben wurde. So wurde dieser Gerichtshof genannt, weil einst die außerordentlichen, für besonders fluchwürdige Verbrechen zusammenberufenen Gerichte ihre Sitzungen in einem mit schwarzen Stoffen ausgeschlagenen und mit Pechfackeln und großen Kerzen taghell erleuchteten Zimmer abgehalten hatten. Am 19. April 1679 trat die Kammer zum ersten Mal zusammen und beschloß, die Verhandlungen geheim zu halten, um die Einzelheiten der dämonomagischen Gebräuche sowie die gefährliche Zusammensetzung der Gifte der Kenntnis des Publikums zu entziehen, an deren Wirkung die Richter nicht zweifelten. Zum letzten Mal trat die Kammer am 21. Juli 1682 zusammen, nachdem sie 210 Sitzungen gehalten und über das Schicksal von 442 Angeklagten entschieden hatte. Ludwig selbst hatte befohlen, daß ohne Rücksicht auf Person, Stand, Geschlecht vorgegangen werden sollte. Frau von Sévigné, die große Vorliebe für solche Art Schaustellungen hegte und bereits im Sommer 1676 die berüchtigte Marquise von Brinvilliers, die ihren Vater und zwei Brüder vergiftet, hatte enthaupten werden sehen, wohnte auch der Hinrichtung der Voisin bei, die, wie sie schreibt, ihre Seele dem Teufel mit Anstand überantwortete. Aber die Tochter der Voisin, Marguerite, sagte weiter aus und noch mehr als ihre Mutter getan: Jedesmal, wenn die Montespan etwas

Neues erlebte und eine Abschwächung der königlichen Gnade fürchtete, mußte die Voisin dagegen Mittel schaffen. Die Voisin ließ von Priestern Messen lesen und fabrizierte aus allen möglichen Ingredienzien wie Kanthariden, Fledermausblut usw. einen Teig, der, während des Opfers in der Messe unter den Kelch gelegt und bei der Wandlung vom Priester geweiht, den Speisen des Königs beigemengt wurde. Die Voisin hatte der Marquise mehrere Male Liebespulver nach Saint Germain, Versailles oder Clagny gebracht, sie ihr auch durch eine Kammerzofe der Montespan zugeschickt; Marguerite Voisin selbst hatte ihr in der Augustinerkirche und einmal auf dem Weg nach St. Cloud solche Pulver gegeben. Die Beziehungen der Marquise zu den Zauberinnen beginnen mit der Entstehung ihrer Liebe zum König: 1667 ist sie mit dem Zauberer Lesage und dem Priester Mariette zusammen. An einem Altar im Hintergrund eines kleinen Zimmers sprach Mariette in priesterlichem Ornat die Beschwörungsformeln; Lesage sang das „Veni creator", worauf der Priester über dem Kopf der Montespan, die vor ihm kniete und Beschwörungen gegen die La Vallière hersagte, das Evangelium las. Sie fügte hinzu: „Ich bitte um die Freundschaft des Königs und die des Herrn Dauphin; ich bitte, daß sie mir erhalten und die Königin kinderlos bleibe, daß der König Tisch und Bett mir zu Gefallen verlasse, daß ich alles, worum ich ihn bitte, erlangen möge. Meine Ver-wandten, meine Getreuen und Diener seien ihm angenehm, geliebt und geachtet von dem hohen Herrn; ferner bitte ich zu den Ratsversammlungen zugelassen zu werden, um zu wissen, was dort vorgeht, und daß diese Freundschaft stärker werde als sie je gewesen, daß der König die La Vallière verlasse, ihr keine Beachtung mehr schenke und daß ich, nachdem der König die Königin verstoßen, an ihre Stelle trete und den König heiraten kann." Ein zweites Mal sprach Mariette in seiner Kirche Saint Severin im Beisein der Montespan Beschwörungen über zwei Taubenherzen aus, die während des Meßopfers auf die Namen Ludwig XIV. und Louise de la Vallière geweiht worden waren. Anfang 1668 kamen Lesage und Mariette sogar ins königliche Hoflager von Saint Germain und trieben ihren Zauber im Schloß selbst in den von der Schwester der Montespan bewohnten Zimmern. Und wirklich: 1668 erfüllte sich ihr ehrgeiziger Traum, sie wurde die Geliebte des Königs. Von nun an stand ihr Glauben an die Zaubermittel fest. Im gleichen Jahr aber wurden Lesage und Mariette in die Bastille geschickt, weil die Voisin Lärm geschlagen aus Ärger, daß die beiden nicht sie, sondern eine ihrer Konkurrentinnen bei den Beschwörungen für die Montespan herbeigezogen. Doch die ganze Sache wurde vertuscht, weil man Mariette wegen seiner Familie retten wollte. Er wurde verbannt, Lesage kam auf die Galeere. Aus seinen Aussagen ergab sich für La Reynie klar, daß Marguerite die Wahrheit über die Beziehungen der Marquise zu den Zauberern und der Voisin gesprochen hatte. Seine wichtigsten Bekundungen befanden sich in den Schriften, die der König später im Kamin seines Zimmers verbrennen ließ. Wir kennen sie also nicht ihrem vollen Wortlaut nach, sondern nur durch die Notizen, die sich der Untersuchungsrichter La Reynie machte, und durch die Fragmente eines Protokolls, das aufbewahrt worden ist. 1672, zur Zeit, wo die Sévigné von der unbeschreiblichen Laune der Marquise spricht, nimmt diese wieder ihre Zuflucht zu dämonischen Mitteln, gerat nun an den siebzigjährigen Abbé Guibourg, der für sie schwarze Messen liest. Sollten diese wirken, mußten sie dreimal nacheinander abgehalten werden. Es geschah 1673; die erste in dem alten, von tiefen Wassergräben umzogenen, eine halbe Stunde von Paris entfernten Schloß von Villebousin im Marktflecken du Mesnil, Guibourg wurde für 50 Pistolen (500 Francs) und eine Pfründe von 2.000 Livres gewonnen. Er las in der Schloßkapelle über dem nackten Körper der Favoritin, die auf dem Altar lag, die Messe. Bei der Weihe sprach er die Beschwörungsformel, deren Inhalt er dann den Richtern der „glühenden Kammer" mitteilte: „Astarot, Asmodeus, ihr Fürsten der Liebe, ich beschwöre euch, das Opfer, das ich euch mit diesem Kinde darbringe, anzunehmen für die Dinge, die ich von euch erbitte und die da sind: daß die Freundschaft des Königs, des Herrn Dauphin mir erhalten bleibe, daß ich geehrt werde von den Prinzen und Prinzessinnen des Hofes, daß mir nichts abgeschlagen werden möge, was ich vom König erbitte, sei es für meine Verwandten oder für meine Diener." Für einen Taler (15 Francs) hatte Guibourg das Kind gekauft, das bei dieser Messe geopfert wurde und das ihm eine „große Person", wahrscheinlich die Kammerzofe der Montespan, Desoeillets, reichte. Zwei bis drei Wochen danach fand die zweite Messe in einer halbverfallenen Hütte in Saint-Denis statt, die dritte in einem Pariser Haus, in das Guibourg mit verbundenen Augen hineinund ebenso wieder bis zu den Torbogen des Rathauses hinausgeführt wurde. Gegen Ende des Jahres 1673 meldete der erste Leibarzt des Königs, daß dieser von solchen Schwindelanfällen heimgesucht werde, daß er auf einige Augenblicke nichts mehr sah und umzusinken meinte. Außerdem litt er an den heftigsten Kopfschmerzen. In diesen Zuständen kann man gewiß die Wirkung der Voisinschen Pulver sehen, die, wie wir erfahren, den Speisen des Königs durch zwei Mundschenken, Duchesne und Gillot, beigemischt wurden. Als 1675 wieder die Herrschaft der Montespan bedroht war, ließ sie sich Liebespulver für den König von der Voisin liefern, schwarze, graue und weiße Pulver, die diese im Beisein der Desoeillets mischte; einmal bekam die Voisin für ihre Lieferung, die sie selbst nach Clagny brachte, 50 Louisdors. Es gab geweihte Pulver, die, unter dem Kelch gelegen, von Guibourg stammten, und ungeweihte, die die Voisin in der Schublade eines Schranks verwahrte. Abermals erhielt die Marquise einen deutlichen Beweis der Macht dieser Zaubermittel: Sie gewann den König zurück. 1676, zur Zeit der Liebschaften des Königs mit der Soubise und Ludres, ließ die Montespan wieder Messen lesen, und zwar in der Wohnung der Voisin, deren Tochter bei den Vorbereitungen half. Eine Matratze wurde auf zwei Sessel gelegt, neben ihr zwei Taburetts, auf denen die Leuchter mit den Kerzen standen; Guibourg kam in seinem Meßgewand, das mit schwarzen Tannenzapfen besät war, aus dem kleinen Seitenzimmer, und dann ließ die Voisin die Frau eintreten, auf deren Leib die Messe abgehalten werden sollte. Es war gegen zehn, und die Montespan ging erst wieder um Mitternacht. Wieder wurde ein Kind geopfert, und bei der Beschwörung wurden die Namen Louis von Bourbon und Montespan angegeben. Die Schilderung des Kindesopfers gibt solche grausigen Einzelheiten, daß man an ihnen zweifeln müßte, wenn sie nicht durch die verschiedensten Zeugenaussagen genau bekräftigt wären. Aber 1676 rief die Marquise nicht nur die schwarze Messe zu Hilfe bei der Behauptung ihrer Herrschaft, sondern schickte auch zwei Zauberinnen in die Normandie zu einem gewissen Gallet, der „schöne Geheimnisse" für Gift und Liebestränke besaß, und Gallet gab seine Pulver her. Wieder erfuhr die Marquise die Zaubermacht der von ihr angewendeten Mittel: Die Ludres verlor die Gunst des Königs, und er kehrte wieder zu ihr, seiner alten Geliebten, zurück. Dann aber wandte sich die Neigung Ludwigs der jungen schönen Fontanges zu, und mit Bezug darauf erzählte die Tochter der Voisin später La Reynie, daß ihre Mutter, die sie, als sie älter wurde, den für die Montespan gelesenen Messen beiwohnen ließ, ihr gesagt, daß die Marquise es damals zum äußersten treiben und ihr Dinge zumuten wollte, die ihr höchst peinlich wären, und durchblicken ließ, daß es auf das Leben des Königs abgesehen worden. Die Montespan hatte auch wirklich den Plan, den Liebhaber, der sie verlassen hatte, und seine neue Geliebte zu töten. Ludwig sollte zuerst getroffen werden. Anfangs wollte die Voisin Pulver an seinen Kleidern oder an einem Ort, den er betreten mußte, anbringen, so daß er schließlich an Entkräftung stürbe. Dann aber wählte sie ein ihr sicherer erscheinendes Mittel. Nach einem alten Brauch pflegten die französischen Könige an bestimmten Tagen persönlich Bittschriften anzunehmen, wobei jeder Zutritt hatte. Man beschloß, eine Bittschrift anzufertigen und mit vorher geweihten Pulvern zu präparieren, so daß ihre Berührung dem König sofort den Tod bringen mußte. Die Voisin wollte selbst die Schrift überreichen; eine Kollegin, die Zauberin Trianon, die das Blatt präpariert hatte, riet ihr dringend ab, indem sie ihr in einem Horoskop prophezeite, daß sie in einen Prozeß wegen Staatsverbrechens verwickelt werden würde. Doch die Voisin sagte: „Ach was, ich kann 100.000 Taler verdienen!" und reiste am Samstag, den 5. März 1679, nach Saint-Germain, kehrte aber vier Tage danach sehr verstimmt zurück, weil es ihr nicht geglückt war, so nahe an Ludwig heranzukommen, daß sie ihm die Schrift, die natürlich in einem Umschlag steckte, übergeben konnte. Am 13. März wollte sie einen neuen Versuch machen; aber sie wurde doch unruhig, ließ die Schrift durch ihre Tochter am 11. März verbrennen, noch zur rechten Zeit, denn am nächsten Tag wurde sie verhaftet. Am 15. März flüchtete die Marquise vom Hof.

Die Fontanges sollte zur gleichen Zeit wie ihr Geliebter vergiftet werden, doch sollte das Gift bei ihr nicht so rasch wirken, damit sie, wie die ruchlose Gesellschaft erklärte, langsam dahinsieche und der Glaube erweckt werde, sie sei aus Kummer über Ludwigs Tod gestorben. Mit ihrer Vergiftung waren Romani und Bertrand beauftragt, jener sollte die Rolle eines ausländischen Seidenhändlers, dieser die seines Dieners spielen: Die Vergiftung sollte durch präparierte Handschuhe der feinsten Qualität, die man aus Rom und Grenoble kommen ließ, erfolgen. Als die Montespan von der Verhaftung der Voisin hörte, war ihr Schrecken grenzenlos, aber ihre Wut auch; sie sah nicht nur ihr Glück für immer zerstört, sondern sich auch selbst verloren. Wenn schon der König gerettet war, sollte wenigstens seine Mätresse Fontanges vernichtet werden. Sie wandte sich an die Zauberin Filastre, eine Gevatterin der Voisin und nach ihr die gefürchtetste Giftmischerin von Paris, und die Filastre suchte Gallet in der Normandie auf, um Mittel zurückzubringen, die „vergifteten, ohne daß es gemerkt wurde". Nach ihrer Heimkehr suchte sie sich Zutritt bei der Fontanges zu verschaffen, aber ihre Verhaftung hinderte sie, ihren Plan durchzuführen. Lesage hatte schon gesagt, daß, wenn man die Filastre festnähme, man seltsame Dinge erfahren würde. So war es auch; erst leugnete sie alles, auf der Folter aber gestand sie, bestätigte auch die Aussagen der andern Gefangenen. Der König konnte nicht länger an der Schuld der Marquise zweifeln. Ihre Kammerzofe Desoillets wurde den Gefangenen gegenübergestellt und von ihnen sofort erkannt, obwohl sie versichert hatte, daß kein einziger von denen, die sie genannt, sie kennen könne. Der Eindruck, den alles auf den König machte, mußte ein niederschmetternder sein. Seine langjährige Geliebte, die Mutter seiner Lieblingskinder, von schrecklichen Verbrechen befleckt! Schon Mitte August 1680 hatte Louvois, der um jeden Preis die Montespan schützen wollte, ihr eine Unterredung mit dem König verschafft. Die Maintenon beobachtete sie voll Sorge aus der Ferne. Zuerst weinte die Marquise, dann machte sie Vorwürfe, zuletzt sprach sie sehr von oben herab und brach los, wenn es wahr sei, daß sie sich zu diesen Verbrechen hergegeben, so nur deshalb, weil ihre Liebe zum König groß gewesen und groß auch die Härte, Grausamkeit und Treulosigkeit dessen, dem sie alles geopfert. Der König möge sie strafen, doch müsse er fürchten, dabei zu vergessen, daß er mit dem gleichen Schlage vor den Augen Frankreichs und Europas die Mutter seiner Kinder treffe, der rechtmäßigen Kinder des Königs von Frankreich. Ludwig konnte nicht anders handeln, als er tat. Nicht nur Louvois, auch Colbert, der kurz vorher seine jüngste Tochter mit dem Neffen der Montespan verlobte, und selbst die Maintenon suchten den Sturz der einstigen allmächtigen Frau zu mildern. Die ehemalige Favoritin wurde nicht vom Hof verbannt, vertauschte nur ihre große Wohnung im ersten Stock von Versailles mit einer andern, dem Mittelpunkt des königlichen Haushalts ferner liegenden, wurde von Ludwig besucht und sah ihn im Beisein anderer Damen; aber die Sévigné, die natürlich einen Blick hinter die Kulissen hatte tun können, bemerkt, daß Ludwig die Marquise sehr hart behandelte. Sie bekam eine königliche Pension von 10.000 Pistolen (50.000 Francs) und führte ihre Sorgen und ihre Langeweile in Bourbon, in Fontrevault, auf ihren Besitzungen in Antin mit sich, und es bedurfte langer Jahre, ehe sie sich ergebungsvoll in ihr Los

fügte. Es wurde ihr sehr schwer, auf die Pracht der großen
Welt, an die sie gewöhnt war, zu verzichten; doch als sie es
dann getan, warf sie sich mit größter Leidenschaft – in ihrer
Jugend hatte man ja ihre Frömmigkeit leidenschaftlich und
überschwenglich genannt – einem Leben der Reue und
Buße in die Arme. 1691 zog sie sich in das von ihr gegrün-
dete Kloster des heiligen Josephs zurück, und hier, sagt
Saint-Simon, nahm ihre Reue und Buße mit jedem Tag zu.
Der König unterhielt keinen Verkehr mehr mit ihr, auch
nicht durch ihre Kinder, deren Besuche bei ihr beschränkt
wurden. Sie bekamen sie nur selten zu sehen und auch nur
nach vorheriger Anfrage. Ihr Beichtiger legte ihr die Buße
auf, ihren Gatten um Vergebung zu bitten und sich seiner
Gnade anheimzustellen. Sie tat es in der demütigsten Form,
wollte zu ihm zurückkehren oder sich an einen von ihm angewiesenen Wohnort begeben; aber der Marquis erwiderte
ihr, er wolle von ihr sein Leben lang nie etwas hören und
wissen. Mit dem Hof brach sie alle Beziehungen ab, und ihr
Einkommen verwendete sie nur für fromme Stiftungen und
gute Werke. Allmählich, sagt Saint-Simon, kam sie soweit,
fast alles, was sie besaß, den Armen zu schenken. Sie arbeitete mehrere Stunden am Tage an groben niederen Gegenständen, Hemden und ähnlichen nützlichen Dingen, und
ließ auch ihre Umgebung daran arbeiten. Ihre Tafel, deren
Freuden sie einst fast im Übermaß gehuldigt, wurde so kärg-
lich wie möglich; sie dehnte ihr Fasten immer länger aus,
mitten in der Unterhaltung, vom kleinsten unschuldigsten
Spiel konnte sie aufstehen, um ihre Andacht zu halten, zu
jeder Tagesstunde alles verlassen, um in ihrem Zimmer zu
beten. Ihre Kasteiungen setzte sie nie aus; ihre Hemden und
Bettücher waren von ungebleichter Leinwand derbster,
gröbster Sorte, aber unter anderer Wäsche verborgen. Sie

trug beständig Armspangen, Gürtel und Strumpfbänder mit eisernen Zacken versehen, die sie oft verwundeten, und selbst ihre einst so gefürchtete Zunge hatte ebenfalls ihre Buße zu tragen. Bei alledem war sie so von Todesfurcht gequält, daß sie mehrere Frauen in ihrem Dienst hielt, die kein anderes Amt hatten, als nachts bei ihr zu wachen. Sie schlief mit weit zurückgeschlagenen Vorhängen, das Zimmer von vielen brennenden Kerzen erhellt, umgeben von ihren Wächterinnen, die sie bei jedem Erwachen lustig plaudernd und schmausend sehen wollte, um gegen deren Einschlafen gesichert zu sein. Im Mai 1707 kam der von ihr so lange Jahre gefürchtete Tag. Sie beichtete öffentlich vor ihrer ganzen Dienerschaft, bat um Verzeihung wegen des Ärgernisses, das sie so lange gegeben, nahm in inbrünstiger Andacht die Sterbesakramente und starb ruhig und sanft. Den König ließ die Nachricht von ihrem Ableben völlig kalt, und als die Herzogin von Burgund ihm darüber eine Bemerkung machte, erwiderte er, seit er sie entlassen, habe er damit gerechnet, sie nie mehr zu sehen, und sie sei schon damals für ihn tot gewesen.

Françoise Athenais
Marquise von Montespan

Elisabeth von Meysenbug
Gräfin von Platen

Osnabrück um 1673.
Durch die verträumten Gassen fuhr es wie ein Windstoß. In allen Häusern schlug die Neugier grelle Augen auf. Fremde waren aufgetaucht. Fremde, schön, elegant, mit dem prickelnden Reiz der „großen Welt".

Wenige Tage später sahen die Bürger der Stadt Seine Durchlaucht, Bischof Ernst August, im Residenztheater in die Loge der Fremden treten. Was bedeutete noch die Handlung auf der Bühne? Vor dem Herrscher stand, mit triumphierendem Lächeln um müde gebeizte Augenwinkel, Baron Philipp von Meysenbug, ihm zur Seite seine Töchter. Der schönsten von beiden, Elisabeth, galt die Huldigung.

Aus der Fürstenloge beobachtete Herzogin Sophie, des Bischofs Gemahlin, mit frostigem Lächeln dieses kleine Intermezzo. Sie lehnte hochmütig in ihrem Sessel. Nun wußte sie es, der Kampf begann. Ernst August würde dem Zauber dieser schönen Frau erliegen.

Im Parkett lüsterten Gaffer, in der Fremdenloge erglühte ein kluges Mädchen unter der verliebten Huldigung eines Herrschers. Ihnen gegenüber verharrte die Fürstin aus dem alten Geschlecht der Stuarts bleich, aber scheinbar gelassen bis zum Schluß des Bühnenstückes.

Des Bischofs Kammerjunker, Ernst von Platen, erkannte in diesem kleinen Zwischenaktspiel seinen eigenen Weg. Er wußte, daß er Elisabeth von Meysenbug ehelichen würde. Fürstengunst hatte sich ihr zugewandt. Der überlegene Kammerjunker übersah gut, was das zu bedeuten haben mochte.

Wenige Wochen später wurde Elisabeth von Meysenbug die Gattin des Kammerjunkers. Der Klatsch verstummte in Osnabrück nicht mehr. Donnerwetter, die Meysenbug hatte es verstanden! Nach einem anstrengenden Nomadenleben an verschiedenen europäischen Höfen, oft abgelehnt, stets belächelt, hatte sie hier ihr Glück gemacht. Dieses Glück rückte den Bürgern der Stadt nun greifbar nahe. Die Platenschen Gemächer im Schlosse wurden kostbar ausgestattet. Der Herrscher sparte nicht. Ebenso bemüht war er um das Avancement des Kammerjunkers. Platen sah, was Frauengunst bedeuten konnte: Kammerjunker, Kammerherr, Oberkammerherr, dann Hofmarschall. Er rieb sich die Hände und blieb seinem Herrn der ergebenste Diener. So tief ergeben, daß er Seiner Durchlaucht im Platenschen Hause gern „alle Hausherrenrechte" einräumte!

Elisabeth war klug und maßvoll. Sie hatte aus dem mühseligen Nomadenleben viel gelernt. Es war nicht leicht gewesen, sich immer wieder zu behaupten. Wenngleich der Herr Papa den schmalen Besitz durch geschickte Spielerkunst oft erheblich aufbesserte, so schmolz das flüchtig Erworbene ebenso schnell dahin. Baron von Meysenbug hatte nun sein Ziel erreicht, eine seiner Töchter in ein Fürstenbett zu plazieren. Es blieb zwar noch Henriette. Sie war auch jung und sehr schön, aber träge. Sie besaß nichts von Elisabeths blendendem Geist. Sie würde sich darum mit dem bescheiden müssen, was die fürsorgliche Marschallin über ihr Schicksal zu beschließen geruhte.

Alle waren zufrieden, Ernst August glücklich. Herzogin Sophie, in ihren stillen Gemächern, erkannte bald, daß die Mätresse ihres Gemahls die Grenzen sah, die sie, die Herrscherin, gezogen zu sehen wünschte. So würde es niemals zu einem öffentlichen Skandal kommen. Die geistreiche So-

phie wußte zu gut, daß das stillschweigende Dulden einer
Mätresse von alters her das Los fürstlicher Frauen sei.

Philipp von Meysenbug machte sich in Osnabrück recht
bald unbeliebt. Seine Spielertricks, in Paris, London und
Brüssel mit Erfolg versucht, brachen ihm hier bei den schwerfälligen, aber verstandeskühlen Bürgern fast den Hals. Ernst
August verhütete zwar den Skandal, dennoch erlitt Elisabeth von Platen eine finstere Stunde. Ihr Gönner erklärte
ihr, daß er leider gezwungen sei, ihren Herrn Papa auszu-
weisen.

Wenige Stunden später erhielt Henriette einen Brief und
ein stattliches Banknotenbündel. Mit leisem Grauen las sie:

Teure Henriette,
verabschiede Dich von unserem Herrn Papa. Er muß Osna-
brück verlassen. Sage ihm, er würde von Zeit zu Zeit von uns
hören. Überbringe ihm meine treuen Abschiedsgrüße und die
Summe, die ich beischließe.
Elisabeth Klara.

Georg Ludwig, der älteste Sohn des Bischofspaares, kehrte
vom Kriegsschauplatz am Rhein nach Osnabrück zurück.
Siebzehnjährig, kalt, verschlossen, war er nicht geeignet, das
Volk für sich zu gewinnen. Dennoch nahm Osnabrück die
Gelegenheit wahr, den Prinzen festlich zu empfangen. Eli-
sabeth von Platen entschied nun über das Los der Schwester.
Georg Ludwig mußte sie zu sich emporheben.

Osnabrück hatte jetzt ein zweites pikantes Histörchen.
Rittmeister von dem Bussche, des Prinzen ständiger Begleiter, heiratete Henriette von Meysenbug. Es blieb aber kein
Geheimnis, daß der junge Prinz das Paar recht oft mit seinem Besuche auszeichnete.

Elisabeth von Platen war nie müßig. In kurzer Zeit hatte sie sich über die Familiengeschichte ihres Gebieters vollkommen orientiert:

Ernst August war der Sohn des Herzogs Friedrich von Lüneburg. 1656 hatte sich sein Bruder Georg Wilhelm, Herzog zu Braunschweig und Lüneburg, mit Sophie, dem zwölften Kinde des Pfalzgrafen Friedrich V., dem Winterkönig, verlobt. Sophie war eine Enkelin des Königs Jakob I. von Großbritannien. Zur Vermählung kam es nicht. Auf einer Auslandsreise erkrankte der Verlobte sehr schwer an der Lustseuche. Er bat den Bruder Ernst August, in seine Rechte einzutreten und Sophie zu ehelichen. Nach peinlichen Verhandlungen entäußerte sich Herzog Georg Wilhelm aller Rechte; er wurde Wachs in Sophies Händen. In einer Urkunde erklärte er:

... weil denn nunmehr mein Bruder Ernst Augustus sich aus oben angeregten Ursachen mit I.L. der Princessin Sophie in ein ehegelöbnis eingelassen, solches auch durch die Copulation in Kurzem zu vollziehen entschlossen ist. So habe ich meiner abgegebenen parole zu folge, wie woll aus eigner Bewegnuß und ganz freien willen vorerwähnten meinen Brudern kraft dieses nochmals festiglich zusagen und versprechen wollen, verspreche auch bei meinen ehren und wahren worten, daß so lange gedachte Princessin und mein Bruder im Leben und ehestandt begriffen sein werden, oder auch nach ihrem absterben männliche erben hinter sich verlassen würden, ich mich keines weges in einige Heurath mit niemandt einlassen, viel weniger deren gleichen vollen ziehen will, noch soll, begehre auch nicht anderst als die noch übrige Zeit meines Lebens in Coelibatu gänzlich hinzubringen. Damit also vorerwähnter Princessin und meines Bruders männliche erben (als in deren favor diese

meine renunciation eigentlich geschiehet,) zu einer oder beider
dieser Fürstenthümer Regierung gelangen und kommen mögen.
Dessen allen zu wahrer Versicherung usw.
  So geschehen Hannover den 11./21. April Anno 1658.
  Georg Wilhelm L.S.
  Hertzog zu Braunschweig und Lüneburg Mpp.

Nach dem Tode des katholischen Bischofs von Osnabrück
kam die Reihe an Ernst August, da die Nachfolge im Bistum
vereinbarungsgemäß zwischen Katholiken und Protestanten wechseln sollte. Georg Wilhelm stellte nach einigen Jahren fest, daß er zu früh verzichtet habe. Er vermählte sich
in heimlicher Ehe mit der Hofdame der Herzogin von Ta-
rent, Eleonore d'Olbreuze. Beim Kaiser von Österreich
erwirkte der Herzog die Legitimierung seiner Tochter Sophie Dorothea und die Erhebung seiner Gemahlin in den
Reichsgrafenstand.

Später wurde Eleonore Herzogin von Braunschweig.
Georg Wilhelm ließ sich öffentlich mit ihr trauen und lebte
dann in Celle ganz seiner Familie.

1679 starb der Bruder des Bischofs Ernst August, Herzog Johann Friedrich von Hannover. Ernst August erbte
nun den Herzogssessel in Hannover. Elisabeth von Platen
war beglückt. Jetzt kam der Aufstieg. Osnabrück hatte zu
enge Grenzen gehabt für ihre ehrgeizigen und kühnen
Pläne.

Herzogin Sophie sah in dieser Rangerhöhung viel mehr.
Ihre krankhafte Sehnsucht nach dem goldenen Thron Groß-
britanniens ward lebendiger. In Osnabrück wurde es sehr
lebhaft. Der Überbringer der Trauer- und Freudenbotschaft,
Hauptmann von Ilten, wurde Generaladjutant und Kriegsrat, der „treue" Platen Oberhofmarschall und Minister des

Äußeren. Hannover war in Bewegung wie vordem Osnabrück.

Der ganze Hof wurde nach französischem Muster geführt. Die Sprache war französisch. Alles wurde auf das Kostbarste hergerichtet. Ernst August und Sophie übertrafen sich in ihrer Prunkliebe. Ihre Prachtentfaltung kannte keine Grenzen. Die Herzogin sah einen stolzen Plan reifen. Ihr Lieblingssohn Georg Ludwig sollte die blutjunge Prinzessin Anna von England ehelichen. Sophie wollte in die Zukunft bauen. Noch lebte in England zwar Karl V. Er hatte aber keine Leibeserben. Nach ihm würde sein Bruder Jakob, Herzog von York, König. Dieser Herzog hatte keinen Sohn, nur zwei Töchter. Nach dessen Tode kam die älteste Tochter und nach ihr Prinzessin Anna zur Regierung. Die Minister in Hannover waren von dem Erfolg dieser Englandreise keineswegs überzeugt; jedoch, wenn die Herrscherin befahl, gab es keine Einwände mehr.

Elisabeth von Platen hatte einen Freudentag. Durch ihren Gatten erfuhr sie, daß der Erbprinz von der Englandbrautfahrt überraschend schnell und ergebnislos heimgekehrt sei. Sie lachte höhnisch. Die Herzogin würde ziemlich kaltgestellt sein, wenn ihr, der Mätresse, ein kluger Plan gelänge ... Kuriere kamen und gingen. Die Platen hatte lange Konferenzen mit dem Minister Otto von Grote. Mit dem Minister Bernstorff in Celle unterhielt sie gleichfalls einen regen, doch geheimen Briefwechsel.

Es war viel Abneigung zwischen den hohen Herrschaften zu überwinden, manch kluger Schachzug zu tun, ehe Elisabeths Plan gelang. Dann aber schrieb die Herzogin von Braunschweig aus dem Schlosse zu Celle an ihren Bruder: „Endlich, lieber Bruder, ist meine Tochter mit dem hübschesten und reichsten Prinzen Deutschlands verlobt." Am

24. Oktober 1682 wurden die Ehepakten vollzogen. Die Braut, Prinzessin Sophie Dorothea, erhielt eine jährliche Rente von 50.000 Talern, ferner 150.000 Taler Kapital in sechs Jahren zahlbar, und außerdem wurden ihr alle von Spanien und Holland geschuldeten Subsidiengelder zugewiesen.

Die Mätresse interessierte sich für diese Heirat nur deshalb, weil viel Geld nach Hannover fließen würde. Sie hatte bisher stets die Feststellung gemacht, daß Gold unbedingt sehr „auffrischend" wirke.

Bald nach der Vermählung mußte die blutjunge Prinzessin Sophie Dorothea erkennen, daß ihr hochgepriesenes Glück nur ein Scheinglück war. Ihre Gemächer im linken Schloßflügel vereinsamten rasch. Ihr kleines Gefolge vermochte die Räume nicht zu beleben. Ein Lichtblick in dieser Trostlosigkeit wurde ihr ihre vertraute Hofdame Eleonore von dem Knesebeck. Von vornherein war die Erbprinzessin isoliert worden. In jäher Ernüchterung hatte Elisabeth von Platen in der jungen, sehr schönen Prinzessin Sophie Dorothea eine kommende starke Gegnerin gewittert. Ihr nächster Plan war nun, diese junge Frau ganz matt zu setzen. Georg Ludwigs Haltung erleichterte ihr dieses Bestreben. Dieser unzugängliche Prinz sah in der aufgezwungenen Frau die Feindin. Zudem hatte die Herzogin Sophie stets in so gehässiger Weise von der „Unebenbürtigen" im Celler Schlosse gesprochen, daß er die peinlichen Erinnerungen niemals durch die Gegenwart auslöschen konnte. Nach wie vor blieb er der anhängliche Ritter Henriettens. Die Platen erfühlte alle diese Dinge. Ihr Verstand, von früher Jugend an geschärft und auf die Umgebung trainiert, erkannte auch hier alle Dinge hüllenlos. Sie freute sich über das Scheinglück der Erbprinzessin, noch mehr aber ergötzte es sie, daß sie mit ihrem Heiratsplan die Herzogin Sophie überlistet hatte. Grausamkeit, ihr ureigner Wesenszug, spreizte sich stärker. Sie dachte nur stets an sich, an ihren persönlichen Vorteil. Ihrem Willen sollte sich alles fügen, das wollte sie erreichen! So verstand sie es, den prachtliebenden Herrscher immer stärker an sich zu fesseln. Dieser Fürst, der den Ehrgeiz hatte, den prunkvollsten Hof Europas zu führen, war von der Schönheit Elisabeths geblendet. Ihr stattlicher Wuchs, ihr klares, schönes Gesicht, ihre seidige, hochgetürmte Lockenpracht entzückte ihn stets aufs neue. Dennoch vergaß er nie, was er seiner Gemahlin schuldig war. Sie hatte ihm Kinder geboren, ihr Frauenschicksal hatte sich erfüllt. Was tat's, daß sie nun einsamer wurde. Ihre Freundschaft mit dem großen Leibniz würde sie für manches entschädigen. So kam es, daß das Volk von dem Herrscherpaar, trotz der anerkannten Mätresse, den Begriff echten Familienglücks empfing.

Ernst August lud seine Geliebte zu einer Lustfahrt nach Italien ein. In Elisabeths Palais wurde es nun sehr lebendig. Die ganze Welt sollte von der Reise der Platen sprechen. Ihre Ansprüche wuchsen ins Maßlose. Mit ihren Juwelen konnte sie schon die Leinestraße pflastern. Jedes kleinste Stück, bis herab auf die Montur der Sänften und Reisewagen, wurde von ihr auf Schönheit und Materialechtheit geprüft. Sie erfand Träume von Kleidern, Mänteln, Überkleidern. Die Kammerfrauen, Schneider und Näherinnen hatten keine ruhige Minute mehr. Elisabeths Stöckelschuhe flogen den erschöpften Dienern oft nach. Alle fürchteten die mächtige Marschallin; keiner liebte sie. Die Platen fühlte mit Entzücken die feindliche Abwehr der kriecherisch geduckten Lakaien. Sie lachte darüber wie über ihre Kuriositätensammlung, die ihr die Gesandten der fremden Höfe verehrt hatten. Es war das unbefriedigte Lächeln der Salome.

In Italien feierte die stolze Mätresse von Hannover unerhörte Triumphe. Mit seltener Kunst wußte sie jedes Fest durch eigenen Nimbus zu steigern. Ganz Italien sprach nur noch von der Platen. Die Fama erzählte Wunderdinge von ihrer Schönheit, ihren Juwelen, ihrem sinnberückenden Tanz. Ernst August, vor Fremden stets kühl und beherrscht, gab sich hier freier und stärker seiner Liebe hin. In Hannover zwang die Nähe der Herzogin stets zu ritterlichen Maßnahmen, die seine Verliebtheit bändigten. Die Platen war darum in diesen Monaten glücklich.

Dann kam das Erbprinzenpaar auf Ernst Augusts Einladung nach Italien; sofort änderte sich für Elisabeth das Bild. Sie hatte Ernst August von dieser Einladung abhalten wollen, doch er war unerbittlich. Er hatte mehr Verständnis für die Jugend seiner Schwiegertochter als die Herzogin. Er kannte seinen Sohn zu gut und wußte, daß er der jungen Sophie Dorothea niemals der richtige Beschützer sein werde. Die hohe Gesellschaft wurde durch das Erbprinzenpaar in ihrem „Platenkult" nicht gestört. Neben der blendenden Marschallin verblaßte zwar die stillfeine Erbprinzessin. Es gab aber auch hier Stimmen, die ihrem zarten Frauentum heimlich die Palme des Sieges zuerkannten. Aber nur heimlich. Die Platen war zu mächtig, ihr Gatte zu aalglatt; mit diesem Paar an des Herrschers Seite hieß es gute Freundschaft halten.

Ein böser Streit zwischen dem Erbprinzen und der Marschallin beendete diese Lustfahrt überraschend schnell. Die Platen hatte vor einem großen Kreise von der „illegitimen" Geburt der Frau Erbprinzessin geredet; Sophie Dorothea, die hinzutrat, berichtigte Elisabeths Worte und nannte Elisabeth und ihren Gatten in heißem Zorn „Diener Unseres Hauses, die Wir jederzeit nach Belieben fortjagen können". Als die hohen Herrschaften nach Hannover zurückkehrten, gab es zwei scharf getrennte Parteien: die zahlreichen Anhänger der Mätresse, die sich in ihrer Gnadensonne schmarotzerhaft spreizten, und die winzige Clique der Erbprinzessin. Sophie Dorothea hatte nunmehr eine Feindin, der das Schicksal die Waffe geben sollte, ihr Leben in hoffnungsloses Dunkel zu schleudern ...

Äußerlich lief alles im gewohnten Geleise. Im Erbprinzenflügel wurde es wieder still wie zuvor. Sophie Dorothea klagte nicht. Ihre Briefe an die Eltern nach Celle berichteten stets von einer „sehr glücklichen und dankbaren Sophie Dorothea".

Die Platen verstand zu leben. Ihre Feste waren das Tagesgespräch Hannovers. Das Volk erzählte sich von ihren Schönheitskuren, ihren Milchbädern, ihrer selbsterfundenen weißen Schminke. Elisabeth lächelte zu alledem. Sie wußte, ihre Schönheit war nun reif und gefährlich. Aber im linken Schloßflügel lebte eine Frau, die eines Tages noch strahlender sein könnte als sie. Sophie Dorothea besaß kostbare Reize, dazu das weiche südliche Naturell der Mutter. Wunderschön waren ihre Hände. So sann die Marschallin unablässig, wie sie diese Frau unschädlich machen könne. Ihre Schwester Henriette, nun schon zum zweiten Male vermählt, fand einen Weg. Es hatte sich bei den mächtigen Schwestern Meysenbug ein verarmtes, aber bildschönes Kusinchen gemeldet mit der Bitte, Hofdame werden zu dürfen. Elisabeths Plan war bald gefaßt. Henriette, träger noch als früher, hatte es wohl verstanden, dem Erbprinzen eine ergebene Freundin zu bleiben. Nur den reizbaren Prinzen dauernd zu fesseln, vermochte sie nicht. Minister Otto von

Grote wurde sofort zur Marschallin befohlen. Er sollte Melusine von der Schulenburg als Hofdame bei der Erbprinzessin unterbringen. Ausdrücklich mußte Otto von Grote betonen, daß die Meysenbugs und Schulenburgs seit vielen Jahren in Hader lebten. Sophie Dorothea fiel auf dieses Manöver hinein. Ihre weiche Art erlag augenblicklich Melusinens holdem Liebreiz. Am Abend dieses Tages strahlte die Platen. Es ging alles am Schnürchen. In Sophie Dorotheas kleinem Gefolge fiel eine Schönheit allgemein auf: Melusine von der Schulenburg.

Nach diesem Hoffest gab die Platen in ihren intimen Gemächern zu Ehren des Erbprinzen ein kleines Souper. Außer Henriette und Melusine war niemand geladen. Elisabeth lachte höhnisch, als sie beide begrüßte, des Erbprinzen „Vergangenheit" und „Zukunft". Wenige Tage später wußte ganz Hannover, daß der Erbprinz eine neue Mätresse habe.

Ernst von Platen, von der Erbprinzessin stets brüsk abgelehnt, war von dem Schachzug seiner Gattin tief befriedigt. Sie war ein Satan. Sie zwang den Menschen einfach Dinge auf, die sie bei nüchterner Überlegung glatt abgelehnt haben würden. Platen lächelte faunisch. Sie hatte es auch fertiggebracht, ihm zwei Kinder, einen Knaben und ein Mädchen, zu schenken, obgleich die Natur in den Kindergesichtern brutal und indiskret ganz andere Winke gab.

Im Schloß zu Hannover stand das Barometer auf Sturm. Zwischen dem Herrscherpaar klaffte ein böses Zerwürfnis. Ernst August wünschte das Primogeniturgesetz für sein Haus; Sophie widersetzte sich in fanatischer Mutterliebe. Sie forderte für jedes ihrer Kinder gleiche Rechte. Die Prinzen Maximilian, Christian und Ernst August standen auf ihrer Seite. In langen Konferenzen mit seinen Ministern und in

Verhandlungen mit dem Herzog Wilhelm in Celle beschloß Ernst August, daß Hannover-Celle vereinigt würden, daß die Erbfolge nach dem Erstgeburtsrecht zu regeln sei und daß die übrigen Kinder apanagiert würden.

Das war für die Eigenliebe der Landesmutter ein empfindlicher Schlag. Jedoch sie beherrschte sich. Die Mätresse konnte beim abendlichen Hoffest in Sophies geistvollem Gesicht keinen Schatten entdecken. Diese Frau, so fern sie ihr auch immer bleiben würde, imponierte Elisabeth doch gewaltig. So beugte sie stets willig den Nacken vor dieser so vollwertigen und überlegenen Gegnerin.

Nach der Geburt einer Tochter änderte sich Sophie Dorotheas Lage durchaus nicht. Ihre empörten Vorstellungen über Georg Ludwigs Mätressenwirtschaft bei der Frau Schwiegermutter halfen nichts. Die Herzogin war der jungen Frau viel zu fern. Alter Haß, nie ganz ausgelöscht, wurde wieder stärker. Nur, sie ließ sich nie zu heftigen Worten hinreißen. Ihre formvollendete Art wirkte so eisig auf Sophie Dorotheas weiches Liebesbedürfnis, daß sich diese tief verwundet in ihre Gemächer zurückzog. Sie fand keinen Ausweg mehr aus dem Dunkel. Ihre Kinder wurden ihr entfremdet; täglich sah sie diese nur für eine Stunde. Ihr Gemahl kam nie mehr. Ihre Sehnsucht ging gefährliche Wege. Keiner war im Schloß, der sich ihr mit reinem Herzen nahte. Eleonore von dem Knesebeck, das alternde Hoffräulein, wurde ihr Schutzgeist. Das Hoffräulein hatte von früher Jugend an nur ein Gebot gekannt, sich zu bescheiden; so konnte sie wohl Treue geben, aber diese war nicht geeignet, die unglückliche Herrin aus eigenem schweren Zwiespalt zu erlösen. Deren Sehnsucht war heißer erwacht. Die sonnigen Jugendtage wurden immer von neuem im Geiste durchlebt. Der alte Schloßgarten von Celle hallte wider von dem frohen Lachen Sophie Dorotheas und ihres Pagen, des Grafen Philipp von Königsmark. Nie hatte sie den jungen, schönen Ritter vergessen können ...

Elisabeth von Platen brannte in Zorn und Empörung. Ein Kavalier war mit den Prinzen von der Kriegsschule nach Hannover gekommen, der ihr, der mächtigsten Frau des Hofes, noch keinen Besuch gemacht hatte.

Beim Hoffest strahlte die Mätresse noch reicher als sonst. Der schmucke Kavalier, Philipp von Königsmark, war durch ihren Anblick geblendet. So sah er nicht, daß die junge Erbprinzessin durch sein plötzliches Auftauchen am hiesigen Hofe seltsam erschüttert wurde.

Nach diesem Feste bat Elisabeth den Gatten in ihre Gemächer. Sie mußte klar sehen. Wer war dieser Königsmark, der sie, die kühle Mätresse des Herzogs, so eigentümlich verwirrte? Sie war verliebt, wie sie noch feststellen konnte. Es war ein angenehmes Gefühl, sich mal zu verlieren, und sei es nur in Gedanken. Zwar ein Spiel mit dem Feuer. Der kluge Staatsmann an ihrer Seite durchschaute sie. Sie war ein süperbes Weib. Er erkannte ihre hohen Vorzüge. Er machte ihr im stillen manch artiges Kompliment, daß sie ihn, den Gatten, so glänzend lanciert hatte. Nur merkwürdig, wenn Menschen verliebt waren, wurden sie alle blöde. Seine kluge Gattin hatte auf dem heutigen Hoffest den sächsischen General Königsmark sehr interessiert beäugt. Sie würde doch keine Dummheit machen. Die Eifersucht des Herzogs war bekannt. Er, Platen, mußte sie warnen. Sie würde viel zu berechnend sein, um einer flüchtigen Verliebtheit willen ihren vielumneideten Posten zu opfern. So ließ er im leich ten Wortgeplänkel etwas über Sophie Dorotheas Jugendfreundschaft mit Königsmark fallen. Elisabeth war sofort im Bilde. Ja, sie dankte dem diplomatischen Gatten. Das

war ja ein kostbarer Ausblick. Vielleicht würde Sophie Dorothea in ein Netz rennen, das sie, die kluge Mätresse, sogleich
auslegen wollte ... Als sich die Gatten trennten, war ihr
Händedruck sehr beredt.

Wenige Wochen später wurde Platen durch den Herrscher
in den Grafenstand erhoben. Elisabeth war sehr beglückt. In
ihrem neuen Lustschloß Neu-Linden fanden rauschende
Feste statt. Zum ersten Fest erschien auch die Herzogin Sophie. Für diesen Gnadenbeweis wußte ihr die Gräfin viel
Dank zu sagen. Die Herrscherin blieb über Nacht in Neu-
Linden. Das Schloß war weitläufig, gewiß. Dennoch war
Elisabeth sehr vorsichtig. Die zahlreichen Gäste, ihr eigener
Hofstaat, das Gefolge der Herrscherin wurden von ihrem
kleinen Mohrenknaben sehr sorgfältig beobachtet. Darin
war der kleine Dunkelhäutige ein wahres Juwel für die Mätresse; er hatte ein glänzendes Gehör und Augen, die selbst
das Dunkel der Nacht zu durchdringen schienen.

Gestützt auf diese Hilfe konnte Elisabeth es wagen, den
Gebieter in seinen Gemächern aufzusuchen, nachdem sie
vorher Philipp von Königsmark in ihren Räumen empfangen hatte ...

Dieses Liebesabenteuer, verwegen, voller Reiz, mit dem
vielumworbenen Frauenliebling, berauschte sie. Die Liebe
zu diesem Manne fieberte ihr wie schwerer Wein im Blut.
Dennoch vergaß sie keine Sekunde den Herzog. In Königsmarks Armen erwartete sie nichts. Er war zwar sächsischer
General, aber das Kriegshandwerk war ihm interessanter als
leichter Frauen Gunst. Er hatte auch keine Lust, beim Herzog von Hannover in Ungnade zu fallen. Zudem ermüdete
ihn die Marschallin recht bald. Er hatte schon zu viele schöne Frauen besessen; der Reiz des Neuen war schnell dahin.
Seine reinste Sehnsucht, alles, was gut war in ihm, gehörte

Sophie Dorothea. Köstlich waren ihre gemeinsamen Jugenderinnerungen; ihr Bild verfolgte ihn stets.

Zu klug, um die Gräfin zu reizen, schwieg er ihr gegenüber von der Frau Erbprinzessin. Er hatte bald erkannt, wie unglücklich die junge Frau sich an diesem frivolen Hofe fühlte. Die Mätresse, ständig von ihrer Ehrengarde umgeben, wie eine regierende Königin, war Sophie Dorotheas Feindin. Von dieser Feindschaft wußten alle Höfe. Der Streit in Italien war arg beklatscht worden. Nur durfte darum die Gräfin Platen nicht erfahren, was ihm, Königsmark, Sophie Dorothea bedeutete.

Viele wollten wissen, daß die Platen den Grafen Königsmark besonders ausgezeichnet habe. Heimlich ging das Gerücht von Mund zu Mund; keiner wußte Genaues. Königsmark reiste bald wieder nach dem Kriegsschauplatz ab. Die Gerüchte verstummten. Selbst der Herzog, flüchtig beunruhigt durch den Klatsch, bat nun Elisabeth alles ab. Er überhäufte sie mit Kostbarkeiten, weil er sie für kurze Zeit so übel verdächtigt hatte.

Der Dezember 1691 brachte dem Herrscherpaar von Hannover böse Stunden. Prinz Maximilian hatte mit Hilfe auswärtiger Mächte wegen des Primogeniturgesetzes eine Verschwörung angezettelt.

In einer Konferenz, zu der auch die Gräfin Platen gebeten wurde, hatte sie den ratlosen Männern ihre Ansicht klar und sachlich zum Ausdruck gebracht. Auf ihren Rat hin wurden zunächst alle Beteiligten verhaftet. Innerlich frohlockte die Gräfin. Sie wußte nun, daß die Herzogin furchtbar getroffen sein würde; in diesem schweren Konflikt konnte ihr auch ihr berühmter Stuarthochmut nicht helfen. Da sie selbst gegen das Gesetz gestimmt hatte, entlud nun der Herrscher seinen maßlosen Zorn auf die Gemahlin. Er war tödlich getroffen durch diese Schmach, die der eigene Sohn ihm zugefügt. Er wurde darum gnadenlos. Diese Angelegenheit erledigte er selbst und hörte auf keinen Rat seiner Minister.

Der Hauptträdelsführer, Oberjägermeister von Moltke, wurde zum Tode verurteilt. Die übrigen Täter erhielten empfindliche Freiheitsstrafen. Tiefer, zehrender Unmut auf die Herzogin blieb in dem Herrscher zurück. Die Herzogin würde isoliert bleiben für lange Zeit; er wünschte sie nicht zu sehen. Elisabeth tat alles, um diese Stimmung in ihrem Gebieter wachzuhalten.

Königsmark kehrte nach Hannover zurück. Er war klug genug, weiterhin freundliche Beziehungen mit der Gräfin zu pflegen; in Wahrheit war er über die kleine Liebesepisode längst hinweg. Er weilte oft heimlich bei der Erbprinzessin. Eleonore von dem Knesebeck sorgte dafür, daß keiner diesen Besucher sah.

Ernst August wurde Kurfürst.

Diese Rangerhöhung brachte Hannover glanzvolle Tage. Obgleich die Kurfürstin würdevoll und prächtig wirkte, so war doch die Platen, wie stets, das Ziel aller Augen. Die auswärtigen Gäste faßten ihr Urteil einstimmig zusammen: die Mätresse sei ein „wundervolles Weib"! Sie war an diesem glänzenden Hofe neben vielen schönen Frauen noch immer die prächtigste Erscheinung. Selbst im Rausche dieser Tage suchte die Gräfin stets zuerst Königsmark. Sie liebte ihn. Diese Liebe tobte wie Feuerbrand in ihr. Sie ahnte, daß sie den General nie vergessen werde. Was bedeutete ihr der Kurfürst, was hatte er ihr je bedeutet?! Er hatte all das erfüllt, was sie gewünscht hatte. Nun war er dick; sein Gesicht, sonst kühn und schön, wurde schwammig. Er fing an zu kränkeln. Die Gräfin mußte Rücksicht auf seinen Zustand nehmen; das paßte ihr gar nicht! Es kostete sie Kraft, den immer noch verliebten, nun peinlich wirkenden Liebhaber zu ertragen. Ihr Verstand zwang sie aber immer wieder zur Einsicht. Er war ihr Beschützer. Sie durfte ihn nie verlieren. Sie hatte alle äußeren Ehren erreicht, die es gab. Ernst Augusts Kurhut hatte ihrem rastlosen Ehrgeiz ein Ziel gesetzt. Warum blieb die tödliche Leere in ihrem Innern?

Viele Monate hindurch war die Gräfin die scharfe Beobachterin der ahnungslosen Erbprinzessin. Sie wußte von Königsmarks Besuchen. Versteckt warnte sie den Erbprinzen, aber nur versteckt. Nur, daß sie ihre Pflicht erfüllt hatte; denn noch wollte sie keinen Skandal. Georg Ludwig, ihr in „Dankbarkeit" ergeben für das Glück einer Henriette und Melusine, verstand sofort. Die Gräfin war befriedigt. Georg Ludwig haßte seine Gemahlin. Er war Melusine ganz verfallen.

Gräfin Platen hatte jetzt viel zu tun. Sie wurde sogar häuslich. Ihr kleiner Spion versorgte sie täglich mit neuen Berichten. Er mußte für sie in den Gemächern Sophie Dorotheas Briefe stehlen; es gelang. Sie hatte nun in diesen Briefen von Königsmarks Hand so wichtiges Material, daß die Frau im linken Schloßflügel bereits erledigt war. Nur die Zeit mußte reifen.

Sophie Dorothea glaubte an ihre Liebe zu Königsmark; sie war viel zu ehrlich, um lange Heimlichkeit ertragen zu können. So wagte sie das Äußerste. In Begleitung ihrer Vertrauten fuhr sie nach Celle, um die Eltern zu bitten, in ihre Scheidung mit Georg Ludwig zu willigen, so daß sie frei würde.

Herzog Georg Wilhelm, durch die Kurfürstin nie gut beeinflußt, war seinem Kinde schon zu fern gerückt. Ohne weiteres jagte er sie nach Hannover zurück. Die Erbprinzes-

sin, von dieser Tat des Herrn Vaters bis in den letzten Bluts-
tropfen erkältet, erkannte nun ihren Weg: Flucht! Sie liebte
Königsmark! Ihre Flucht würde das geringste Opfer sein,
das sie zu bringen bereit war.

Die Flucht wurde zwischen ihr, Königsmark und der
Knesebeck sorgfältig vorbereitet. Die Stunde sowie das
Zeichen zum Aufbruch waren festgesetzt.

Gräfin Platen wußte alles und wirkte. Sie hatte Nächte
geopfert, um die Erbprinzessin zu beobachten. Ihre enttäuschte Liebe wurde Haß. Sie orientierte Platen, aber nur
so weit, wie sie es für gut hielt. Er war doch ein wenig erschüttert. Er verstand auch dieses heiße Bestreben seiner
Gattin nicht mehr, die beiden Liebenden vernichten zu
wollen. Es war kein Mitleid, vielleicht nur ein Rest von Ritterlichkeit, daß er es kalt ablehnte, Elisabeth zu unterstützen.

Die Nacht der Flucht kam!

Es kam der Verrat!

Spät in dieser Nacht ließ sich Gräfin Platen beim Kurfürsten melden. Sie führte die tödlichste Waffe bei sich für
die Erbprinzessin, das gesamte gestohlene Briefmaterial.

Gegen zwei Uhr nachts ordnete der Kurfürst die sofortige Verhaftung aller Beteiligten an. –

Am anderen Tage gingen wilde Gerüchte durch Hannover: die versuchte Flucht der Erbprinzessin – ihre Verhaftung und die der Hofdame Eleonore von dem Knesebeck – das Verschwinden Königsmarks.

Es entsprach den Tatsachen, daß Königsmark in der
Nacht des 1. Juli 1694, nachdem er die Gemächer der Erbprinzessin Sophie Dorothea verlassen hatte, spurlos verschwunden war. Vermutlich wurde er getötet. Niemals ist
das Rätsel über den Tod dieses Mannes aufgeklärt worden.

Viele klagten die Gräfin Platen an. Königsmarks Schwester Aurora unternahm alle erdenklichen Schritte in dieser Affäre, jedoch ohne Erfolg. Zum ersten Male war der Kurfürst völlig ratlos. Das Verschwinden des sächsischen Generals erregte die Gemüter von ganz Europa. Ein Krieg mit Sachsen drohte. Gräfin Platen schwieg zu allem. Als die Gerüchte zu ihr drangen, sie habe Königsmark töten lassen, lächelte sie nur. Dieses eisige Lächeln war ihr Schutz dem tobenden Klatsch gegenüber. Selbst der gewiegte Staatsmann Platen tappte in dieser Angelegenheit völlig im Dunkel. Wieweit war seine Gattin schuldig geworden?! War sie eine Mörderin?! ...

Das Gericht trat in Aktion.

Eleonore von dem Knesebeck wurde zu schwerem Kerker verurteilt. Ihre Haltung war bis zum Abschied von ihrer Herrin vorbildlich. Sophie Dorotheas Ehe wurde geschieden mit dem ausdrücklichen Verbot, sich je wieder zu vermählen. Nach einiger Zeit wurde sie zu lebenslänglicher Gefangenschaft auf Schloß Ahlden interniert. Keiner ging mit ihr; sie war ganz allein. Sie durfte ihre Kinder nicht mehr sehen. Furchtbarer hat wohl nie eine Frau um ihre Liebe leiden müssen als diese junge Prinzessin. Zu allen Qualen trat der tiefe Schmerz um den Verlust Philipp von Königsmarks. Dreißig Jahre hat sie dann noch in der Gefangenschaft gelebt; ein vereinsamtes, ohnmächtiges Menschenkind. Seelisch zermürbt, vegetierte sie dem Tode entgegen. Dies war das Werk ihrer Feindin, Elisabeth von Platen. Mit klarer Konsequenz hatte sie die Prinzessin in die Nacht des Gefängnisses gestürzt. Kaum war die Kurprinzessin in sicherem Gewahrsam, so zeigte sich die Gräfin wieder im Kranze ihrer Ehrendamen allabendlich auf den Festen. Sie sammelte Menschen um sich bis tief in die Nacht.

Das Alleinsein ertrug sie nicht mehr. Meisterin in der Beherrschung, verriet sie nichts von Schatten, die sie dennoch quälten. Ihr Lachen, früher weich und bestrickend, war seltsam hart geworden. In den nächsten Jahren kränkelte der Kurfürst viel. Das üppige Leben hatte seinen Körper zerstört. Wohl weilte die Platen täglich beim Kurfürsten, aber der kränkelnde Mann flößte ihr Unbehagen ein. Sie wollte nicht an Krankheit und Tod erinnert werden. Köstlich gepflegt und geschminkt, immer noch eine stattliche, schöne Frau, war sie des Abends der Mittelpunkt ihrer Gäste. Doch das alles befriedigte sie nicht mehr. Einer fehlte, der niemals wiederkam ...

Der Kurfürst erkrankte schwerer. Sein Augenlicht erlosch. Es war besonders tragisch, daß seine schönheitstrunkenen Augen nun nie mehr die geliebte Frau sehen sollten, die für ihn der reichste Begriff des Lebens geworden war. Er litt furchtbar. Gräfin Platen ging viele Tage verstört durch ihre glanzvollen Räume. Todesgrauen jagte sie umher.

In der Nacht vom 23. zum 24. Januar 1698 starb Ernst August, Kurfürst von Hannover, nach einem qualvollen Todeskampfe.

Diese Nachricht nahm die Gräfin beherrscht entgegen. Er war nun tot. Ihr Gebieter, der sie berühmt gemacht hatte. Nun kam der Abstieg. Sie war zu klug, um ihre Lage nicht sofort zu erkennen. Bei der feierlichen Beisetzung, einige Wochen später, traf kein Blick mehr die imponierende Erscheinung der Platen in kostbaren Trauergewändern. Die Höflinge dienten jetzt einem neuen Herrn. Seine Mätresse, Melusine von der Schulenburg, empfing fürstliche Ehren. Auch Platen war sofort im Bilde. Er würde Georg Ludwig der gleiche kluge Berater sein, der er dem verstorbenen Kurfürsten viele Jahre hindurch gewesen war.

Gräfin Platen zog sich nach Neu-Linden zurück. Ihr Palais in der Leinestraße verödete. Sie empfing niemand mehr. Der Sturz aus der Höhe war zu jäh erfolgt; sie fand sich nicht mehr zurück. Nun, da Ernst August tot war, erfaßte sie zehrende Sehnsucht nach seiner Liebe, seiner Ritterlichkeit. Sie alterte unheimlich rasch. Der Gram um zerstörte Herrlichkeit fraß in ihr. Sie war immer allein; selten kam ihr Gatte, seltener noch ihre Kinder. Bei Tag und Nacht ließ sie eine Unmenge Kerzen brennen; sie konnte keinen dunklen Winkel in ihren Gemächern ertragen.

Das Grauen verließ sie nicht mehr.

In Hannover rauschte das Hofleben weiter. Melusine, einst hold und lieblich, gab sich despotischer noch als die gefürchtete Platen. Für die Kurfürstin ruhte der Königstraum noch nicht. Ihr Sohn Georg Ludwig würde noch König von England werden, das wußte sie. Kein Gedanke ging zu der Unglücklichen auf Schloß Ahlden. Was kümmerte sie jene Frau! Für alle Zeiten war sie in aller Erinnerung ausgelöscht. Um so ergreifender wirkt die Tatsache, daß Sophie Dorotheas Gemahl Georg Ludwig die britische Krone erbte. Was die unsagbar stolze Kurfürstin in einem langen Leben ersehnt hatte, wurde Wirklichkeit. Mit vollem Recht hat die Nachwelt darum die Prinzessin Sophie Dorothea die „ungekrönte Königin von England" genannt. Die Thronfolge blieb dem Hannoverschen Hause gesichert. Nach Georg Ludwig bestieg der Sohn der unglücklichen Gefangenen in Ahlden, Georg August, als Georg II. im Jahre 1727 den Thron des britischen Inselreiches.

An einem Januartage 1700 starb die Gräfin Platen. Ohne ernstlich krank gewesen zu sein, verfiel sie zusehends. Ihre letzten Stunden waren voller Qual. Sie betete unaufhörlich. Aus dem Dämmer des Krankenzimmers tauchten wohl einmal noch Gestalten auf, deren Schicksal sie selbst in Dunkel und ewige Nacht geschleudert hatte. Gegen Mitternacht berührte der Tod diese einst so schöne Frau. Ihren nun stillen Händen entfiel ein Kreuz.

Maria Aurora
Gräfin von Königsmark

*N*och bis zum Ende des neunzehnten Jahrhunderts wurde in der Gruft der Quedlinburger Schloßkirche der vortrefflich erhaltene Leichnam der in der Nacht vom 15. zum 16. Februar 1728 verstorbenen und am 12. Februar des folgenden Jahres beigesetzten Pröpstin des berühmten Stifts von Quedlinburg, Maria Aurora Gräfin von Königsmark, gezeigt, der einstigen Geliebten Augusts des Starken von Sachsen-Polen und der Mutter des ruhmreichen Marschalls Moritz von Sachsen.

Das hohe Gruftgewölbe ließ die hier Beigesetzten nicht auf gewöhnliche Weise verwesen, sondern mumienartig eintrocknen und erhielt ihre Gesichtszüge kenntlich. Vielleicht half zu der wundersamen Erhaltung der Körperhülle der schönen Gräfin auch die Menge der von ihr in der letzten Zeit genommenen alkalischen Mixturen.

Der Berliner Bildhauer Börmel, der sie noch 1914 sah, fand sie friedlich wie im Schlaf liegen, mit edlem Gesicht und mit kleinen unter der Brust gefalteten Händen. „Die ganze Gestalt macht einen eigenartig rührenden, zwar in ihrer Kälte etwas schauerlichen, aber dennoch unvergeßlich schönen Eindruck. Die Körperfülle freilich ist verschwunden, dennoch sieht die Haut nicht vertrocknet aus, sondern mehr einem Emailüberzug ähnlich, in welchem sich noch sehr viel von der ursprünglichen Zartheit und Schönheit auch in der Farbe erhalten hat."

In den folgenden Jahren verfiel der Leichnam immer mehr, und nun wird die Ruhe der Toten nicht mehr durch neugierige oder teilnahmsvolle Besucher gestört.

Viel und vieles wurde über die ungewöhnliche Frau geschrieben. Wahrheit und noch mehr Dichtung, aber über verschiedene wichtige Teile ihres bewegten Lebens sind wir nicht oder nicht genügend unterrichtet.

Ihr schriftlicher Nachlaß, ihre Briefe und Dokumente wurden nach ihrem Tode zerstreut. Er lag in Quedlinburg, Leipzig, Dresden und wurde zum Teil von Personen, die ein Interesse an der Unterdrückung gewisser belastender Stücke hatten, vernichtet.

Ihre Autobiographie, die sie ihrem Vertrauten, dem Klostervogt Johann Ernst von der Schulenburg, im Alter diktierte, eine Schrift von beträchtlichem Umfang in amüsantem Rokokofranzösisch – die „Méditations et Mémoires de Madame la Comtesse de Königsmarque, dictés à M. le baron A.E. de Schulenburg, mon ami" –, in der sie offen und ohne Schönfärberei ihr Leben schilderte, den großen Friedrich von Preußen „ce petit cochon de Brandebourg" nannte und von ihrem einstigen Liebhaber, dem starken August, sagte: „han blef mik osympatisk, dá han började plocka Eros rosor i norr", sah zwar noch ein Nachkomme ihres Vertrauten Schulenburg in Quedlinburg, wo man sie, bezeichnend genug, auf dem Boden eines später abgebrochenen Hauses gefunden; doch alle Versuche, das Manuskript zu erwerben, scheiterten „an der Lethargie des Besitzers". Sie sind verschollen, und damit ist das wichtigste Stück über das Leben Auroras verloren.

Was man über sie erzählen kann, hat ihr erster Biograph, der Quedlinburger Steuerinspektor Dr. Friedrich Cramer, in seinen „Denkwürdigkeiten der Gräfin Maria Aurora von Königsmark", einem dicken Band, gesagt, und was seitdem hinzutrat, ist nicht mehr von entscheidender Wichtigkeit gewesen.

Für die Fremden, die nach Quedlinburg kamen, um die letzte Wohnstätte und die Gruft der berühmten Frau zu sehen, gab Cramer als einen Vorläufer seines umfassenden Werks die erste zuverlässige Lebensbeschreibung Auroras im Umfang von zwei Druckbogen heraus, mit dem Faksimile der letzten handschriftlichen Zeilen der Gräfin, ein Führer, der bei der nach einer bestimmten Taxe folgenden Sargöffnung den Besuchern überreicht wurde.

Durch ihn wurden die Fabeleien, die der „vielgewanderte und vielgewandte, mit allen Hunden gehetzte, medisante" Freiherr Karl Ludwig von Pöllnitz den zahlreichen Lesern seines weitverbreiteten Werks „Das galante Sachsen" aufgetischt hatte, zerstört, und Wirklichkeit und Wahrheit trat an die Stelle von Dichtung und Phantastik.

Die Königsmark stammen aus dem gleichnamigen Dorf in der brandenburgischen Altmark und einige taten sich mit besonderem Glück als Soldaten hervor, so der bekannte Marschall Johann Christoph, einer der berüchtigsten Bandenführer im Dreißigjährigen Krieg, der erst dem Kaiser, dann dem Schwedenkönig diente und ein großes Vermögen sich zusammenplünderte. Als Statthalter von Bremen und Verden residierte er in Stade oder auf dem von ihm in der Nähe seines Wohnsitzes erbauten prächtigen Schloß Agathenburg, wo vielleicht auch Aurora, seine Enkelin, geboren wurde. Seine Familie ließ den „Ewigen Ruhm" des „schwedischen Hannibal, durch Sieg ein Herkules, in Stärke ein Atlas" in einem mit trefflichen Kupfern gezierten Werk darstellen, und am Fußgestell des Gustav-Adolf-Denkmals in Stockholm wurde sein Bild neben dem von Torstenson und Wrangel angebracht. Unter seinen drei Söhnen zeichnete sich am meisten der jüngste, Otto Wilhelm, aus, gleich seinem Vater Mitglied der Fruchtbringenden Gesellschaft, der ersten der sogenannten deutschen Sprachgesellschaften, die in der Absicht gestiftet wurden, durch die Wirksamkeit ihrer Mitglieder vaterländische Sitte und Zucht und deutsches Wesen überhaupt zu wahren, besonders aber „die Muttersprache in ihrem gründlichen Wesen und rechten Verstande, ohne Einmischung fremder ausländischer Flickwörter, in Reden, Schreiben, Gedichten aufs allerzierlichste und deutlichste zu erhalten und auszuüben". Otto Wilhelm, Gelehrter, Diplomat und Kriegsmann, wurde Feldmarschall des Schwedenkönigs, in venetianischen Diensten Sieger von Morea und starb noch nicht fünfzigjährig, von der Pest fortgerafft, vor Negroponte, wo ihm die dankbare Republik eine marmorne Bildsäule setzte mit der ruhmreichen Inschrift: Dem steten Sieger! Der älteste Sohn des alten Marschalls, Conrad Christoph, mit einer Gräfin von Wrangel verheiratet, bei der Belagerung von Bonn 1673 durch einen Bombenschuß getötet, hatte vier Kinder, zwei Söhne, die beide jung starben, den wilden tapfern Soldaten Carl Johann, der unter seinem Onkel Otto Wilhelm in Morea focht und den Kriegsstrapazen, noch nicht Siebenundzwanzig, erlag und den durch seinen tragisch endenden Liebeshandel mit der hannoverschen Kurprinzessin Sophie Dorothea weithin bekannt gewordenen Philipp Christoph, und zwei Töchter, die mit dem schwedischen Grafen Carl Gustav Löwenhaupt verheiratete ältere, Amalie, und die als Geliebte Augusts des Starken von Sachsen-Polen berühmte, vielberufene und vielbeschriebene Maria Aurora, die 1668 geboren wurde, in Stade oder Agathenburg, und nach einem reich bewegten Weltleben sechzigjährig in dem fürstlichen Stift von Quedlinburg starb.

Aurora, die uns von den Zeitgenossen in der Blüte ihrer Jahre als eine vollkommene Schönheit geschildert wird – sie war hoch und schlank, hatte ein rundes, blühendes Gesicht mit prächtigem blonden Haar, einer offenen erhabenen Stirn, großen, dunklen, feurigen, wunderbaren Glanz ausstrahlenden Augen, von feinen schön geschwungenen Brauen überdacht, mit einer vollendet schönen Nase, kleinem Mund und blendend weißen Zähnen –, genoß eine sorgfältige Erziehung in allen Künsten und Wissenschaften, deren Kenntnis und Ausübung man von einer vornehmen Dame verlangen konnte. Es wird berichtet, daß sie nicht nur Deutsch, sondern auch Französisch, Schwedisch und Italienisch geläufig sprach; sie konnte sogar die alten lateinischen Dichter lesen. C.F. Paullini 1712 erschienenes Büchlein „Hoch- und Wohlgelahrtes teutsches Frauenzimmer" rühmt ihr nach:

Ist in der Poesie sehr wohl erfahren und in den Sprachen vortrefflich, denn sie redet ihr Französisch, Italienisch, versteht einen lateinischen Autoren, sogar, daß sie auch die lateinischen Poeten lieset, und componiret einen guten Vers. Dieses hat sie auf die Melodie eines Englischen Bourrec dem Graf von Dünnewald auf Sabor gemacht:

> *Die Lieb entzünd die Hertzen*
> *Durch der Augen Kertzen,*
> *Im Anfang ist es Scherzen,*
> *Bald erfolgt die Pein.*
> *Wer will die Glut verdammen?*
> *Es sind des Himmels Flammen,*
> *Sie bindet nur das Hertz allein,*
> *Wer kann ihr Meister seyn?*
> *Sie zwingt den Muth,*
> *Sie dringt ins Blut,*

Verfolgt mit Feu'r und Glut.
Sie ist uns angeboren.
Wer kennt den Stand
Und flicht das Band,
Der hat die Müh verloren,
Der mehret seinen Brand.

Sie schrieb französische Gedichte, solche zum Preise ihres Geliebten August und seines Gegners Karls XII. von Schweden, ebenso flüssig wie deutsche, und Voltaire bemerkt galant, daß man einige für Arbeiten einer geborenen Versaillerin halten könnte. Einige deutsche Dichtungen, so die Kantate „Als Cinthia ihr schönstes Licht – Ließ hoch am Himmelsbogen scheinen", die Grabschrift auf den Tod ihrer Mutter: „Dies ist der Frauen Grab, der alles Lob gebühret – Soll man auf diesem Stein nicht ihren Nachruhm lesen?" und ein Vierzeiler erheben sich über das Mittelmaß. In dem letzteren ist die sonst so heitere und gleichmäßig gut gestimmte Aurora schwermütig und gedrückt:

Mein Anfang war ein Anfang zum Beklagen.
Vom Frühling durft' ich nur die Dornen tragen.
Das Jahr der Lust, es band mir keinen Kranz,
Und Sorge hat verdunkelt meiner Jugend Glanz.

Ungleich höher als die Dichterin, die auch Lustspiele in französischen Versen schrieb und ein deutsches Singspiel „Die Töchter des Cecrops", wofür sie als Mitglied der Fruchtbringenden Gesellschaft gekrönt wurde, steht sie als Briefschreiberin. So schilderte sie einmal im Mai 1698 einem uns nicht bekannten Empfänger, den sie „Meine Damen!" anspricht, ein Stück Teplitzer Badeleben:

Wenn Sie die geringfügigen Einzelheiten unserer Badege-
schichte befriedigen, will ich Ihnen sagen, daß die Gesellschaft
sich unmerklich vermehrt. Sie sehen hier Grafen aus Prag,
deren Ankunft vom Turm herab die Trompete kundmacht,
als wäre ein Wundertier erschienen. Sie werden leicht denken,
welche Pfeile man nach ihnen schießt und daß sie nicht ausge-
hen, als nur im Mondschein Violen zu suchen. Es wurden
mehrere Spaziergänge gemacht, die immer mit Regen endeten,
und Gastmähler gegeben, bei denen man einschlief. Doch das
sind keine Mittel, Lähmungen zu heilen. Neulich veranstal-
teten die Damen, um sich zu entschädigen, ein Bad, in das sie
geschmückt mit Blumen wie Nymphen der Diana gingen. Sie
beschlossen durch das Los entscheiden zu lassen, wer Diana
sein solle. Die verwitwete Frau von Reisewitz traf das Los.
Sie übernahm die Rolle mit Zuversicht und mutiger Lebendig-
keit, indem sie ihr schönes Gefolge in ein mit Blumen bestreu-
tes und mit Goldgewirken umhangenes Zelt zum Bade führte.
Kaum vertraute die holde Schar, die nur feine Schleier um-
hüllten, ihre Reize dem Wasser, als sie im Hintergrund des
Bades eine fremde Nymphe, deren männlich bärtiger Anblick
sie nicht wenig erschreckte, bemerkten. Diana, einigen Arg-
wohn schöpfend, gedachte früherer Abenteuer, und der Lärm
teilte sich bald der ganzen Schar mit. Nur die Nymphe Su-
sanne behielt eine sittsame Haltung und beruhigte alle, indem
sie erklärte, daß eine bärtige Nymphe gar nichts Ungewöhn-
liches sei. Die alte Nymphe sprach kein Wort, sondern gab
nur von Zeit zu Zeit Seufzer von sich und zog die Füße, als
hätte sie Leichdornen.

Bald erschien auf einmal eine andere Gestalt unter lautem
Jagdgeschrei. Niemals sah ich etwas Lächerlicheres. Es war
ein böhmischer Graf, den wir Graf Isterle nennen. Er hatte
gehört, daß die Damen als Nymphen gemeinschaftlich bade-

ten, und kam, um den Aktäon zu machen. Er war im Schlafrock, mit gefütterten Stiefeln und einer Mütze von Bärenfell. In diesem Aufzug wollte er sich ins Bad unter die Nymphen machen. Diana, ohne Verteidigungswaffen, warf ihm Wasser an den Kopf, und sogleich wurden hohe Hörner sichtbar. Gleichzeitig erhob sich unsere alte Nymphe von ihrem Platz, schwur hoch und teuer, entsagte ganz ihrer Nymphenrolle und gab sich zu erkennen als Graf Trautmannsdorf, sechzig Jahre alt, ganz gichtig. Er vollführte einen tüchtigen Schlag auf das Haupt Aktäons, doch dieser fing ihn mit seinem Geweih auf. „Viel Glück zur Kopfzier!" rief Graf Trautmannsdorf. „Ich sehe, die Hörner sind zu allem nütze! Geh, du alter gehörnter Windbeutel, zu allen Teufeln nach Polen!" Während dieses Scharmützels gewann Diana mit ihren Nymphen die Tür, doch wurden sie bei ihrem Rückzug von einem Dutzend Diener aufgehalten, die aus einem anderen Bade kamen. Ihnen folgte auf dem Fuß ihr junger Herr, der Graf Zwirbi, in der Badekleidung, der kein größeres Vergnügen hatte, als seinen Dienern die Rute zu geben. Er ermangelte auch nicht, Diana seine Dienste anzubieten, doch sie rettete sich, nachdem sie über den Kopf ein weißes Tuch geworfen, und mit ihr verschwand die ganze Schar, um gemeinsam in einem nahgelegenen Haus zu tafeln. Während der Mahlzeit wurde ihnen eine Nachtmusik gebracht. Man kann nicht wissen, wer von den drei Grafen sie veranstaltete. Ich für meine Person glaube, Gott verzeih' mir, sie kam von unserem Grafen Isterle, der auch närrisches Zeug sang:

> Geduld, mein lieber Florian!
> Sieht doch die Katz den Kaiser an ... Geduld!

Ich schließe meinen Bericht mit der Bitte, ihn nicht für eine

Fabel zu halten und unverzüglich, meine Damen, Glauben zu schenken
   Ihren gehorsamsten und getreuen Nymphen.

Das Original dieses munteren Briefes ist französisch. Man sieht aus ihm die stets gut gelaunte, frohsinnige Aurora uns entgegenblicken, die sich so hinreißend unterhalten konnte, die Komik eines Menschen und einer Situation sofort erkannte und die Gabe hatte, sich mit den Schwächen ihrer Nächsten in gutmütigem Spott und in so wenig verletzender Weise auseinanderzusetzen, daß die Betroffenen ihr nicht gram sein konnten.

Wie sie in Geschichte, Geographie und Genealogie sehr bewandert war, verstand sie sich auch auf die Gesetze der Tonkunst und komponierte für Gambe und Laute. Sie sah gern Musiker und Virtuosen und fand namentlich an dem schon früh sich im Operngesang und Orgelspiel auszeichnenden Johann Matthison, den sie in Hamburg kennenlernte, viel Gefallen, und der Künstler rühmte sie als „eine ungemeine und weitberühmte Beförderin schöner Wissenschaften, von welcher er nachher sehr viel Poliertes erlernet und hohe Gnade empfangen hat".

Sie sang und tanzte vortrefflich, malte und zeichnete. Sie hatte, wie Haxthausen, der Sohn des Hofmeisters Augusts des Starken, in seinen Erinnerungen sagt, unendlich viel Geist und war stets gleichmäßig gestimmt und gleichmäßig unterhaltend, stets ein neuer Reiz, stets eine neue reizende Freude. „Sie hatte alle Routine, um einen jungen, für die Ausschweifung geschaffenen Fürsten zu fesseln, der aber noch ein Neuling in der Kunst war, mit Zartgefühl und Lust zu lieben." Sie besaß alle gesellschaftlichen Vorzüge und wußte sie voll zur Geltung zu bringen. Sie war eine vollkommene Weltdame, die nur das ruhelose königsmarkische Blut hinderte, die ihr gebührende Stellung in der vornehmsten Gesellschaft einzunehmen. Ihr Bruder Philipp Christoph nannte sie nicht mit Unrecht „die Abenteurerin".

Gemäß ihrer Herkunft und ihrem Stande wurde sie für die große Welt erzogen und erregte schon frühzeitig durch ihre Schönheit und ihren Geist Aufsehen. Bereits als zwölfjähriges Mädchen zog sie auf einem Maskenball, als Zigeunerin gekleidet, die Aufmerksamkeit des Grafen Oxenstierna auf sich. Sechzehnjährig trat sie in Stockholm mit ihrer Schwester in einer für das königliche Haus von Damen der Hofgesellschaft veranstalteten Aufführung von Racines „Iphigenie", für die sie den Prolog gedichtet und komponiert hatte, als Klytämnestra auf. Im gleichen Jahr 1684 kam es ihretwegen zwischen zwei Kavalieren zu einem Wortwechsel und Tätlichkeiten. Sie mußte zur Aussage vor dem Schwedischen Hofgericht erscheinen, und der eine der beiden, Claes Gustav Horn, mußte fliehen, um sich der drohenden Strafe zu entziehen. Er blieb auch landflüchtig, kreuzte aber immer wieder einmal Auroras Wege und erfuhr in seinem zerfahrenen Leben von ihr mannigfache Unterstützung. Vielleicht brachte sie ihm, dem Schwärmer und Dichter, eine wärmere Neigung entgegen, die sich auch in ihrem späteren unruhigen Leben nie ganz verlor.

Von Hamburg, wo die alte Gräfin mit ihren beiden Töchtern vorzugsweise lebte, im Kreise einer großen Geselligkeit und in buntem Wechsel von Festen aller Art, ging sie nach Stockholm, um ihre Familie wiederzusehen und ihren Besitz vor den derben Händen des Königs zu schützen, der den stolzen schwedischen Adel demütigen und zum Anschluß an den Hof zwingen wollte, was er am schnellsten und besten dadurch erreichen zu können hoffte, daß er die

Besitztümer des Adels in Frage zog und feststellen ließ, mit welchem Recht er seine Güter besaß. So wurden oft ungerecht und willkürlich Domänen eingezogen, die früher verkauft, verschenkt oder verpfändet waren, und viele große Familien, darunter auch die Königsmarks, von bedeutenden Verlusten betroffen. Um diese möglichst zu mindern, schloß sich die alte Gräfin eng dem königlichen Hause an, und ihre beiden Töchter wurden ihr bei ihren Absichten treffliche Helferinnen. Sie spielten bald an dem schwedischen Hof eine bedeutende Rolle durch Geist, Schönheit und Liebenswürdigkeit, und Amalie, die ältere, heiratete einen Edelmann aus einem alten Haus.

Die Königsmarks lebten, wie es sich bei ihrem Rang verstand, auf großem Fuß, aber das Wirtschaftswesen wurde genau bis in Einzelheiten kontrolliert, und aufbewahrte Rechnungen zeigen, daß Aurora der Haushaltung umsichtig und sparsam vorstand. Sie übersah die finanziellen Verhältnisse der Familie klar und gründlich, was nicht einfach war, da das Vermögen der Königsmarks durch die Konfiskationen in Schweden, verschiedene Erbstreitigkeiten und die Verschwendung der jungen Grafen in solcher Verwirrung war, daß sich in die verwickelten Verhältnisse nur schwer Licht bringen ließ.

Nach dem Tode der alten Gräfin, die an einer Steinkrankheit, erst dreiundfünfzig Jahre alt, in Stockholm starb und der Aurora eine tiefempfundene Grabschrift widmete, kehrte diese mit ihrer Schwester, der Gräfin Löwenhaupt, nach Hamburg zurück, das sie vor zehn Jahren verlassen hatte. Sie stand jetzt in vollster Blüte ihrer Jugend und Schönheit und wurde als „die schwedische Gräfin" überall gefeiert und umworben.

Sie wurde der Mittelpunkt der vornehmen Gesellschaft, und es ist wunderbar, daß sie sich nicht auf das vorteilhafteste hier verheiratete. Ihr Schwager und ihr Bruder Philipp Christoph schlugen ihr die verschiedensten reichen oder hochgestellten Männer als Partien vor, aber keine von ihnen gelangte zum Abschluß. Ihre Schwester hätte sie gern und gut versorgt, da der Aufwand im gräflichen Hause durch sie, die den Prunk liebte und der das Geld durch die Finger rann, bedeutend gesteigert wurde. Ob es jetzt schon Aurora um eine Heirat zu tun war, läßt sich nicht feststellen. Sie ließ sich aber gern und wohlgefällig alle Huldigungen gefallen, mochten sie nun von einem alten Herrn wie dem galanten Herzog Anton Ulrich von Braunschweig-Wolfenbüttel, der ja auch als Schriftsteller weitbekannt war, kommen oder dem reichen Obersten Meyer oder dem siebzehnjährigen Herzog Friedrich Wilhelm von Mecklenburg-Schwerin. Aurora hatte vielleicht die Absicht, an einem Hof die ihr gebührende Stellung zu erlangen, und so reiste sie mehrfach nach Wolfenbüttel. Sie quartierte sich ohne Umstände hier im Schloß ein, vielleicht nicht ganz zur Freude der Herzogin, der die temperamentvolle, schöne, junge Gräfin als ein gefährlicher Gast erscheinen mochte.

Aurora stand mit einigen ihrer Verehrer in Briefwechsel, und wenn man die Galanterien und Überschwenglichkeiten nicht auf Rechnung des Zeitstils setzen will, könnte man wohl hier vertrautere Verhältnisse vermuten.

Der junge Herzog Friedrich Wilhelm schreibt ihr aus Schwerin am 25. Februar 1692:

Madame!
Mit Recht war ich in Unruhe, da mir jede erwünschte Nachricht von Ihnen fehlte. Um so glücklicher bin ich beim Empfange derselben, ob ich gleich meine Empfindungen für Sie nicht auszusprechen wage. Dennoch fällt es mir schwer, Ihnen

zu verschweigen, daß ich nur mit Ihnen beschäftigt bin und daß es nur von Ihnen abhängt, die Leiden des Abwesenden zu vergrößern. Ich wünsche sehr, Ihr Bildnis zu besitzen und würde dafür sorgen, daß es als das köstlichste Kleinod für mich eine ausgesuchte Stelle erhielte. Es würde mir teurer sein als mein Leben. In dieser Stimmung für Sie hoffe ich bald die Ehre zu haben, Ihnen mündlich in vollem Eifer zu beweisen, wie sehr ich bin

Ihr ganz gehorsamer und getreuester Diener
Friedrich Wilhelm.

Der alte Herzog Anton Ulrich freute sich, sie wieder bei sich zu sehen, und schrieb aus Wolfenbüttel am 3. Juni 1693 an sie:

Hochgeborne Gräfin!
Es versichert mich nicht allein Ihre eigne Hand Ihre geneigte Überkunft auf die Braunschweiger Messe, sondern es confirmirt solches auch Mr. Rose mit dem Zusatze, daß Sie unser Haus zu Braunschweig würdigen wollen, Ihre Demeure in derselben Zeit während der Messe zu nehmen. Es kann mir nichts angenehmer von der Welt als eben dies sein. Damit es aber alles par les formes zugehen möge, so thun Sie wohl und bemühen sich so viel, ein Handbriefchen an meine Gemahlin zu schreiben, damit Sie Ihre Überkunft vermelden, so wird dieselbe desto geschäftiger sein, eine gute Wirtin zu agieren. Diese deutsche Precaution ist gar nötig, und wollen wir uns desto besser lustig machen, wenn Aurora allen Anwesenden gleich angenehm wird können erscheinen ... Ich zähle nunmehro alle Tage, bis daß ich der schönen Aurora mündlich werde sagen können, wie sehr ich sei

Ihr ergebner Diener A.U.

Aber nicht nur auf den Wolfenbütteler Hof richtete Aurora ihre Aufmerksamkeit, sondern auch auf den hannoverschen und den sächsischen. Sie hatte die Herzogin von Braunschweig-Celle, eine Französin, mit ihrer Tochter, der nachmaligen Gattin Georg Ludwigs, des Erbprinzen von Hannover, in Hamburg kennengelernt und kannte auch die kluge Kurfürstin von Hannover, Sophie, die mit ihrer Nichte, der berühmten Liselotte von der Pfalz und jetzigen Herzogin von Orléans, in lebhaftem Briefwechsel stand. Am Dresdner Hof regierte die vielgenannte Gräfin von Rochlitz als Mätresse des Kurfürsten Johann Georg IV., das berühmte „Billchen", das so unerwartet starb und seinen Geliebten rasch nach sich zog, so daß der Bruder des Kurfürsten, Friedrich August, den Thron bestieg. Ihn, dem sie dann bald gehören sollte und dessen überall freudig begrüßten Regierungsantritt sie auch poetisch feierte, sah sie hier natürlich auch, und es läßt sich vermuten, daß diese beiden körperlich und geistig ausgezeichneten Menschen schon jetzt einander nähergekommen sind. Auch in Quedlinburg, das ihr später eine Zuflucht vor dem lärmenden Weltgetriebe werden sollte, finden wir sie schon in dieser Zeit, und sie freundete sich mit der dortigen Äbtissin, Anna Dorothea, Herzogin von Sachsen-Weimar, an.

Aurora war viel unterwegs und reiste von Hof zu Hof, von Stadt zu Stadt. Sie liebte ein freies, ungebundenes Leben und scheint sich nicht sehr um eine vorteilhafte eheliche Versorgung gekümmert zu haben. Ihr Bruder Philipp Christoph, der am hannoverschen Hof lebte, wo ihn ein Liebeshandel mit der Erbprinzessin Sophie Dorothea fesselte, machte ihr am 10. Januar 1693 ernsthafte Vorhaltungen über ihre ungewisse Zukunft:

Meine vielgeliebte Schwester!
Ich beklage Ihr Unglück, halb verlobt zu sein. Für Ihre Zu-
kunft ist schlecht gesorgt, denn Herrn M(eyers) Gemütsart ist
gar wunderlich, und ich fürchte sehr, daß er dieselbe Komödie
spielt wie Ryssel, da beide sehr geistesverwandt sind. Ich kann
Ihnen sagen, daß er sich vermessen hat: mit 2.000 Talern
stünden Sie ihm wie seine Frau zu Dienste. Solche Art von
Gesprächen sind für Sie nicht vorteilhaft. Aber wer kann
einem Narren verwehren zu sprechen, was er Lust hat, da es
Ihnen Kummer macht, immer abschlägige Antwort erteilen zu
müssen. Man wird ja Mittel finden, davon abzukommen.
Wenn ich nur weiß, daß Sie sich verheiraten wollen, so bin ich
gar nicht besorgt, daß der närrische Graf von Waidel um Sie
anhält. Er ist über alles heiratslustig, und hier ist kein
Mädchen, das er nicht hätte haben wollen. Auch der Graf
von Lippe hat mir seinen Schwager, einen Grafen von Hohen-
lohe, vorgestellt. Ich sehe wohl ein, daß Sie für Reichsgrafen
geboren sind, und wünsche nur herzlich, daß sie Ihnen nicht
zum Verderb gedeihen mögen ...

Und zwei Monate danach läßt er sich wieder in Heirats-
sachen hören:

Da sich alle, die Sie zu heiraten Lust haben, an mich wen-
den, so muß ich Ihnen sagen, daß sich hier ein solcher befin-
det: er ist wohlgebildet, hat eine gute Stelle, ist dreißig Jahre
alt, hat 6.000 Taler Einkünfte und will Ihnen ein Heirats-
gut von 30.000 Talern als Heiratsgut verschreiben. Da man
solche Gemale nicht alle Tage trifft, so habe ich mich ver-
pflichtet geglaubt, nach der für Sie gehegten Freundschaft
Ihnen durch diese Mitteilung einen Dienst zu erweisen. Noch
nenne ich Ihnen seinen Namen nicht, doch wenn Sie der Vor-

schlag anspricht, wenn Sie frei sind und sich vermählen wol-
len, so erklären Sie sich ernsthaft, und finden Sie die Vermö-
genslage nicht vorteilhaft genug oder haben Sie zur Ehe keine
Lust, so sagen Sie mir es frei heraus.

Welche ernsthaften galanten Verhältnisse Aurora gehabt, ist
nicht mehr festzustellen. Daß man ihr aber solche zutraute
und über sie gehörig klatschte, wissen wir von verschiedenen Seiten. So hieß es auch, daß sie mit dem hannoverschen
Erbprinzen Georg Ludwig, dem nachmaligen Georg I. von
England, einen Liebeshandel gehabt und daß sich dadurch
die Gunst, in der ihr Bruder an diesem Hof stand, leicht
erklären lasse.

Von allen etwaigen Heiratsplänen der schönen Gräfin
war aber vorläufig nicht mehr die Rede, als plötzlich ihr
Bruder Philipp Christoph im kurfürstlichen Schloß von
Hannover einen geheimnisvollen Tod fand. Er hatte den
Braunschweiger Dienst im Frühling 1694 quittiert und war
in den Friedrich Augusts von Sachsen getreten, den er seit
dem flandrischen Feldzug vertrauter kannte. Da er noch
seine Angelegenheiten in Hannover zu ordnen hatte, kehrte
er Ende Juni noch einmal von Dresden zurück, wie man
nun mit Sicherheit vermutet, um mit der von ihm geliebten
Erbprinzessin, die am hannoverschen Hof ein sehr schweres Leben führen mußte, bedrückt und bedrängt von ihren
Schwiegereltern, der Mätresse des alten Kurfürsten Ernst
August, der berüchtigten Gräfin Platen, und ihrem Mann,
zu fliehen. Seit dem Abend des 1. Juli blieb er spurlos verschwunden. Zuerst glaubte man wohl noch an Verhaftung
und Gefängnis, dann aber wurde man seines Todes gewiß.
Aurora beschuldigte nicht ohne Grund die Platen, das
plötzliche Ende ihres Bruders verschuldet zu haben. Die

Mätresse hatte selbst einen Liebeshandel mit Königsmark, der ihn nur eingegangen war, um seine galanten Beziehungen zur Erbprinzessin zu verschleiern. Da sie sich von ihm hintergangen sah, verriet sie ihn, und wahrscheinlich wurde er nach dem heimlichen Betreten des Schlosses angefallen und nach heftiger Gegenwehr ermordet.

Es begann der große Skandalprozeß gegen die Erbprinzessin, und obwohl die braunschweigischen Regierungen, um die Ehre des kurfürstlichen Hauses zu wahren, kräftig gegen den „Wahn" protestierten, als ob „Königsmarks Disparation mit des Kurprinzen Frau Gemalin Retraite einigen Rapport hätte", wußte man doch überall genau Bescheid. Die Erbprinzessin starb nach geschiedener Ehe als Gefangene auf dem Schloß Ahlden, auch sie eins der vielen Opfer dynastischer Hauspolitik.

Der Tod ihres Bruders bildete für Aurora den entscheidenden Wendepunkt in ihrem Leben.

Die beiden Schwestern des Ermordeten wandten sich an den hannoverschen Kurfürsten, ohne Erfolg. Nun wollte Aurora ihren jungen Verehrer, den Mecklenburger Herzog Friedrich Wilhelm, für das traurige Schicksal ihres Brudes interessieren, erhielt aber unter dem 18. Juli nur einen matten Beileidsbrief:

Madame!
Gleich jetzund empfange ich Ihr angenehmes Schreiben und beklage von Herzen, daß Dero lieber Bruder so unglücklich gewesen. Ich habe die gute Hoffnung, er wird sich wohl wieder finden. Die Ursache ist hier gar nicht bekannt; doch kann man es sich wohl denken. Die liebe Venus macht manchen unglücklich und kostet ihm wohl gar sein Leben; doch schadet es nicht, wenn es noch der Mühe wert ist ...

Nun wandte sich Aurora nach Dresden an den jungen Kurfürsten, der ihren Bruder gut gekannt und in seinen Dienst genommen hatte. August sandte seinen Obersten Bannier nach Hannover, doch der Kurfürst lehnte jede Verantwortung für das Verschwinden Königsmarks ab, und der Hof von Hannover erklärte: daß, wenn Kur-Sachsen über kurz oder lang erfahren würde, daß Seine Kurfürstliche Durchlaucht den Grafen Königsmark in Ihrer Gewalt hätten, Sie sich aller Freundschaft, so Kur-Sachsen Ihnen hoffentlich verträge, wollten verlustig gemacht haben, was er auch nach der ganzen Sachlage ohne Verletzung der Wahrheit sagen konnte, und die ganze Angelegenheit wurde mit der Zeit vergessen.

Für die beiden Schwestern Königsmark und den Schwager Löwenhaupt war es wichtig, den Tod Philipp Christophs festzustellen, um die Erbschaft regeln zu können. Königsmark war immer leichtsinnig und verschwenderisch gewesen und trotz seines Vermögens oft wegen geringer Summen in Verlegenheit, so daß an Barem nicht viel zu erben war. Aber es handelte sich um Güter, wegen deren Löwenhaupt mit seinem Schwager in Streit gelegen. Da Königsmarks Papiere in Hannover beschlagnahmt waren, dauerte es geraume Zeit, bis alles geordnet werden konnte.

Für Aurora, die jetzt in ihrem sechsundzwanzigsten Jahre stand und in der reifsten Blüte ihrer Jugend und Schönheit, begann mit ihrem Wiedererscheinen am Dresdner Hof die Gipfelung ihres Lebens: Der junge Kurfürst, zwei Jahre jünger als sie, warb um ihre Gunst. Es war August der Starke, der seinen Zeitgenossen reichsten Gesprächsstoff gab, eine in vieler Hinsicht bedeutende, psychologisch sehr interessante Persönlichkeit, die man mit den italienischen Zeitgenossen Macchiavellis hat vergleichen wollen.

Liselotte von der Pfalz, die ihn auf seiner dreijährigen Kavalierstour durch Europa in Paris sah, fand, daß er „eine artige Taille habe", aber kein angenehmes Gesicht und einen großen Mund. Schon damals war er so stark, daß er ein großes, langes, schweres Rohr mit zwei Fingern von der Erde hob wie eine Stecknadel. „Niemandt konte es ihm nachthun, nimbt mir also nicht wunder, daß er nun (August war jetzt 27 Jahre alt), da er mit dem alter noch viel stercker muß geworden sein, einen silbern teller rollen kann." Man erzählte sich viele verbürgte Geschichten von seiner körperlichen Kraft: In Rawa, im Sommer 1688, schlug er mit einem Hieb einem Stier den Kopf ab und schenkte dem Zaren Peter dem Großen diese Klinge, der erklärte, sie ähnlich gegen seine aufrührerischen Bojaren führen zu wollen. Am 9. Oktober 1699 schlug er im Beisein des Herzogs Moritz Wilhelm von Sachsen-Zeitz in Kolditz „in einem Hieb einem Tam-Thier den Kopf und einen Lauf ab", und der Hallenser Professor Ludewig zählte August in seiner 1702 erschienenen „Germania princeps" unter die Wunder seiner Zeit, weil er allerlei silbernes, zinnernes, kupfernes Gerät mit einer Hand wie Papier und Leinen zusammenrollte. In allen Leibes- und ritterlichen Übungen war er immer allen andern voran bis zur Tollkühnheit; so erklomm er einmal die Wendeltreppe im Turm des Dresdner Schlosses über der Kellerei zu Pferde. Er war früh reif, lernte als Siebzehnjähriger schon die beiden ersten Luststätten des damaligen Europas, Paris und Venedig, kennen, zählte seine galanten Händel nach Hunderten und fing selbst sie nach seiner Rückkehr in der Art Zieglers und Lohensteins zu beschreiben an, wie denn später auch der schriftstellernde Herzog Anton Ulrich von Wolfenbüttel in seinem dickleibigen Roman Augusts Liebschaften mit der Königsmark und der

Cosel unter Decknamen darstellte; denn die Solane und Givritta der „römischen Octavia" sind diese beiden am bekanntesten gewordenen Geliebten des starken August.

Liselotte von der Pfalz hatte auch schon in Paris von Augusts Hofmeister Haxthausen beweglich klagen gehört, er fürchte mit seiner Erziehung keine Ehre einzulegen: der Prinz habe den wunderlichsten und tollsten Humor, sei ein Heuchler, könne sich recht verstellen. So war auch die Ansicht der beiden Hohenzollern, Friedrich Wilhelms I. und Friedrichs II., über ihn. Einmal schreibt der alte Soldatenkönig voller Zorn an seinen Freund in Dessau: „Ich habe mir eingebildet, daß er so rehdelich wehr als ich ... der Patron stellet sich an, als wenn er es mit mir erlich meinet, einmal hat er mir Düpiret, zum ander mahll bekommet er mir wieder nit." Und Friedrich II. nennt ihn den falschesten Fürsten von ganz Europa, ohne Ehre und Glauben, hinterlistig, immer auf sein Interesse bedacht und auf die Spaltung der andern.

Auch die Frauen der Hohenzollern waren August nicht günstig gesinnt. Sophie Charlotte, die erste preußische Königin, sagt, August tue alles, um sein Land durch einen lächerlichen und ungerechten Krieg (mit Schweden) ins Verderben zu stürzen, und er laufe immer chimärischen, imaginären Chosen nach wie bei der Suche nach dem Stein der Weisen. Friedrichs des Großen Lieblingsschwester, Wilhelmine von Bayreuth, lobt wohl sein leutseliges Wesen, sein verbindliches, vertrauenerweckendes Benehmen, wirft ihm aber seine übertriebene Prachtliebe, seinen unmäßigen Hang zu Vergnügungen, seine große Zechlust und seine Mätressenwirtschaft vor. Von ihr hören wir auch, daß August 354 natürliche Kinder gehabt: sein Hof, damals der glänzendste in Deutschland, könne mit Recht die Insel der Cythera genannt werden; der König unterhalte eine Art von Serail der schönsten Frauen des Landes. Am Dresdner Hof atmete man nur Wollust, und Bacchus und Venus waren die beiden Modegottheiten, faßt sie ihr Urteil zusammen.

Liselotte von der Pfalz, die Augusts Leben und Treiben offenen kritischen Auges verfolgt, findet es ganz begreiflich, daß die junge Kurfürstin von Sachsen, die fromme Christine Eberhardine von Bayreuth, still ist, sie habe Chagrin genug dazu, denn „ihr herr ist ein doll hunckel; ich kenne ihn woll". Sie kann es nicht verstehen, daß er, der, wie sie treffend sagt, „mehr courage als conduite" hat, sich in das polnische Abenteuer stürzt, daß er nicht lieber in Ruhe und Frieden Kurfürst von Sachsen bleibt, „als über eine so interessirte undt unbeständige nation König zu sein, von welcher er nicht allein nicht absolute herr undt meister sein kan, sondern nur mehr in dem nahmen als in der that König sein wird. Undt diesen platz muß er mitt sorgen, mühe undt vielleicht noch mitt viellem Blutvergießen erwerben, undt kompt er nicht zu seinem zweck, wirdt er noch dazu ausgelacht werden, also sein gelt zu seinem eigenen spott wirdt geben haben." Die kluge Frau behielt auch völlig recht, denn im August 1704 schrieb Patkul, der als Oberbefehlshaber der russischen Hilfsarmee mit August in Polen herumzog, während der Zar Dorpat und Narva genommen hatte: „Der König hat noch vor drei Tagen selbst gesagt, daß er die feste Resolution gefasset, lieber die Kron zu verlassen als noch immer so defensive zu ein Spectacul der ganzen Welt aus einem Winkel in den andern sich herum jagen zu lassen."

Liselotte begreift auch seinen Übertritt zum Katholizismus nicht, den er unternommen, um die polnische Krone zu gewinnen, denn nun muß er, der so ungern in die Kirche geht, alle Sonn- und Festtage die Messe hören, „sonsten wirdt es ihm übel bekommen, denn die catholischen pfaffen leyden keine äußerliche verachtung ihrer religion", und sie wie auch der bekannte Tourist von Loen erzählen einige bezeichnende Beispiele, wie merkwürdig sich der königliche Proselyt gezeigt, der, wie Loen sehr richtig bemerkt, von Jugend an ein kleiner Freigeist war, der an einen Gott im Himmel und an die Allgewalt der Fürsten auf Erden glaubte, und bei dem man von einem Glaubenswechsel nicht gut reden könne, weil er eigentlich, als er übertrat, noch keine Religion gehabt und erst jetzt eine angenommen habe.

Liselotte versteht auch nicht, warum August den Krieg mit Schweden beginnt; auch das eine Folge seines polnischen Abenteuers, da er versprochen, die an Schweden abgetretenen Provinzen wieder mit Polen zu vereinigen. Sie gönnt ihm seine Niederlagen und zitiert nach der von Klissow das bekannte Wort: „Wenn's der Geis zu wohl ist, geht sie auf Eis und bricht ein Bein." Als die Schweden in Sachsen einrücken, um hier ein volles Jahr zu bleiben, sagt sie, August sei wohl unglücklich, „aber hette er das gelt, das er mitt den metressen gefressen undt ihnen geschenckt, ahngewendet, eine gutte armee zu untterhalten, konte er sein landt undt leutte gegen den König in Schweden verthädigen. Der säxsische adel jammert mich, wegen ihres Königs hochmuth so viel zu leyden, und auch das gantze schöne landt, ruinirt zu werden". Nach dem schimpflichen Frieden von Altranstädt, der ihn seine Polenkrone kostete und ihn aufs tiefste demütigte, erklärt sie voll Zorn: „Ich habe in meinen leben von nichts abscheulichers gehört als den Frieden, so König Augustus gemacht. Er muß voll undt doll gewesen sein, wie er die articlen eingegangen ist; vor so ehrvergessen hett ich ihn mein leben nicht gehalten. Ich schä-

me mich vor unßer nation, daß ein teutscher König so un-
ehrlich ist." Sie schreibt verächtlich von seinen Ausschweifungen, er würde bald ein Serail machen können von all
seinen Mätressen mit ihren Kindern, und er habe „das Hirn
von viellem sauffen ein wenig verrückt". Die Kosten der
Hochzeitsfestlichkeiten bei der Vermählung seines einzigen
legitimen Sohnes mit der Kaisertochter erscheinen ihr zu
hoch, und der bei der Anwesenheit des Dänenkönigs in
Dresden entfaltete Prunk kommt ihr wie eine Torheit vor.
Als nach der Schlacht von Pultawa, in der Peter der Große
die Übermacht Schwedens bricht, August abermals gegen
seinen feindseligen Vetter Karl XII. vorgeht, erklärt Liselotte, daß die Sachsen wohl recht hätten, wenn sie ihren
Kurfürsten nicht gern nach Polen gehen sähen, „denn das
ruinirt sie vollends, die armen leutte. Das wirdt ein bitteres
scheyden gewesen sein zwischen König Augustus undt die
Gräffin Cossel; die ist nun reich genung, (König August)
wirdt nun woll eine neue bekommen, so ihn auffs neue
ziehen wirdt. Es ist woll ein heßlich ellendt leben, das er
führt." Als seine Mutter, die Dänin Anna Sophie, die sich,
wie Liselotte sagt, „sternsvoll besoff", starb, zeigte er „kein
gut Naturell" und dachte nur an Zeitvertreib. Ein Herr,
meinte die temperamentvolle Pfälzerin, der sein Leben so
abscheulich debauchiert habe wie König August, müsse im
fünfzigsten Jahr mehr verschlissen sein als ein anderer im
siebzigsten. Amüsieren könne er sich wohl noch in allerlei
höfischer Kurzweil, aber zur Galanterie sei er zu alt, und ihr
Endurteil über den einundfünfzigjährigen König, der zeit
seines Lebens „die despence und divertissimenten geliebt",
ist: „Man stirbt, wie man gelebt hatt."

Männer, die ihm nahestanden, beurteilten ihn je nach
ihrem Gesichtspunkt verschieden, fanden sich aber dabei in

Übereinstimmung hinsichtlich der Wertung seiner Grundwesenszüge. Sein General Schulenburg, der sein treffendes Urteil, seine vorzügliche Unterscheidungs- und Auffassungsgabe, sein großes Orientierungstalent, seine außerordentliche Gewandtheit, Stärke und Arbeitsamkeit hervorhebt, seine Kenntnis des Krieges im großen und kleinen, seine gründliche Bewanderung in der Artilleriewissenschaft, spricht auch wieder von „seiner Kunst zu dissimuliren und sich selbst zu besitzen". Sein Minister Manteuffel sagt, er sei voll Eitelkeit, übertriebener Selbstliebe und sehr falscher Ideen gewesen und habe seinem Sohn, dem Thronfolger, den er zum Vertrauten von allem, was ihn bewegte, selbst von seinen Liebschaften, gemacht, das gründlichste Mißtrauen gegen all seine Minister eingeflößt: sie alle durchweg wollten nur die Hofmeister machen, und er gebe ihm den Rat, nur allein und unmittelbar zu regieren. Diesen Rat hat aber, wie bekannt, der Nachfolger nicht befolgt und sich ganz in die Hand des großen Diebes Brühl gegeben.

Am ausführlichsten und feinsten hat König August sein Günstling Flemming gezeichnet, der dreißig Jahre lang sein erster politischer und militärischer Ratgeber war. Diese Charakteristik gilt dem zweiundfünfzigjährigen König. Flemming rühmt sein stattliches, einnehmendes Aussehen, seine kräftige Natur, der er aber zuviel zumutet, als daß er ein hohes Alter erreichen könnte. Aber August wurde dreiundsechzig und hat seinen Günstling um fünf Jahre überlebt. Der König, von melancholischer Gemütsart, also von lebhafter Konzeption, die ihm alles Kommende, Freude wie Leid, vergrößert zeigt, meint jeden, an dem ihm liege, gewinnen zu können, habe es auch oft erprobt, aber leider, bemerkt Flemming, hätten davon die Malhonetten mehr als die Honetten profitiert. Seine große Scharfsichtigkeit sei häufig durch sein außerordentliches Mißtrauen beeinträchtigt worden. Die Lücken seiner Bildung habe er durch stetes Studium auszufüllen getrachtet und sich mit den Jahren ein universelles Wissen erworben. Obschon er großherzig und freigebig war, habe man ihn doch geldgierig genannt; aber er habe nur Geld verlangt, um seiner Freigebigkeit und seinen Passionen genügen zu können. Wer ihm das Geld dazu geschafft, sei ihm angenehm und willkommen gewesen, und wenn das Geld auf unerlaubte Art geschafft wurde, habe er die Schuld immer auf andere gewälzt. Vergnügen und Ehrgeiz seien seine Hauptleidenschaften gewesen, doch das Vergnügen habe immer an erster Stelle gestanden und sehr oft seinen Ehrgeiz gekreuzt. Der Ehrgeiz und der Wunsch, die Zustimmung und Bewunderung aller Welt zu gewinnen, hätten ihn oft dazu gebracht, in der Kenntnis der geringfügigsten Dinge glänzen zu wollen, wodurch er häufig sehr ernsthafte und folgenschwere Geschäfte gehemmt habe. Auch bei seiner Baulust, für die er viel Talent besitze, habe ihn der Wunsch, es allen recht zu tun, gehindert, bei seinen Plänen zu beharren, so daß er viel begonnen, aber nichts vollendet habe. Wer sich ihm angenehm machen könne und ihm nützlich zu werden scheine, gewinne ihn leicht und dürfe hoffen, in seiner Gunst zu bleiben. Aber nie mische er sich in die Streitigkeiten seiner Hofleute und lasse sie diese untereinander selbst austragen. „Diese Handlungsweise hat oft seine Mätressen und andere Frauen und oft selbst seine Minister in Wut gebracht.“ Bei einem einmal gefaßten Beschluß bleibt er und kommt nur davon zurück, wenn er selbst anderer Ansicht geworden. Man kann ihm auch die Wahrheit sagen, aber nur unter vier Augen und nicht im Hofmeisterton. Er wacht sehr über seine Stellung, so sehr er sich auch populär stellt, nimmt bei der Debauche nichts übel, aber selbst bei völliger Trunkenheit entgeht ihm nichts. Er vergißt nicht leicht eine Beleidigung, aber vergibt sie. Er kennt seine Höflinge genau und spricht mit ihnen so versteckt, „daß jeder zu wissen glaubt, was er von den andern denkt, ohne zu wissen, was er von ihm selbst denkt". Wer sich an ihn wendet, im vollen Vertrauen auf seine Gnade, erfährt keine Abweisung; aber das nutzen die Malhonetten mehr aus als die Honetten. Er ist nicht böswillig, kann aber dazu gebracht werden. Er ist zärtlich, ohne es scheinen zu wollen. Er ist auf den Ruhm anderer eifersüchtig. Er ist ein verschlagener Spötter und hat die Leute tüchtig zum besten. Er spielt seine Minister und Diener gegeneinander aus, und jeder glaubt sein Günstling zu sein. Er ist höflich, verbindlich und sein Benehmen gegen Damen ohne Tadel. Früher erlaubte er keine Zweideutigkeiten in ihrer Gesellschaft, dann wurde er darin etwas duldsamer. Er wollte einen zweiten Alkibiades machen, indem er sich in Vorzügen und Lastern in gleicher Weise hervortat. Er fand viel Freude an Festen und Lustbarkeiten, wollte alles bis in Einzelheiten selbst festsetzen, schuf aber nur dadurch sich und anderen viel Arbeit und Last und brachte häufig so nur Unruhe und Unordnung hervor. Solange er keinen Rat für die Erledigung der Geschäfte gebildet hatte, herrschte Wirrwarr, und seine Gesandten arbeiteten an den fremden Höfen gemäß ihren verschiedenen Instruktionen häufig gegeneinander. Er hielt sich für verschlagen, war es aber nicht, sonst hätte er die Geschäfte besser geleitet. Unter seinen Vergnügungen nahmen den ersten Platz seine Liebeshändel ein. Wie seine Günstlinge verwöhnte er auch seine Mätressen, und beide nutzten seine Schwäche aufs äußerste aus, wurden anmaßend und undankbar und ihm schließlich zuwider. Er gehörte nach eigenem Geständnis nicht zu den

dreisten Draufgängern in der Liebe und fand nicht so viel
Lust an ihr, als er die andern hat glauben machen wollen. Er
hatte wohl zahllose galante Händel, aber sie wurden leicht
begonnen und leicht geendet, wenigstens in den meisten
Fällen, und um sie sich romantischer zu gestalten, schuf er
sich selbst mannigfache Schwierigkeiten und umgab seine
Liebschaften vor allem im Beginn mit einem geheimnisvollen Schleier. Er heuchelte Eifersucht, aber es war ihm damit
nicht ernst. Gewöhnlich hatte er es mit Frauen zu tun, die
schon durch mehrere Hände gegangen waren, und er ver-
schmähte auch nicht die gewöhnlichsten Dirnen. Seine
Mätressen glaubten, er liebe sie so, wie er es ihnen sage.
Aber „er hat sie nur zu seiner Lust, und da diese Leidenschaft die herrschende in ihm ist, kann er viel hinnehmen,
um seine Freuden nicht einzubüßen; doch wenn das, was er
von seinen Mätressen erträgt, und was sie als einen Beweis
seiner Liebe ansehen (was er sehr gut bemerkt), sie unver-
schämt macht, verläßt er sie, wie es vernünftig ist. Doch
dann klagt man ihn an, die Veränderung zu lieben." Gerade
so steht es mit seinen Ministern. Wenn sie sich ihm unent-
behrlich gemacht zu haben glauben und nach eigenem
Ermessen handeln wollen, wird er mißtrauisch, und sie verlieren sein Vertrauen, während er die, die nach seinen Absichten handeln und sein Interesse vertreten, stützt und för-
dert.

So, in hohem Maß widerspruchsvoll, stellt sich August in
der Schilderung seines Günstlings vor uns. Er wollte ein
großer Soldat und Feldherr sein und nannte sich selbst in
seinen Jugenderinnerungen Pallantes. Er war wohl „tapfer
wie sein Degen", und wenn man seinen Vater den sächsischen Mars nannte, so ihn den sächsischen Herkules und
Simson, und die Türken tauften ihn „die Eisenhand", wie

sie seinen Vetter und Feind Karl XII. von Schweden den „Eisenkopf" nannten. Aber als Feldherr leistete er nichts, weder gegen die Türken noch gegen die Schweden. Er hatte keine fähigen Generale. Einzig Schulenburg, der spätere venezianische Feldmarschall, zeichnete sich aus; aber auch er verlor gegen die Schweden, da die sächsische Armee vollständig demoralisiert war. Es herrschte in ihr, wie er sagt, weder Disziplin noch Subordination, noch Gerechtigkeit; die Offiziere machten ungeheure Schulden, waren fast immer betrunken, gehorchten den Generalen nicht und wurden noch überdem bei und mit ihren Debauchen und ihrer Insubordination am Hofe vertreten.

Schon im Juli 1695, als August sich in Wien befand, von wo er in den Türkenkrieg gehen wollte, schrieb der englische Gesandte Stepney in Dresden aus Frankfurt an seinen Wiener Kollegen Lexington, August kenne keinen besseren Zeitvertreib als Tanzen und Ballschlagen: „Ich hatte gehofft, er werde dies Faulenzerleben lassen und sich zu den Geschäften kehren, wenn er unter die Augen des Kaisers gekommen. Aber ich fange an zu glauben, er wird eine Billardtafel und ein Ballhaus mit ins Lager nehmen." August wollte auch aus Feldzug und Krieg ein Fest machen, und das berühmte Mühlberger Lager ist nichts weiter als ein militärisches Hoffest.

Auch als Staatsmann hat er in allem fehlgegriffen. Abergläubisch in hohem Grade, immer auf der Suche nach geomantischen Büchern, dem Stein der Weisen, der berühmten Tinktur, die aus unedlem Metall Gold machen sollte, glaubte er fest an die Prophezeiungen des Schneeberger Schwärmers Paul Grebner, der den Wettinern die Herrschaft über Osteuropa weissagte: Ein Augustus sollte 1696 König von Polen werden, dann deutscher und griechischer Kaiser, in

Adrianopel sterben und in Konstantinopel sein Grab finden; selbst einen Teil Asiens werde sein Feldherr, ein Sproß der Häuser Dänemark, Holstein und Württemberg, ihm unterwerfen, und nur die Bourbonen würden sich dann noch mit den Wettinern an Macht messen können. Wirklich konnte er sich, wenn auch erst ein Jahr später, die Polenkrone aufsetzen, und einen württembergischen Prinzen, Herzog Ferdinand Wilhelm, hatte er für seinen Dienst gewonnen. Als er 1697 beim Karneval als Sultan an der Spitze eines Trupps Janitscharen erschien, zeigte er durch diese Maskerade seine Hoffnungen symbolisch an. Aber das polnische Abenteuer mißglückte vollkommen, kostete ihn viele Millionen und Truppen und Kriegsgerät, und damit waren all seine Pläne gescheitert. Die Erwerbung des Piastenthrons allein kostete elf Millionen Taler, und eine damals erscheinende Spottmünze zeigte einen Bauern, der ein Mädchen auf einem Schubkarren fuhr, mit der Umschrift: „Ich fahre Sachsen nach Polen." Um die Mittel für die Erwerbung und Behauptung Polens aufzubringen, wurden Anleihen in Holland aufgenommen, Länderteile veräußert und neue Steuern eingeführt. Die Behauptung der polnischen Krone kostete nach dem Theatrum Europaeum Sachsen 88 Millionen Taler, 40.000 Mann Truppen und 800 Kanonen.

Auch als Karl XII. von Schweden durch den Zaren geschlagen war und August wieder in Polen erschien, blieb er doch nur ein Scheinkönig. Er trieb eine ganz dynastische und selbstsüchtige Politik und regierte in Sachsen ganz absolut: Alles sollte nur ihm und seinem Glanz dienen, und seine Hofdichter Besser und König priesen ihn in der schwülstigen Manier der Zeit. Wohl blühten durch seinen Merkantilismus Industrie und Gewerbe im Lande, brach sich „im Zion der lutherischen Rechtgläubigkeit" Toleranz

durch ihn Bahn, wohl erhob er Leipzig zur ersten Messe-
stadt Deutschlands und machte Dresden durch seine Prachtliebe zu einer vielbesuchten Fremdenstadt, aber sein ange-
stammtes Land büßte schwer unter seinem maßlosen Trieb
ins Weite und seinem Mangel an Verständnis für die seiner
in Sachsen harrenden Aufgaben, wie man treffend gesagt
hat, und unter ihm ging die Vormachtstellung der Wettiner
unter den deutschen Protestanten verloren.

Die Gräfin von Königsmark war am Dresdner Hof keine Fremde. August, der mit ihrem verschwundenen Bruder
Philipp Christoph auf vertrautem Fuß stand, hatte sie auch
schon früher gesehen, war ihr aber nicht nahegetreten. Jetzt
verliebte er sich in sie und suchte sie zu gewinnen. Als sie
kam, um seine Hilfe für ihren Bruder zu erbitten, war er in
Leipzig, dann jagte er bei Meißen, und erst nach einem Monat konnte ihn Aurora sprechen, die sich inzwischen schon
die Gunst seiner Mutter und seiner Gemahlin gesichert hatte. Er versprach ihr seinen Beistand und bat sie, in Dresden
zu bleiben, bis die dunkle Angelegenheit geklärt sei.

Pöllnitz hat in seinem Buch „Das galante Sachsen" den
Liebeskrieg zwischen August und Aurora im einzelnen geschildert, wobei, wie immer bei ihm, Wahrheit und Dichtung ineinandergeht. Aurora wies anfangs Augusts Werbung
zurück und entflammte ihn dadurch natürlich noch mehr.
Er wandte sich an seinen getreuen Beichlingen, der ihm
schon als Prinz gefällig gewesen war und ihm erklärte, daß
er nicht hoffen dürfe, eine Weltdame wie die Gräfin von Königsmark werde sich schon nach dem ersten Angriff ergeben. Pöllnitz schmückt das ganze Geplänkel mit seinen
Briefen, Antworten, Liebesgesprächen nach seiner Art aus
und erzählt, daß Aurora schließlich dem Kurfürsten ihre
Neigung gestanden, worauf er ihr kostbare Geschenke ge-

macht und nach seinem Jagdschloß Moritzburg abgereist sei, um sie hier würdig zu empfangen.

Als sie ihm bald danach mit den schönsten Hofdamen, die alle prächtig als Amazonen gekleidet waren, folgte, sah sie nahe dem vor Moritzburg liegenden Walde zu ihrem Staunen einen vorher noch nicht dagewesenen Palast, und als sich ihr Wagen vor diesem Schloß befand, sprangen die Flügeltüren auf und Diana (Frau von Beichlingen), umgeben von ihren Nymphen, trat heraus, begrüßte die Göttin Aurora und lud sie ins Schloß, um den Treueid der Waldgötter entgegenzunehmen. Aurora mit ihrem Gefolge trat in einen großen Saal, der mit Bildern geschmückt war, die Szenen aus dem Leben der Jagdgöttin darstellten wie Endymions Tod und Aktäons Strafe. Als das Mahl erscheinen sollte, öffnete sich der Fußboden und eine mit köstlichen Speisen besetzte Tafel stieg herauf, an der sich die beiden Göttinnen mit ihrer Gefolgschaft niederließen. Bald erklangen Oboen, Pfeifen und Schalmeien und kündigten die Ankunft des Gottes Pan (Augusts) mit seinen Faunen und anderen Waldgöttern an, die die galantesten Herren des Hofes darstellten. Pan setzte sich neben Aurora und unterhielt sie mit gleichem Eifer und Feuer wie seine Begleiter die Amazonen und Nymphen. Nach aufgehobener Tafel erscholl Hundegebell und Hörnerklang: Meute und Jäger eilten einem mächtigen Hirsch nach. Pan, Aurora, Diana und ihr Gefolge ritten und fuhren der Jagd nach. Der Hirsch stürzte sich in den vor Moritzburg liegenden Teich, von den Hunden gefolgt, und als die Damen auf Gondeln nach der im Teich liegenden Insel kamen, konnten sie dem Halali beiwohnen. Darauf begaben sie sich in ein auf der Insel aufgeschlagenes prachtvolles türkisches Zelt, wo ihnen 24 reichgekleidete Türkinnen in silbernen Körben Erfrischungen boten. Nun öffnete sich ein anderes Zelt, und umgeben von den Großoffizieren des Serails erschien der Kurfürst als Sultan in einem von Edelsteinen blitzenden Kleid. Er ließ sich mit Aurora auf einem Polster nieder, während die andere Gesellschaft an kleine Tische sich setzte, um die von zahlreichen Männern und Frauen ausgeführten türkischen Tänze anzusehen. Nach diesem Intermezzo folgte eine Wasserfahrt mit Musik und darauf die Fahrt nach Moritz- burg, wo August seine Dame in ihr mit vollendeter Pracht geschmücktes Zimmer führte, in dem das Bett das Glanz- stück war: Die silbern verbrämten Vorhänge aus aurorafar- benem Seidendamast wurden von Amoretten gehalten, die Mohn, Rosen und Anemonen über das Lager auszuschütten schienen. An den Wänden hier und in den anderen Gemä- chern hingen Bilder mit Schilderungen der Liebe Auroras und Titans. „Hier sind Sie wirklich und wahrhaft Königin", sagte der galante Kurfürst, „und wäre ich ein noch so gro- ßer Herr, ich würde Ihr Sklave werden." Er ging, damit sie und auch er selbst sich umkleiden könnten, und als er wie- der erschien, führte er sie in den Theatersaal, wo es „Psyche avec ses Agréments" gab. Beim Abendessen fand Aurora auf ihrem Teller ein Bukett von Diamanten, Rubinen, Sma- ragden und Perlen, und den Ball eröffnete sie mit August. Aber mitten im Fest verschwanden die beiden, und man war taktvoll genug, es nicht zu bemerken.

Tagelang folgte ein Fest dem andern, und wenn August Geschäfte in Dresden hatte, kehrte er doch immer eilig nach Moritzburg zurück: Er besuchte nicht einmal seine Gemahlin und seine Mutter. Aber Aurora war so klug, ihn zu bitten, auf beide alle erdenkliche Rücksicht zu nehmen, wie sie es überhaupt durch ihr freundliches Wesen und ihr bescheidenes Auftreten verstand, sich nach Möglichkeit gegen den Neid und die Mißgunst der anderen Damen zu sichern. In Dresden, wo sie als erklärte Mätresse ein prächtiges Haus bezog, wurden im Winter die Feste fortgesetzt. Der Kurfürst speiste alle Abende bei seiner Geliebten und gab große Banketts, an denen der ganze Hof teilnahm. Im Januar 1695 hielt August seinen ersten prächtigen Karneval in Dresden, der Fremde aus ganz Deutschland anzog. Im Mai ging er nach Karlsbad, und der englische Gesandte in Dresden schrieb seinem Wiener Kollegen: „Er nimmt mit sich seine ordentliche Mätresse Fräulein Klengel, seine außerordentliche die Königsmark und findet eine dritte dort zu seiner Disposition – Fräulein Altheim (oder Althann)." Das Fräulein Clingle, wie es in den Lexington Papers genannt wird, ist Fräulein Kessel, die dann mit einem v. Haugwitz vermählt wurde, wie denn August seine abgedankten Mätressen überhaupt gern an willfährige Männer verheiratete.

Aurora besaß also durchaus nicht allein die Gunst des reicher Abwechslung bedürftigen Kurfürsten, aber sie fand sich auch hier mit Takt in das Unabänderliche. „Wir verbringen hier unsere Zeit so lustig als möglich", schrieb Stepney weiter aus Karlsbad, „Wir haben ein Haus gebaut, das 2.000 Gulden kostet und nicht länger dauern wird als Jonas' Kürbis. Es ist von italienischer Erfindung, mit vier Retiraden, Halbdunkelplätzchen, Ruhebetten und allen anderen beweglichen Gegenständen, die das Liebeshandwerk erleichtern. Wir haben von Dresden sechs Waggons voll von Lüstern und Spiegeln zur Ausschmückung des Gebäudes mit hergebracht und den 6/16 (Juni) sollen wir eine Maskerade haben, worin die Königsmark die Diana vorstellt und von sechs Nymphen gefolgt auftritt. Ich kann nicht sagen, wem die Rolle des Aktäon zufallen wird, aber ich wage zu schwören, daß Hörner aufgesetzt werden, ehe die Nacht vorüber ist, denn ich verstehe, daß das die Hauptsache bei der Lustbarkeit ist." Schon einen Monat darauf meldet er, als er von Augusts Treiben in Wien erzählt: „Fräulein Lamberg ist ein hübsches Geschöpf, ich hoffe, sie wird ihn die Königsmark vergessen machen." Also war schon wieder ein neuer Stern an Augusts Liebeshimmel erschienen, und als er nach Warschau ging, nahm er wieder drei Mätressen mit, Aurora, die Lamberg und die Spiegel, diese eine bei der Eroberung Ofens erbeutete schöne vornehme Zirkassierin, die, von Aurora aufgezogen, sie begleitete und dann mit Augusts Kammerdiener, dem später geadelten und Oberstleutnant gewordenen Spiegel, verheiratet wurde. Alle drei wurden im Warschauer Schloß einquartiert. Aurora glaubte noch immer die Favoritin zu sein, aber der Kurfürst hatte seine Gunst bereits den beiden andern zugewandt, die auch voneinander nicht wußten, daß August sie mit seiner Neigung beehrte. Als Aurora nach Dresden zurückkehrte, war ihre Rolle als erklärte Mätresse des Kurfürsten schon zu Ende. Sie fand sich damit nach ihrer gewohnten sanftmütigen und taktvollen Art ab. Sie machte keine Szenen, wie sie auch mit den anderen Damen, die sich der sehr flüchtigen Neigung Augusts erfreuten, immer gut stand. Sie hatte sich, weltkundig wie sie war und mit dem Charakter Augusts vertraut, wohl nie Illusionen über die Dauer ihres Liebeshandels mit dem Kurfürsten hingegeben.

Aber sie hatte ihn doch an sich durch das Kind, das sie von ihm erwartete, gebunden. Im gleichen Monat Oktober 1696, in dem August der legitime Nachfolger geboren wurde, kam auch Aurora mit einem Sohn nieder, der in Erinnerung an die schönen, nun aber schon vom Kurfürsten vergessenen Tage in Moritzburg Moritz getauft wurde, sich einen großen Namen als Soldat und Marschall von Frankreich machte und die drei Siege von Fontenay, Raucoux und Laffeld in die Kriegsgeschichte seines Jahrhunderts zu seinem Ruhm verzeichnete. Am 4. Dezember 1696 schrieb die Kurfürstin Sophie von Hannover an ihre Nichte, die Raugräfin Louise:

Alles, was man mir von der Königsmarkin hatte geschrieben, war nur Mutmaßung, aber nun ist es sicher, daß sie zu Goslar, einer Reichsstadt am Harz, von einem Sohn niedergekommen ist; sie soll gesagt haben, nun hätte sie ihre Wette gewonnen. Sie ist nun schon wiederum in Dresden. Der Kurfürst von Sachsen ist auf der Post da wieder angelangt, hat den selbigen Tag, nachdem er bei seiner Gemalin ist gewesen, im Ballhaus gespielt und nach dem Ring gerannt, ohne zu der Königsmarkin zu gehen, will vielleicht seiner Mätresse zu Wien keine Jalousie geben; es ist eine Lamberg, hat einen Grafen Hinserle (Esterle) geheiratet; sie hat Ihre Liebden schon dreimalhunderttausend Taler gekostet. Die Königsmarkin hat nur einen Sohn davon.

Und am 2. Januar 1697 schreibt Liselotte von der Pfalz an ihre Tante, die Kurfürstin Sophie:

Die Aurora Königsmarkin muß eine wunderliche Creatur sein und gantz ohne schamhafftigkeit, daß sie burgermeister und sindicus in einer statt zu zeugen nimbt, wie sie einen bastard auff die Welt bringt. Mich deucht, Teutschland wird gantz anderst, alß es zu meiner Zeit war, denn von solchen unverschämbten sachen habe ich nie gehört ...

Aurora, die als erklärte Mätresse Augusts wirklich nur eine

Aurora war, wußte sich am Hof auch noch zu behaupten, als die neue Favoritin Lamberg mit August erschien. Sie war zu ihr von ausgesuchter Höflichkeit und verfolgte sie weder mit Mißgunst noch Neid und tat, als habe sich in ihrem Verhältnis zu August nichts geändert. Dieser wußte den feinen Takt seiner verlassenen Geliebten zu schätzen und blieb in einem, wenn auch mit den Jahren kühler werdenden, Freundschaftsverhältnis zu ihr, die unter seinen Favoritinnen die einzige ist, die er nicht verheiratete.

Nach der Geburt ihres Sohnes erhielt Aurora im November 1696 reiche Geschenke von August: Edelsteine, Stoffe, Spiegel „und andere Galanterieen" und die Zusicherung von 50.000 Talern in der Neujahrsmesse. Sie bekam auch das Geld, wenn auch erheblich später.

Weltgewandt wie sie war, dazu noch im Besitz vieler vorteilhafter Beziehungen, suchte sich Aurora selbst eine unabhängige Stellung zu schaffen: Sie wünschte Äbtissin des Quedlinburger Stifts zu werden, dessen Leiterinnen Reichsfürstenrang hatten und dessen Damen meist Prinzessinnen oder Töchter der vornehmsten adligen Häuser waren. August war Schutzherr des Stifts, und Aurora konnte auf seine Unterstützung rechnen; außerdem kannte sie bereits seit geraumer Zeit die gegenwärtige Äbtissin Anna Dorothea, eine Prinzessin von Sachsen-Weimar, die von der Gräfin, der Freundin Augusts, allerlei Förderung der Interessen des alten Stifts erhoffte.

Es glückte auch Aurora, trotz mannigfacher Intrigen einiger Stiftsdamen, vorläufig zur Koadjutorin, d.h. zur vorausbestimmten Nachfolgerin der Äbtissin, erklärt zu werden, nachdem sie sowohl ihre Schwangerschaft wie die Geburt ihres Sohnes aufs beste verheimlicht hatte, da ihr sonst alle Aussicht genommen worden wäre, an die Spitze des altehrwürdigen Jungfrauenstifts zu treten. Sie mußte sich nun um die kaiserliche Bestätigung ihrer Wahl bemühen, die aber wegen „der furchtbaren Maschine des kaiserlichen Hofes, in der alle Sachen sehr langsam gehen", wie ihr Schwager Löwenhaupt schrieb, nicht so bald zu erhoffen war.

Während sie diese Angelegenheit eifrig betrieb, reiste sie nach ihrer rastlosen Art, die sie mit August gemein hatte, umher, wie immer überall gefeiert und umschwärmt, und von Hamburg aus bewarb sich ein alter Bekannter, der kürzlich verwitwete Herzog von Württemberg-Öls, Christian Ulrich, um ihre Hand. Aber August, so heißt es, war gegen diese Ehe und so wurde nichts daraus. Sie selbst mochte mit dieser Heiratsaussicht gerechnet haben, sonst hätte sie kaum zu ihren vielen anderen Schulden eine neue gehäuft. Um das Rittergut Wilksen bei Öls kaufen zu können, lieh sie 10.000 Taler, aber nach einigen Jahren verkaufte sie es wieder, und aus diesem Geschäft folgten eine Reihe Prozesse, die noch 25 Jahre später in vollem Gang waren.

Als August, um die Mittel zur Erwerbung der polnischen Krone zu schaffen, Landesteile veräußerte und auch Quedlinburg durch seinen Bankier, den Juden Lehmann, an Brandenburg verkaufte, verschlechterten sich Auroras Aussichten, im Stift eine hervorragende Stellung einzunehmen, bedeutend. Ihre Schwester, die Gräfin Löwenhaupt, schrieb einen Augusts Verhältnisse scharf bezeichnenden Brief am 15. Januar 1698:

Der Verkauf Quedlinburgs ist eine abgemachte Sache und der Äbtissin durch einen brandenburgischen Gesandten bekannt gemacht ... Die arme Fürstin nimmt daran großes Ärgernis und protestiert in allen Formen wider diesen unerhörten Handel ... Sie mag nun immerhin schreien; sie ist mit

ihrem ganzen Kapitel verkauft. Am meisten bringt sie es auf,
daß ein Jude das Geschäft gemacht hat. Meine Schwester ist
in dem Vertrage mit aufgenommen, und der Kurfürst von
Brandenburg hat ihr sehr verbindlich die Versicherung
gemacht, daß er sie in ihren Rechten schützen und ihre Wahl
eifriger, als von hier (Dresden) aus geschehen, unterstützen
wolle. Doch die Worte der Fürsten gelten ihnen nicht als Ge-
setze, noch weniger ihre Schreiben. Man beschränkt übrigens
den Hof. Der Oberküchenmeister und alle Unterdiener sind
verabschiedet, man vermindert den Pferdebestand sehr. Der
Oberstallmeister, viele Stallknechte wie auch die unnützen
wilden Tiere, Leoparden, Auerochsen, Affen, Papageien und
ihre Aufwärter sind abgeschafft.

August wurde in Sachsen sparsam, um Geld für Polen
zusammenzuscharren. Die Äbtissin mochte protestieren,
soviel sie wollte, Brandenburg besetzte Quedlinburg und er-
zwang die Huldigung, die indes von der Äbtissin und allen
von ihr abhängigen Körperschaften hartnäckig verweigert
wurde.
Um sich die Hilfe der klugen, welterfahrenen Aurora in dieser bedrängten Lage zu sichern, versprach ihr die Äbtissin
in einer Urkunde die Nachfolge in ihrer Würde und ernannte sie auch, als die Pröpstin des Stifts ihre Stelle niederlegte,
zu deren Nachfolgerin. Aber Aurora enttäuschte ihre Hoffnungen und Erwartungen. Sie war nur selten in Quedlinburg, mißachtete den Rat der Äbtissin, „sich der übrigen
Welt zu entschlagen und dem Stiftsbriefe zu folgen", und
war ständig auf Reisen. Sie wollte auch ihr Ziel durch Bran-
denburg-Preußen erreichen und ließ es ihm gegenüber an
Bereitwilligkeit, sich auf Kosten der Stiftsrechte die Nachfolge in der Äbtissinwürde zu erkaufen, nicht fehlen. Sie

war und blieb ein Weltkind und hatte ihre Freude an großer Gesellschaft, wo man ihre geistigen und körperlichen Vorzüge zu würdigen wußte. Sie fand viele Bewerber und erhielt zahlreiche Liebesbriefe von schmachtenden, unerhörten Verehrern. So schreibt einer:

Niemand in der Welt hat mehr Geist als Sie, und zwar einen Geist, der immer erheitert. Sie gehören nicht zu den Schönheiten, die nur beim ersten Anblick überraschen, sondern zu denen, die um so mehr bezaubern, je länger man sie bewundert, denn Anmut ist von Ihnen unzertrennlich ... So habe ich mich Ihnen schon längst gewidmet; Sie dürfen dies nicht von dem Tag her zählen, wo ich das Glück hatte, Sie zu sehen. Seien Sie vielmehr so gerecht zu erwägen, daß ich früher von dem Ruf und Glanz Ihres Geistes bezaubert war als von dem Ihrer Schönheit, die dem Wechsel unterworfen ist ...

Dann gibt er eine entzückte Schilderung ihrer körperlichen Reize und schließt:

Alles muß den Unempfindlichsten mit seligen Gefühlen erfüllen.

Sie war auch noch jetzt, wo sie schon die Dreißig überschritten hatte, eine Frau, die es mit jüngeren Schönheiten aufnehmen konnte. Und wenn sie auf der anläßlich ihrer kühnen Reise zu dem Schwedenkönig geprägten Denkmünze als eine reizende Delila dargestellt wurde, die sich den starken Simson Karl XII. zu unterwerfen sucht, war auch das ein ihren noch immer bedeutenden körperlichen Reizen mit vollem Recht gezollter Tribut.

Augusts polnisches Abenteuer hatte gleich übel begonnen, und schon Anfang des Jahres 1702 war der König so weit, daß er einen Frieden mit Karl XII. sehnlichst wünschte. Aber offen konnte er ihn nicht suchen, und so war es ihm mehr als willkommen, als Aurora in eigenen Angelegenheiten den Schwedenkönig in seinem Hauptquartier zu Würzau nahe Mitau aufsuchen wollte. Bei Kriegsbeginn hatte Karl seine in fremden Diensten stehenden Untertanen heimgerufen, doch Löwenhaupt hatte diesem Befehl nicht Folge geleistet, ja sogar Truppen für August geworben. So wurden die schwedischen Güter des Grafen mit Beschlag belegt und er fast für einen Landesverräter angesehen. Aber nicht nur für den Schwager wollte sich Aurora verwenden, auch für die königsmarkischen Güter in Schweden wollte sie die Gnade des Königs nachsuchen, den sie, wie Löwenhaupt schreibt, „von seiner Kindheit her kennt; sie wird ihn daran erinnern, was ihr der verstorbene König bei ihrer Abreise sagte", so daß sie wohl aufgenommen zu werden hoffen durfte.

Aurora wollte ihre Reise nicht ohne Einwilligung Augusts unternehmen, ging von Breslau, wo sie sich im Winter 1701 aufhielt, nach Warschau und bekam hier von ihrem einstigen Geliebten, der jetzt die Fürstin von Lubomirski-Teschen zur Favoritin hatte, den diplomatischen Auftrag, mit Karl über den Frieden zu verhandeln, einen Brief Augusts an Karls vertrauten Minister Piper, einen zweiten an Karl selbst und 4.000 Reichstaler Reisegeld, die ihr sehr willkommen waren. Wie sehr nicht nur Sachsen und Polen, sondern auch Schweden unter dem Krieg litt, hören wir von Auroras Schwester, die im gleichen Jahr nach Stockholm ging, wo sie alles so „schrecklich verändert" fand,

... daß ich weder bei Hofe, noch wo man hinkommt, das Ge-

ringste wieder erkenne. Kein Mann von Stand ist mehr in der Stadt zu sehen, die Männer sind in den Krieg, und die Frauen leben in großer Armut in den Dörfern. Die Wenigen, so nicht dem Krieg haben folgen können, verkriechen sich wie die Maulwürfe. Es hat keiner so viel, daß er sich ein Kleid kann machen lassen, viel weniger Equipage halten. Niemand kommt zusammen, und man hört nichts als Seufzen nach dem Frieden. Bei Hofe ist die Herrschaft so gnädig, daß es von allem consoliren kann, aber dabei so eingezogen und still wie ein Karthäuserkloster. In der Stadt werden zweimal die Woche Komödien gespielt; weil die alten Familien nicht das Vermögen und den Mut haben, hineinzugehen, sieht man nichts als unbekannte Gesichter, die aber doch alle jetzt in großem Ansehen sind.

Mit einem kleinen Gefolge, das vielleicht gerade hinreichte, um sie vor Angriffen von Gesindel zu schützen, machte sich Aurora auf ihre abenteuerliche Fahrt, die ihre Schwester eine Torheit nannte, während Löwenhaupt erklärte, daß sie mehrere Gefahren bestanden, die sie zu den Heroinnen des Jahrhunderts erheben. Sie konnte sich kaum schmeicheln, Karl, der im Gegensatz zu seinem Vetter August allen Galanterien durchaus abhold war, durch ihre körperlichen Reize zu gewinnen; sie mußte ganz auf ihre weibliche Gewandtheit und Klugheit vertrauen. Aber obschon sie gut aufgenommen wurde, glückte es ihr doch nicht, den König zu sprechen. Endlich legte sie sich wie in einen Hinterhalt, um Karl bei einem seiner vielen Spazierritte abzufangen. Sie traf ihn auch einmal in einem sehr engen Weg und stieg aus ihrem Wagen, um ihn zu grüßen, doch kaum war der König ihrer gewahr geworden, da lüftete er den Hut und wandte eiligst sein Pferd. So gut sie vermochte, setzte sie sich bei

Piper für August ein, und wenn es nicht zum Frieden kam, trug sie keine Schuld daran, sondern die politischen Umstände. Sie gab aber ihre Hoffnung nicht auf, und August sandte auf ihren Bericht seinen Günstling Vitzthum zu ihr. Sie veranlaßte diesen, ins Schwedenlager zu reisen, um mit Karl zu verhandeln, aber der ließ den unangemeldeten Gesandten, der ohne Erlaubnis gekommen war, festnehmen. Man erfuhr bald von Auroras Reise zum Schwedenkönig – vielleicht schwatzten ihre Begleiter oder sie ließ aus Eitelkeit selbst ein unvorsichtiges Wort fallen – , und bald wurde eine Spottdenkmünze geschlagen, die auf der einen Seite eine reich geschmückte Delila zeigt, die Simson zu verlocken sucht, der sie aber mit grimmen Blicken flieht, mit der Devise: „non hic sed ex altera parte". Auf der anderen Seite waren die Heldentaten Simsons dargestellt. Ebensowenig schmeichelhaft für sie war der Vers in einem kleinen Gedicht, das sich auch auf ihre abenteuerliche Fahrt bezog:

> *Die Gräfin räume nur das Feld!*
> *Doch kömmt die rechte Göttin süßer Liebe*
> *Und klopfet an – o Mars, du starker Held,*
> *Wer weiß, ob deine Tür verschlossen bliebe?*

Aurora hatte nicht übel Lust, noch einmal ins Schwedenlager zu reisen, aber sie nahm doch schließlich davon Abstand. Nachdem sie wieder mit August durch ihre Mission in engere Beziehung gekommen war, bemühte sie sich, ihre Verbindung mit dem sächsischen Hof noch enger zu gestalten, zeigte sich häufig in Dresden und Leipzig, wohin die Messe stets eine Fülle angesehener Personen zog, und stand auch mit dem Livländer Patkul, der die russischen Hilfstruppen befehligte und Peters Gesandter in Dresden war, in freundschaftlichen Beziehungen. Patkul, der im Interesse des Zaren für unbedingte Fortsetzung des Krieges war, verfaßte auf Ersuchen Augusts eine Denkschrift, in der er sich über die sächsischen Verhältnisse äußern sollte. Er tat es mit aller Offenheit. Diese Schrift wurde aber, wie er an Aurora schreibt, ihm gestohlen und kam, obwohl sie streng vertraulich behandelt werden sollte, in die Hände fremder Personen und anderer Höfe. Er bat sie, ihm auf die Spur der Diebe und Verräter zu helfen. Ob es ihr gelang, ist nicht bekannt. Doch Patkul mußte jenen Diebstahl schwer büßen, August setzte ihn auf die Festung und lieferte ihn im Altranstädter Frieden, in dem ihn Karl als seinen landesverräterischen Untertan reklamierte, dem Schwedenkönig aus, wofür er sich von Peter einen ehrvergessenen Fürsten nennen hören mußte.

Noch immer fehlte es Aurora nicht an Bewerbern. Ihr alter Verehrer, Herzog Anton Ulrich von Wolfenbüttel, der sie als Apoll gekleidet in seinem extra dazu nach Hamburg beorderten Galawagen vor Jahren zur Dichterkrönung gefahren hatte und nun Witwer war, machte ihr 1704 einen Heiratsantrag und wiederholte ihn später noch einmal. Aber auch aus dieser fürstlichen Partie wurde nichts, und sie spielte weiter ihre große Rolle als jetzt schon freilich langsam verblühende und allmählich stärker werdende Weltdame, wenn sie auch immer mit Geldverlegenheiten zu kämpfen hatte. Um die königsmarkischen Vermögensverhältnisse stand es übel, und Bittschriften an Karl und seinen Minister blieben ohne Wirkung. Als die Schweden in Sachsen einrückten und Piper in Leipzig einen glänzenden Hof hielt, setzte sich Aurora wieder mit ihm in Verbindung. Er zeigte sich auch hier wie in Würzau nicht unempfänglich für ihre Liebenswürdigkeiten und wollte sie sogar zur Hochzeit seiner Schwägerin einladen, nachdem Karl dazu seine Erlaubnis gegeben. Aber schließlich scheiterte seine Bemühung an der leidigen Etikettenfrage, ob ihr die anderen vornehmen schwedischen Damen den Vorrang lassen würden. „Den kann sie auch nicht verlangen, denn sie ist eine Hure und hat keinen Rang", erklärte barsch der König, und auf Pipers Bemerkung, daß sie doch einem der berühmtesten schwedischen Häuser angehöre und, wenn sie sich auch vergangen, dies doch mit einem König geschehen sei, setzte er ärgerlich hinzu: „Ein König oder der gemeinste Kerl, das ist hierin einerlei. Sie ist und bleibt eine Hure und kann wegbleiben." Doch trotz der Mißachtung Karls behauptete Aurora ihre Stellung in der in Leipzig versammelten glänzenden Gesellschaft, sie hatte die Interessen der Königsmarks zu vertreten und schloß sich aus dem gleichen Grund an die Schwägerin Karls XII. an, eine Herzogin von Holstein-Gottorp, die nach dem Tode der alten Anna Dorothea von Sachsen-Weimar zur Äbtissin des Quedlinburger Stifts gewählt wurde. Sie hoffte durch sie die Freigabe ihrer schwedischen Güter zu erlangen. Ihr eigenes Verhältnis zum Stift blieb immer ein äußerliches. Sie hatte den Krieg gegen ihre hochadligen Feindinnen in Quedlinburg verloren und mußte sich mit der bisher gewonnenen Würde einer Pröpstin begnügen. Sie fühlte sich im Stift nicht wohl und zog es vor, solange es ihre Schönheit und ihr Geldbeutel erlaubten, auf Reisen zu gehen. Erst als beides zu schwinden anfing, wurde sie seßhafter.

Ihr Sohn wuchs heran und zeigte sich früh in vielem seinem Vater ähnlich, zu dem er aber in kein recht vertrautes Verhältnis kommen konnte. Sie erlebte noch die frühe Heirat und rasche Scheidung ihres Moritz, sein kurländisches Abenteuer, das infolge seiner Leichtfertigkeit ebenso

mißglückte wie das polnische seines Vaters, und seine Rückkehr nach Paris, aber nicht mehr seinen ruhmreichen Aufstieg als Feldherr in französischen Diensten.

Sie muß noch im vierzigsten Jahr eine schöne stattliche,
wenn auch schon ein wenig rundliche Frau gewesen sein,
der ihre gute heitere Laune treu blieb in dem kleinen Krieg,
den sie mit den feindlichen Stiftsdamen zu führen hatte,
und in all ihren Geldverlegenheiten. Sie hatte auch jetzt
noch viele galante Briefe zu empfangen, aber all ihre flüchtigen, wie tieferen Liebeshändel bleiben wie vorher verdeckt.
Ein Graf von Friesen schreibt ihr:

Seit mir die Freuden Ihres Umgangs nicht nach gewöhnlichem
Standpunkt, wie zuvor, wurden, befriedigt mich kein von Ih-
nen fern verlebter Augenblick, welche sonst teure Unterhal-
tung er auch zu bieten vermag ... Alle Zeit der Trennung von
Ihnen bringe ich untätig zu — daher die Langeweile ... ich
mache zahlreiche Pläne, Sie allein sicher sehen zu können —
daher die Sehnsucht ... verwandeln Sie die wildeste Leiden-
schaft in treue Verehrung und in zärtliche Dankbarkeit, mit
der ich ewig bin der zuverlässigste und treuergebenste Ihrer
Sklaven.

Und als Herzog Ludwig Rudolf von Braunschweig ihr
einen achtendigen Hirsch schickte, sagte er, er glaube ihn
nicht besser nutzen zu können als in Darbietung an die
nachbarliche Schutzgöttin und Nymphe, und auf ihren
Dankbrief erwiderte er:

Der Hirsch konnte kein besseres Schicksal haben, als sein
Grab in dem wahrhaften Tempel so vieler Schönheit zu finden
... vom Hundejungen bin ich jetzt Jäger geworden, mithin muß

ich durch die Wälder jagend meine Göttin haben, und diese sind Sie, schöne Aurora ... mehr als die Sonne selbst liebe ich diese Aurora.

Die Stille ihres Quedlinburger Lebens wurde durch manchen hohen Besuch belebt, und eine besondere Genugtuung war es für sie, den Sohn des Zaren, Alexei, mit seiner Braut, der Tochter ihres Verehrers Ludwig Rudolf von Braunschweig, mit der herzoglichen Familie und andern hohen Herrschaften bei sich empfangen zu können. Daniel Otto Kegel verzeichnet in seinem „geweihten Myrthenkranz" die bei dieser Gelegenheit veranstalteten Feste:

Harfenisten, romantisch schön und kostbar gekleidet, mit Kränzen auf den Häuptern, spielten ihre Harfen. Ihnen folgten zwei ansehnliche Rechtskandidaten als Marschälle mit bekränzten Stäben und führten das Frauenzimmer an, aus dessen Mitte eine als Braut geschmückte Jungfrau trat, den festlichen Glückwunsch sprechend. Er schloß mit den Worten:

Was soll man dir für einen Namen geben,
Der lieblicher als Bräutigam?
Und weil du schenktest Herz und Leben
Der hohen Braut aus Brunos Stamm:
So leide, daß wir dir den Myrthenkranz jetzt
    reichen,
Dem auch die Kronen selbst an Zier und
    Anmuth weichen.

Dann traten andere Jungfrauen hervor und überreichten der zarischen Hoheit einen kostbar gezierten Myrtenkranz unter nochmaligem poetischem Glückwunsche, der besonders an die

herzoglichen Braut-Eltern gerichtet war und, mit güldenen
Buchstaben gedruckt, präsentiert wurde. Hieran reihte sich
eine Schäferei mit kurzweiligem Wettlauf nach einem Ham-
mel und gewöhnlichen Tänzen, worauf man sich nach Rang
und Stand im Lusthause und im Garten an Tafeln zur Mahl-
zeit setzte. Dabei wurde unter Pauken- und Trompetenschall,
mit fröhlichen Bezeugungen aus dem Geschütze und aufstei-
genden Raketen beschlossen. Dann begaben sich die hohen
Personen in ein über dem Bodestrom erbautes, mit grünem
Buschwerk künstlich überzogenes und möbliertes Lusthaus.
Baldachin und Fenster waren mit Kränzen geschmückt, und
auf dem Wasser und aus dem Garten ertönte Musik. Am fol-
genden Tage wurde auf dem abteilichen großen Saale, unter
gleichfalls angenehmer Musik, große Tafel gehalten, worauf
nach dem Mittagessen allerseits hohe Gäste im größten Ver-
gnügen voneinander schieden.

Der Zarewitsch lud die Gräfin nach Blankenburg ein, und
sie kam auch. Es heißt, daß sie ihre jetzt mit dem russischen
Hof angeknüpften Verbindungen auch in Augusts Interesse
verwertete, dem sie nie zu seinem Geburtstag und zum neu-
en Jahr zu gratulieren versäumte und der ihr nur sehr kühl
und förmlich erwiderte. Sie war ihm eine Fremde geworden,
die er über seinen späteren Mätressen vergessen hatte.

Mit den vorrückenden Jahren wurde sie ganz in Quedlinburg seßhaft, freute sich aller Besuche, sah häufig Gesellschaft bei sich, sang und spielte selbst bei den Konzerten,
die sie veranstaltete, und führte, wenn auch jetzt in engen
Grenzen, ihr altes weltliches Leben zum Ärger der frommen Stiftsdamen weiter, allmählich immer mehr von ihrer
Körperfülle bedrängt, von Engbrüstigkeit bedrückt, von der
Wassersucht gepeinigt.

Aus diesen letzten Jahren stammen auch wohl die von ihr erhaltenen geistlichen Gedichte, die in den „Nordischen Weihrauch oder zusammengesuchte Gedichte von schwedischem Frauenzimmer" aufgenommen wurden.

Nachdem sich ihr Zustand schon Ende 1727 bedeutend verschlimmert hatte, zwei Ärzte von gutem Ruf ihr nicht mehr Hilfe zu bringen vermochten, setzte sie ihren letzten Willen auf und starb in der Nacht des 15. zum 16. Februar 1728.

Ihre Hinterlassenschaft war sehr unbedeutend: eine kleine gute Bibliothek, viele Musikalien, eine große, aber veraltete Garderobe, einige Kleinodien, Silbergerät, an barem Geld 52 Taler, aber Schulden in vielen Ländern und Städten.

Ihr Testament verschwand, und der Vertreter ihres Sohnes Moritz beschuldigte den Bevollmächtigten der Löwenhaupts, es beseitigt zu haben.

Mit dem 17. Februar hub das vier Wochen während Trauergeläut von allen Türmen Quedlinburgs an. Ins Kirchenregister der stiftischen St. Servatii-Kirche wurde Namen, Tod und Todestag Auroras eingetragen; aber auch hier findet sich ihr Geburtsjahr und -tag nicht verzeichnet.

Über Aufbahrung und feierliche Beisetzung der Leiche haben wir keine, weder geschriebene noch, nach damaligem Brauch, gedruckte, Aufzeichnung, nicht einmal eine Leichenpredigt. „Weil sich Hinderungen hervorgethan" – die Beisetzung sollte „ohne großen Pomp" geschehen, aber die dafür angesetzten 1.000 Taler waren nicht da – stand die Leiche in einem kahlen Holzsarg über ein Jahr auf Streu in den Grüften.

Die Äbtissin benachrichtigte die Gräfin von Löwenhaupt, daß die „douce et bonne" Pröpstin Aurora gestorben sei, und bat um Entsendung eines Familienmitgliedes zur Teilnahme an der Beisetzung und zur Ordnung des Haushalts und Regelung des Nachlasses.

Trotz ihrer schlechten Finanzen war Auroras Hofstaat sehr zahlreich: Er umfaßte ein Kammerfräulein, drei Kammerjungfern, eine Ausgeberin, eine Kammer-, eine Wasch-, eine Küchenmagd, einen Propsteirat, einen Sekretär, einen Pagen, einen Hausverwalter, einen Koch, einen Tafeldecker, einen Diener, einen Kutscher, einen Boten, einen Küchenjungen; dazu kam noch einiges Hilfspersonal.

Ein junger Graf von Löwenhaupt erschien, verschwand aber rasch, als er bemerkte, daß seine Tante außer Prozessen und 21.000 Talern Schulden, die Zinsen hierfür ungerechnet, nichts Bedeutendes hinterlassen hatte.

Graf Moritz, Auroras Sohn, trat die Erbschaft *cum beneficio inventarii* an. Der Mobiliarnachlaß wurde öffentlich versteigert und mit seinem Erlös die Begräbniskosten, rückständiger Gesindelohn, Gerichtskosten usw. bezahlt.

Verwandte und Dienerschaft waren mit Geschenken und Legaten bedacht, welch letztere aber erst allmählich und spät ausgezahlt wurden; die Kapitelspersonen und Stiftsdiener erhielten nichts, mit Ausnahme des Superintendenten von der Schulenburg, dem 100 Taler zugedacht waren, die Äbtissin nur den Wunsch ersprießlichen Wohlseins und glücklicher Regierung.

Die Gläubiger, die sich von allen Seiten meldeten, verfochten noch mehr als zwanzig Jahre ihre Forderungen, um dann meist leer auszugehen.

Ein Jahr nach Auroras Tod konnte erst der schlichte Holzsarg in den Paradesarg gesetzt werden und die Beisetzung stattfinden; aber auch jetzt noch machte die Beschaffung der 100 Taler, die an die Kirchenfabrikatur für die

Grabstelle zu zahlen waren, Schwierigkeiten, und Schulenburg wollte man mit Begräbnisgebühren in Höhe von 10 Talern abfinden, wogegen er bei der Stiftskanzlei reklamierte.

Mit Auroras schriftlichem Nachlaß ging man liederlich um. Was in ihren Zimmern lag, kam zum Teil aus der Propstei in ein Gewölbe der Stiftskirche unter der Orgel, wo es viele Jahre lag, dann zur Zeit der westfälischen Besetzung in ein Zimmer der Propstei, in dessen Nähe man bald Werkstätten für Militärkleidung einrichtete, wo die Skripturen, unverschlossen, unter Staub, Schutt, Kehricht frei für jeden Gebrauch lagen, und wo Cramer, Auroras erster und bester Biograph, noch manches Stück für sein Werk retten konnte. Aber es waren nur glückliche Zufallsfunde.

Vieles verschwand für immer, so Teile des in Dresden und Leipzig aufbewahrten Nachlasses, die Interessenten, die Indiskretionen zu fürchten hatten, vernichteten. So wird es kaum je gelingen, das Leben der schönen schwedischen Gräfin in allen Phasen erzählen zu können.

Der „Sarg von weißem Daffent und silbernen Tressen beschlagen", der in einen zweiten „Sarg mit schwarzem Sammet und goldnen Tressen beschlagen" gesetzt ward, wurde häufig geöffnet, um neugieriger und teilnahmsvoller Schaulust noch nach langen Jahren die schöne Aurora zu zeigen, die eine vielgenannte, vielgeliebte große Weltdame gewesen war, die rasch abgedankte Geliebte eines Fürsten, der den glänzendsten Hof seiner Zeit in Deutschland besaß, und die Mutter eines großen Kriegsmannes, dessen unruhiges, heißes Blut noch einer späten Nachfahrin durch das Herz floß, die auch nach seiner Mutter Aurore sich nannte, Aurore Dudevant, die Dichterin George Sand.

Maria Aurora
Gräfin von Königsmark

Anna Constance
Gräfin von Cosel

*L*ady Montague erzählt, daß, als August der Starke zum erstenmal zu Frau von Hoym gekommen sei, er in der einen Hand ein Hufeisen gehabt, das er zerbrochen, und in der andern einen Sack mit hunderttausend Krontalern, daß er also durch Stärke und Gold um die Frau geworben, die unter all seinen Mätressen eine bevorzugte Stellung einnimmt. Das ist natürlich nur eine der vielen Sagen, die sich um die berühmteste Geliebte des deutschen Polenkönigs gebildet haben, deren merkwürdiges und tragisches Schicksal immer wieder zur Darstellung ihres Lebens in klar historischer oder romanhafter Weise verlockt hat.

Anna Constance von Brockdorf stammte aus einem der ältesten holsteinischen Adelsgeschlechter; ihr Vater war dänischer Kavallerieoberst, ihre Mutter eine reiche Niederländerin; sie hatte zwei Brüder, die dann in sächsisch-polnische Dienste traten, und eine Schwester, die früh starb. Sie selbst kam schon mit fünfzehn Jahren im Gefolge der Tochter des Herzogs Christian Albert von Holstein-Gottorp, die sich mit dem Erbprinzen von Braunschweig-Wolfenbüttel vermählte, an diesen kleinen deutschen Hof, wo sie sich gegen die zärtliche Annäherung eines Prinzen tatkräftig mit einer derben Ohrfeige wehrte. Hier sah sie der zwölf Jahre ältere Freiherr Adolf von Hoym und heiratete sie nach längerem Brautstand, als sie bereits im dreiundzwanzigsten Jahr stand.

Aber die Ehe war nicht glücklich. Schon bald zeigte die junge Frau einen tiefen Widerwillen gegen ihren Mann, verweigerte ein vertrautes Zusammenleben und schrieb ihm schon ein Jahr nach der Heirat einen für sie sehr bezeichnenden Brief:

... das, weillen euch mein umbgang und manier unerdräglich scheinet, ich dergleichen sentiments auch von euch habe und mich euher hartes tractament so desperat macht, daß ich mich vielmals den dodt wunsche, würde also meine verdrießlichkeiten und chagrins abzuhelffen mir in der welt nichts liebers widerfahren können, als wen(n) euher bedrohung nach unsre gäntzliche separation bald befördert würde.

Und eine Nachschrift sagt:

Die reprochen, so ihr mir macht wegen unterlassung der beywohnung, so habe ich darzu genugsame entschuldigung und werde ich von mein eit (sie hatte die Versagung der ‚Beiwohnung' ihrem Mann unter einem Schwur angekündigt) niemals abstehen, welges ihr woll könnet versichert sein.

So reichte denn Hoym schon am 22. Januar 1705 die Scheidungsklage beim Oberkonsistorium ein, und in ihr wie in allen andern auf den Prozeß bezüglichen Schriftstücken ist stets nur von der Abneigung der Frau gegen den Mann die Rede, ohne daß sie näher erklärt würde. Die Klage verlangte gänzliche Kassierung der Ehe, und ein Nachtragspetitum forderte die Untersagung anderweitiger ehelicher Verbindung für „die böswillige Verlasserin". Die junge Frau wollte auf keinen Fall zu ihrem Mann zurückkehren und erklärte mit Nachdruck, lieber wolle sie sich morgen totschlagen lassen. Am 8. Januar 1706 wurde die Ehe getrennt, Hoym durfte sich wieder verheiraten, er tat es auch zwei Jahre später; aber wieder hatte er kein Glück: Auch die zweite Frau desertierte, und er klagte, er habe kein Glück mit dem weiblichen Geschlechte.

Früher hat man August den Starken als Störer der Hoymschen Ehe genannt, und darauf bezieht sich das Geschichtchen von der Wette, die Hoym, der erklärt, seine Frau übertreffe alle Damen des Hofes an Schönheit und Anmut, gegen den Fürsten von Fürstenberg, der 1.000 Dukaten dagegengesetzt, gehalten und gewonnen, da der zum Schiedsrichter angerufene König sie für die erste Schönheit erklärt, worauf sich dann der Liebeshandel zwischen August und der Baronin angeknüpft habe. Aber Anna lebte nicht, wie das Geschichtchen voraussetzt, fern von Dresden auf einem Gut, weil Hoym für seine Frau die Verführungen des Hofes fürchtete, sondern seit ihrer Verheiratung in der sächsischen Hauptstadt, und August kam erst Ende 1704, als die Hoymsche Ehe bereits zerrüttet war, aus Polen nach Dresden. Die Baronin muß nach der Schilderung nicht nur ihrer Zeitgenossen, sondern auch nach den von ihr erhaltenen Bildern eine Frau gewesen sein, die in einer seltenen Verbindung von weiblicher Schönheit und Anmut mit einem männlich kühnen Geist, Kraft und Entschlossenheit lebhaft an das Frauenideal der italienischen Renaissance, die Virago, erinnert. Pöllnitz sagt, daß sie ein längliches Gesicht gehabt, eine wohlgestaltete Nase, einen kleinen Mund, vollkommen schöne Zähne, große, schwarze, blitzende und spitzfindige Augen, daß ihre Züge allesamt zärtlich, ihr Lächeln reizend gewesen und vermögend, die Liebe in dem Innersten der Herzen zu erwecken. „Ihre Haare waren schwarz, Hande und Arme trefflich gebildet, die Farbe ungemein natürlich, weiß und rot. Ihre Leibesbildung konnte als ein Meisterstück angesehen werden. Ihre Mienen waren majestätisch, und sie tanzte in der größten Vollkommenheit." Eingehender und treffender schildert sie uns Haxthausen, der Sohn von Augusts Hofmeister, der jahrelang mit ihr verkehrte und zu den ganz wenigen gehörte, die ihr auch nach ihrem Sturz treu blieben: schön, sehr wohlgeschaffen, von großartigem Äußern, sehr weiß und blühend rot, schöne Augen, schöner Mund, die Zähne wohl schön gereiht, aber zu klein und schon brüchig zu werden beginnend; sie hatte viel Geist, versichert Haxthausen, war sehr lebhaft, immer gleichgestimmt und sehr amüsant; sie sprach viel und gut, man langweilte sich nie bei ihr. Sehr offen, verstand sie nicht zu heucheln und sagte jedem die Wahrheit, wodurch sie sich viele Feinde machte. Heftig und auffahrend, tapfer, ebenso geschickt mit der Pistole wie mit dem Degen umzugehen, war sie nicht im mindesten böswillig. Sehr sparsam, verstand sie Geld zu sammeln, doch nahm sie nicht Geschenke. Eifersüchtig bis zur Wut auf den König bedrohte sie ihre Nebenbuhlerinnen aufs äußerste und trieb sie davon. Der König fürchtete sie und behandelte sie mit größter Rücksicht; da er eine Menge Mätressen hatte, mußte er tausend Ausflüchte vorbringen, um sich ihr zu entziehen, denn sie hielt ihn so kurz und umspähte ihn so gründlich, daß es ihn alle Mühe kostete, sein eigener Herr zu sein, und Minister, Bauten, Jagd und anderes mehr diente ihm als Vorwand, für Stunden von ihr zu gehen. Haxthausen, der sie uns so schildert, setzt hinzu, daß sie alle Nächte mit August schlief und ihn tagsüber so gut unterhielt, daß er oft alles andere darüber vergaß, und schließt sehr richtig, daß sie bei ihrem großen Einfluß auf ihn sich stets hätte behaupten können, wenn sie ihn niemals hätte allein reisen lassen und ihm mehr Freiheit gewährt hätte.

Sie ergab sich dem König nicht so leicht, wie er es bei seinen Bewerbungen gewöhnt war. Sie hat „stark die

Schwierige gemacht", wie viele Jahre später das sächsische Ministerium dem König von Preußen mitteilte, und die Baronin versichert vollkommen glaubwürdig, daß sie sich nie (wie so viele andere Frauen) dem König aufzudrängen versucht, sondern nur durch sein stattliches Äußeres und sein heißes Liebeswerben für ihn gewonnen geworden sei. Ihr Mann sagt auch, daß während der Michaelismesse 1705 der König ihn im Apelschen Hause in Leipzig angeredet habe und ihm erklärt, es „dependire Dero Leib und Leben von dieser Creatur Besitz", und es sei Ihm, als wenn Sie bezaubert wären. Hoym sagt gleichfalls in diesem Brief an Flemming, der von Haß und Grimm diktiert erscheint, „alles, was mir übrig gewesen, war, Sr. Majestät ihre bösen Qualitäten in puncto ihres Trunks und höllischen Bosheit vorzustellen, welches ich auch redlich, wie wohl ohne Effect gethan. Ihm sei durch die Affaire nichts als deshonneur und Schaden entstanden und nicht der geringste Vorteil zugewachsen, er habe ihr Eingebrachtes, 12.000 Taler, herausgeben müssen und vieles Silberwerk und Juwelen, so er ihr gegeben, nebst vielen andern auf sie verwendeten Unkosten, vergeblich employirt, zu geschweigen, daß sie seines Vaters Haus auf der Kreuzgasse bei ihrem Aufputze, als sie ihre Liebesconqueten bei königlicher Majestät fortsetzen und zu Denselben gehn wollen, völlig abgebrannt habe." Obwohl Hoym verschiedene Male behauptet, daß er vom König nichts erhalten, gibt er doch zu, daß er insgeheim auf seine Güter von August zu seiner Notdurft 50.000 Taler geliehen bekommen, wofür er aber später dem König ein Gut um den Taxwert von 55.000 Talern überlassen habe. Noch vor Beendigung des Scheideprozesses begannen die Beziehungen der Baronin zu August: Vom Juni 1705 ab finden wir ihre Geschenke verzeichnet, Wein, jährliches Holz,

Häuser, den türkischen Garten; von den russischen Subsidiengeldern werden ihr 30.000 Taler zugesagt. Nach der Scheidung stellt sie ihre Bedingungen: Sie verlangt, die völlige Trennung Augusts von seiner bisherigen Geliebten, der Fürstin von Teschen, die Pension, die diese bisher bekam, in Höhe von 15.000 Talern, für sich, und die feierliche Zusage, sie nach dem Tode der Königin als Königin anzuerkennen und die mit ihr erzeugten Kinder als legitime Sprossen ihres Bundes zu behandeln. Diese „Capitulation" wurde am 12. Dezember 1705 errichtet und das darauf bezügliche Dokument, das der Baronin wertvollste Stück, einem Grafen von Rantzau, einem Verwandten, zur Verwahrung im Familienarchiv zu Drage übergeben. Diese wichtige Urkunde findet sich nicht mehr vor, doch ein Entwurf von ihr, der sagt, daß „Wir aus genugsam erheblichen und sonderbaren Ursachen Uns dieselbe (die Baronin) nach Art der Könige in Frankreich und Dänemark, auch andern Souverainen in Europa als Unsere legitime épouse beylegen lassen, derogestallt, daß Wir in Kraft eines ehelichen Eydes versprechen und halten wollen, dieselbe herzlich zu lieben und beständig treu zu verbleiben ..." Ehrgeizig und stolz wie die Baronin war, erstrebte sie sofort, nachdem sie die erklärte Mätresse des Königs geworden, eine Standeserhöhung, und im Februar 1706 heißt sie schon Gräfin von Cossell. So schrieb sie wie auch ihre Kinder sich, während sie in offiziellen Schriften Cossel genannt wird und man sie sonst Cosel schreibt. Sie war aber nicht nur Gräfin geworden, sondern führte auch den Titel Exzellenz.

Um ihre hohe Stellung auch nach außen würdig zu zeigen, wurde für sie in der Kleinen Brüdergasse ein Palais gebaut, zu dem vom Schloß ein Gang über das Ballhaus hinübergelegt wurde. Als Ehrenwache stand davor ein

Doppelposten. Vom Februar 1706 bezog sie die Pension der Fürstin von Teschen. Sie bekam das Gut Pillnitz, einen Weinberg, Apothekenfreiheit, Fische aus dem Hoffischhause, das Holz für ihre Bauten aus den königlichen Forsten, aus dem Grünen Gewölbe eine Menge Silbergerät, wie Tische, Spiegel, Schalen, Gobelins, türkische Teppiche, Spitzen, kostbaren Schmuck und außerdem, was ihr wohl das willkommenste war bei ihrer unleugbaren Sparsamkeit, die man auch Habsucht und Geiz nannte, große Summen baren Geldes. Sie war immer auf ihren Vorteil bedacht und bei aller Pracht, die sie aus eigenem Antrieb und auch, und das nicht zuletzt, auf den ausdrücklichen Wunsch des Königs entwickelte, im kleinen äußerst wirtschaftlich. Sie hatte einen großen Hofstaat, zu dem auch adlige Pagen gehörten, und gab glänzende Feste. Sie zeigte sich regelmäßig im Großen Garten, der eine prachtvolle Schöpfung Augusts war, spielte und lustwandelte hier und folgte sehr rasch dem König, wenn er sich nach kurzem Besuch davonmachte. Sie sammelte viel Geld und kostete August, wie Loen sagt, so viel, als eine Armee zu unterhalten. Sie verlieh auch bedeutende Summen, manchmal an sehr unsichere adlige Schuldner, und mußte sich über langwierige Prozesse und große Verluste ärgern.

Sie war die stete Begleiterin Augusts; eine kühne, gewandte Reiterin, gute Schützin, nahm sie an seinen Exkursionen und als einzige Dame am Schnepper- und Büchsenschießen teil. Sie war bei allen Schießübungen anwesend, tat am 1. August 1707 beim Schnepperschießen den „Rumpelschuß" und bekam als Prämie ein elfenbeinernes Perspektiv und einen Geldgewinn von 7 Talern.

Ein halbes Jahr nach der Geburt des ersten Kindes, einer Tochter, und einem kurzen Besuch der Stadt und Bergfestung Stolpen, wo sie dann fast ein halbes Jahrhundert gefangensitzen sollte, jetzt aber sich mit August im Tiergarten mit Wildbretschießen belustigte, begab sich der König ganz insgeheim von Pillnitz, wo er im Sommer bei der Gräfin weilte, auf eine Vergnügungsreise nach den Niederlanden, „um mich von den Kümmernissen zu befreien, an denen ich schon eine Zeit lang leide", wie er seinen Ministern schrieb. Er hatte augenscheinlich das Verlangen, sich der strengen Herrschaft der Gräfin zu entziehen, die man schon damals in ihrer allmächtigen Stellung bedroht glaubte. Aber obwohl sich August in der Tänzerin Duparc aus Brüssel eine Nebengeliebte mitbrachte, behauptete sich die Gräfin trotz dieses unleugbaren Beweises der Untreue des Königs völlig in seiner Gunst. Sie hatte Frauen vom Schlage einer Duparc nicht zu fürchten und fesselte ja den König nicht allein durch ihre vollendete Schönheit, von der fremde Besucher wie Lord Peterborough hingerissen waren, sondern auch durch ihren Geist und Witz. Sie fühlte sich ganz als Königin des Hofes, verletzte gelegentlich durch ihren Stolz die Damen der ersten Hofbeamten tief und ergrimmte, wenn sich ein Prediger erkühnte, sie eine sächsische Batseba zu nennen. Als 1709 ihr Landesherr, der dänische König, nach Dresden kam, wurde sie durch ihn lebhaft ausgezeichnet und stand im Mittelpunkt aller ihm zu Ehren gegebenen Feste. Ihr mit Diamanten besätes Kleid überstrahlte bei weitem das der Königin. Sie sah in ihrem Palais auf einem glänzenden Ball den königlichen Gast bei sich. Bei den Damenrennen gewann sie die Rosafarbe, den dänischen König zum Führer und ihren Geliebten zu einem ihrer Renner. Bei dem Götteraufzug, der am 22. Juni die Stadt durchzog, fuhr sie als Diana in einem von 36 Waldhornisten umgebenen, von zwei weißen Hirschen gezogenen Wagen, und bei der

mit einem Vogelschießen verbundenen Bauernwirtschaft erschien sie drei Tage später im Großen Garten als französische Bäuerin. Im Oktober schwebte sie bei der Geburt ihres
zweiten Kindes, wieder einer Tochter, mehrere Tage in Le-
bensgefahr, aber ihre kräftige Natur siegte, und sie konnte
schon am Tage ihrer Niederkunft „des gesammten Churf.
Sachsen von Prälaten, Grafen und Herrn von der Ritterschaft
und Städten des engern und weitern Ausschusses Hoch und
Wohlverordnete Herren Stände" zu Gevatter bitten, die ihr
auch als „Gevatterpräsent" 4.000 Taler gaben. Beide Töchter wurden für „legitimirte Königliche und Churfürstliche
Kinder und ehrlich geborne Gräfinnen" erklärt.

Die Gräfin, die sich nicht mit der großen Repräsentation
einer erklärten Mätresse begnügen wollte, versuchte sich
auch in Staatsangelegenheiten zu mischen, und schon 1706
beklagte sich darüber der von August zum Statthalter in
Sachsen ernannte Fürst von Fürstenberg. Auch bei dem leitenden Minister Flemming wollte sie sich als Politikerin zeigen; aber er war durchaus nicht gewillt, auf ihre Anregungen
und Absichten einzugehen. Sie beklagte sich beim König
darüber; aber August sagte es, sehr bezeichnend für ihn,
seinem Günstling wieder. Sie war eine entschiedene Gegnerin des polnischen Abenteuers, das Flemming in jeder Weise
begünstigte, und erklärte, sehr vernünftig, August habe
nichts von Polen und könne nicht hoffen, daß sein Sohn
ihm dort nachfolgen werde. „Die Polen müßten Narren
sein, wenn sie dem zustimmten nach einer so unglücklichen
Regierung wie die des Königs ... Trotzdem will der König
seinen Sohn zum Opfer bringen und ihn auf eine ganz eitle
und unbegründete Hoffnung hin zur katholischen Kirche
übertreten lassen ..." Wenn der König den Kronprinzen
nach Polen mitnehme, wie es seine Absicht sei, würden sich

die Engländer, Holländer und alle protestantischen Fürsten Deutschlands von ihm abwenden; die katholischen Fürsten spiegelten zwar dem König vor, daß sich ihm, wenn sein Sohn zur katholischen Kirche übertrete, große Hoffnungen im Deutschen Reich eröffnen würden, aber das seien nur Chimären. Sie erklärte, den Russen könne man nicht trauen, und sprach sich auch gegen den Wiener Hof aus, den sie stark beargwohnte, nur seine Interessen zu verfolgen. Darum war sie auch gegen den Grafen Wackerbart, der 1710 auf Betreiben Flemmings Minister geworden, alles in allem, Koch, Kellermeister, Schuster und Schneider sein wolle, nur seinen Vorteil suche und in höchstem Maß für den Wiener Hof eingenommen sei, Flemming nahm seinen Protegé in Schutz und erklärte auf alle ihre Vorhaltungen, er sei lediglich Minister des Staats und nicht des Gewissens und überlasse dem König, dessen Befehle er auszuführen habe, alle Entschließungen selbst, in der polnischen Frage so gut wie in allen andern Angelegenheiten. Aber wenn auch nicht bei Flemming, so konnte die Gräfin doch ihren Einfluß bei andern Ministern geltend machen. Später fand man auch unter ihren Papieren viele „publica", besonders solche, die „die polnischen Affairen" betrafen, zum Geheimen Cabinet gehörige Schriften, die sie entweder durch den König oder einen Kabinettsminister bekommen haben mußte. Sie suchte sich auch nach ihrem Sturz gegen den Vorwurf, daß sie sich in Staatsangelegenheiten gemischt, Verwicklungen und falsche Maßregeln hervorgerufen habe, zu rechtfertigen; wenn das letztere wirklich geschehen, sei es nur auf Mangel an Verständnis, nicht an gutem Willen zurückzuführen, denn „ich liebe den König ohne Interesse und seinen Ruhm noch mehr als mich selbst". In einem andern Brief erklärt sie für falsch, wenn man sage, sie sei „allzu eifrig" im Dienst des

Königs und den Ministern feindlich gewesen, sie habe sich mit der Königin verfeindet, der ganze Hof habe sich nach ihr richten müssen, sie habe mit den Ministern korrespondiert und dem König nicht die Freiheit lassen wollen, sein Geld nach Belieben zu verwenden. Auf eins dieser Schreiben entgegnete ihr Flemming nur: „Es trifft zu, daß das Vergnügen meine Hauptleidenschaft ist wie der Ehrgeiz die Ihrige." Fest steht, daß sich die stolze, kühne, rasch entschlossene Gräfin nicht mit der Rolle der sonstigen Mätressen des Königs begnügen, sondern auch sich politisch betätigen wollte. Man kann es ihr wohl zutrauen, daß sie August, als Karl von Schweden ihm unerwartet mit nur wenigen Begleitern, während sein Heer schon aufgebrochen war, in Dresden einen unerwarteten Besuch machte, den Rat gab, ihn festzunehmen, wie es auch einst die Herzogin von Etampes Franz von Frankreich bei einem Besuch Karls V. in Paris getan.

Wie sie sich nicht damit begnügte, Gräfin geworden zu sein, sondern ihre weitere Erhöhung zu einer Fürstin von Görlitz betrieb, was sie allerdings nicht wurde, da inzwischen ihr Sturz erfolgte, so wollte sie auch noch reicher werden als sie schon durch die Gunst des Königs geworden war. Sie interessierte sich lebhaft für die Versuche Böttigers, der dann das Porzellan erfand, und begleitete den König bei all seinen Besuchen in Böttigers Laboratorium, legte auch in Pillnitz selbst ein solches an, sammelte alchemistische Schriften, bezog vom Hofapotheker „zu chemischen Elaborationen" allerlei Spezifika und hielt sich einen eigenen Laboranten. Als Produkt ihrer Versuche fand man später in einer Schachtel „zwei eiserne Nägel unten etwas mit Gold und Silber tingirt", die August behielt.

Klug wie sie war, mochte sie immer, trotz aller zärtlichen

Briefe des Königs und all seiner Ergebenheitsversicherungen, mit der Möglichkeit einer Erkaltung der Leidenschaft Augusts rechnen und wünschte, durch das Beispiel ihrer Vorgängerinnen belehrt, ihren Besitz nach Möglichkeit zu sichern. Nachdem sie bei einem Besuch in Warschau wieder neue Beweise von der Unbeständigkeit des Königs, der durch Vermittlung eines Obersten von Rantzau ein Verhältnis mit Henriette Duval angeknüpft hatte, erhalten, reiste sie nach Holstein zu ihren Eltern und deponierte 31 große Kisten voll Kostbarkeiten aller Art bei der Bank in Hamburg. Aber sie erschien noch im Mai 1712 auf der Promenade in Karlsbad, wohin sie den König begleitet hatte, umgeben von einer Schar Höflinge und gefolgt von einer Menge Lakaien, „geschmückt und schön wie eine griechische Venus" und war hier wie auch sonst von einem ganzen Kreis von Anbetern umringt, so daß der König, da sich unter ihnen mehrere Abbés befanden, spöttisch von den „petits collets" sprechen konnte, mit denen die Gräfin sich amüsierte. Aber allerlei Klatsch, den besonders die gefährlichste Intrigantin des Hofes, eine Frau von Glasenapp, die Schwester der früheren Mätresse Augusts, der Fürstin von Teschen, aufbrachte und weitertrug, heftete sich an die Gräfin, die, leicht in Zorn gesetzt, sich dann einen vielleicht Schuldlosen als Opfer ihrer Rache suchte. Im Jahre 1712, wo sie wieder vor der Niederkunft eines Kindes stand, erwirkte sie von August sich eine juristische Garantie für ihren Besitz, „daß Sie, auch ihre Erben und Erbnehmer, sowohl dasjenige, was sie vermöge einer beigelegten Specification an immobilibus, als auch was sie an mobilibus etc. vor jezo besitze oder noch in Zukunft durch Unsere Gnade erlangen möchte, von jedermänniglich ungehindert, es geschehe gleich solches unter was Vorwand es wolle, nutzen und gebrauchen, auch erb-

und eigentümlich ohne alle ferneren Entgelt behalten und verfällen, vornehmlich auch vollkommene Macht und Gewalt haben sollte, solches insgesamt nach Belieben zu verkaufen, zu vertauschen und sonst davon als von wahren Allodial- und Erbgütern per actus inter vivos et mortis causa zu disponiren, darüber zu testiren etc." ... Alle Schenkungen des Königs sollten für alle Zeiten „irrevocable" sein; August verpflichtete sich, „für die künftige Wohlfahrt und standesgemäßen Unterhalt ihrer selbst und ihrer mit Uns erzeugten Kinder Sorge zu tragen", und die Gräfin sollte „wegen ihres sämmtlichen etc. habenden und von Uns erlangten Vermögen etc. nichts überall davon ausgeschlossen, bei allen sich ereignenden Fällen außer aller Rede und Verantwortung gänzlich sein und diesfalls weder von Uns, noch Unsern Erben und successoribus in der Regierung, noch sonst Jemandem im geringsten nicht angefochten oder unter dem Vorwand, als ob respectu immobilium einige in Rechten unzulässige Scheinkäufe passiret und das Kauf pretium entweder gar nicht oder nicht gänzlich bezahlet sei etc., im geringsten nicht angefochten werden solle etc."

Auch das Jahr 1712 ging vorüber, ohne daß die Herrschaft der Gräfin schon deutlich erschüttert schien. Im August schrieb der Wirkliche Geheime Rat von Watzdorf sehr erfreut über die ihm zuteil gewordene Ehre an Flemming, daß die Gräfin mit dem Statthalter den Namenstag des Königs mittags und abends bei ihm „celebrirt". Zur Michaelismesse war sie mit August in Leipzig und hier zeigte sich bei ihm schon eine Erkaltung; er kaufte ihr, wie ein Brief eines Unbekannten meldet, nur etliche Stücke Stoff, sie logierte wohl bei ihm, er speiste auch bei ihr, „aber des Abends hat er geschwind gute Nacht gegeben, mit einem Wort kann ich versichern, daß die Liebe sehr zurückgeht und wird, will's Gott, bald alle werden." Dieser Unbekannte, wie ersichtlich kein Freund der Gräfin, erklärt noch, daß sie mit dem Statthalter „dot feindt" sei, aber mit dem Oberhofmarschall Freiherrn von Löwendal, den sie gegen Flemming durchgesetzt, sehr gut stehe. Hofintrigen aller Art hatten die Herrschaft aller Mätressen des Königs begleitet, die Gräfin hatte sie bis jetzt zu meistern verstanden. Fast acht Jahre hatte sie, auch das ist ein Zeugnis für ihre ungewöhnliche Energie und ihren entschlossenen Geist, sich in der Gunst des so überaus wankelmütigen Königs behauptet, und sie hoffte sie auch weiter zu bewahren, weil sie eines großen Einflusses auf August sicher war. Aber drei Viertel Jahre nach der Geburt des dritten Kindes, diesmal eines Sohnes, ging doch wider aller Erwarten und ganz wider ihre eigene Gewißheit ihre Herrschaft zu Ende. Sie hatte sich nie mit den anderen Favoritinnen Augusts, einer Königsmark, Esterle, Teschen, auf die gleiche Stufe gestellt, sie waren für sie nur Mätressen, während sie sich seine Gemahlin nannte, jener Kinder Bastarde, ihre eigenen legitimiert. Aber sie hatte sich viele mächtige Feinde gemacht, und es wurde, wie ihr Haxthausen einmal gesagt hatte, ihr Verderben, daß sie August allein nach Warschau hatte reisen lassen, wo jetzt alle Intriganten freies Feld hatten. Man hatte dem schon lange nach Abwechslung lüsternen König erklärt, er müsse, damit sich die Polen nicht gekränkt fühlten, sich neben der sächsischen auch noch eine polnische Mätresse beilegen und ihm eine Gräfin Marie Magdalene von Dönhoff vorgestellt. Auch die Cosel war von all diesen Intrigen gut unterrichtet, aber sie zögerte, unbegreiflich für ihre Freunde und Anhänger, immer wieder, nach Warschau zu reisen und sich von neuem des Königs zu versichern. Haxthausen, der sie auf die große ihr drohende Gefahr aufmerksam machte, erklärte sie, sie fühle sich nicht gesund, ihre geschäftlichen Angelegenheiten erlaubten ihr jetzt nicht die lange Fahrt, überdies sei sie Augusts ganz gewiß: er schreibe ihr täglich zärtliche Briefe, und sagte mehrfach: „Wenn ich bei ihm bin, werfe ich in zweimal 24 Stunden alles um, was die Elenden in einem Jahr aufgebaut haben!" Haxthausen erwiderte darauf treffend, die Frage sei nur, ob sie noch einmal den König sehen werde. Er glaube auch August besser als sie zu kennen, und als sie darüber lachte, wie er, der nur von Zeit zu Zeit August gesprochen, sich einbilde, ihn besser zu kennen als sie, die mit ihm viele Jahre so vertraut gelebt und Tag und Nacht bei ihm gewesen, entgegnete er, sie sollte ihn allerdings besser kennen als er, aber es sei die Frage, ob es auch wirklich der Fall sei: die Leidenschaft hindere zu erkennen, was man liebe, die steten Freundlichkeiten des Königs, seine Verstellungskunst und sein Bemühen, sich zu verbergen, erlaubten ihr nie, ihn gut zu erkennen, ihr Einfluß auf August mache sie zu sicher, und sie könne auf ihn nicht mehr zählen, wenn man ihr die Mittel nähme, ihn auszuüben. Er selbst wisse vom König durch Personen, die ihn in stetem Umgang gründlich kennengelernt, von seinem Vater, der Augusts Gouverneur in der Jugend des Königs gewesen, wo man sich nicht so verstecke; von der Königsmark, die August mehrere Jahre besessen, von dem Großkanzler Beichlingen, der sechs Jahre bei ihm in höchster Gunst gestanden, von Pflugk, Flemming, Hoym, die August alle genau kannten. Haxthausen sprach ihr auch von der Unbeständigkeit Augusts und von den Beispielen, die sie sich vor Augen halten sollte: auch Beichlingen sei während seiner Abwesenheit gestürzt worden, und was Augusts zärtliche Briefe an sie betreffe, solle sie nur daran denken, daß er seine Zärtlichkeiten zu verdoppeln pflege, wenn er zuzuschlagen bereit sei; auch das habe sich bei Beichlingen gezeigt. Haxthausen hatte den Eindruck, als walte in dieser Sache ein Fatalismus, gegen den er nicht ankämpfen konnte; die Frau, die den König überall hin begleitet hatte, ihn nie allein schlafen ließ und selbst tagsüber bis auf Augenblicke bei ihm blieb, schien jetzt seiner müde, überdrüssig und nur Ruhe zu wollen. Sie ließ kostbare Zeit verstreichen, und als sie sich endlich zur Reise nach Warschau entschloß, war es zu spät. Sie hatte sich auch gründlich verrechnet, als sie auf die Dankbarkeit des von ihr zum Oberhofmarschall gemachten Löwendal hoffte. Flemming, den die Gräfin in Verdacht hatte, stand den Warschauer Intrigen fern und erfuhr erst durch Augusts Günstling Vitzthum davon. Anfang Juli 1713 schrieb dieser an ihn:

Mit der Frau Gräfin von Cosel scheint es wohl aus zu sein, der Herr Oberhofmarschall bezahlt sie am allerbesten, er ist derjenige, der sie am allermeisten verfolgt, es ist keine Extremität, wozu er dem König nicht rathet, man weiß noch nicht eigentlich das Ende von ihrem Sort, bis dato heißt es, daß sie ihr gehabtes Tractement behalten soll und kann leben wie wird wollen, allein kein Commercium will man nicht mehr mit ihr haben ...

Löwendal soll, wie Haxthausen der Gräfin nacherzählt, ihr Feind geworden sein, nachdem sie seine zudringlichen Anmutungen entrüstet zurückgewiesen und ihn mit einer kräftigen Ohrfeige und Anzeige beim König bedroht habe. Sonst wird auch davon erzählt, daß Löwendal gegen die Gräfin erbittert gewesen, weil sie die Heirat einer seiner Töchter mit einem Schützling und Schuldner der Gräfin, den er selbst als ihren Liebhaber verdächtigte, hintertrieben habe. „Mein Herz ist nicht sehr zärtlich", erklärte die Cosel auf das verleumderische Gerücht, „und ich war auch so vorsichtig, stets Zeugen (bei den Besuchen des betreffenden Kavaliers) zu haben." Man könne nicht die Männer verhindern, sich zu verlieben, aber man müsse sich doch auch die dabei in Frage kommenden Damen ansehen und da werde man finden, daß sie sich nichts zu Schulden habe kommen lassen, da sie weder einen Mann noch eine Intrige und noch weniger ein Engagement wolle. „Der Teufel hole mich, wenn ich nicht die Männer so fürchte, daß ich glaube, sie seien nur dazu geschaffen, die Frauen zu täuschen, und ich bin zu alt, um noch darauf Anspruch zu machen, von ihnen getäuscht werden zu können."

Als die Nachrichten von Warschau immer besorglicher lauteten, entschloß sich die Gräfin nun doch im Sommer 1713 zu ihrer Reise. Obwohl sie erklärte, nach Hamburg gehen und dort ein Haus kaufen zu wollen, ahnten ihre Feinde das wahre Ziel ihrer Fahrt und wußten den König, der wohl auch keine Sehnsucht mehr nach seiner Geliebten hatte, zu bestimmen, sie daran zu hindern. Hätte sich die Gräfin nicht überflüssig noch in Breslau aufgehalten, wäre sie gewiß den Anschlägen ihrer Gegner zuvorgekommen, aber so erreichten sie die beiden mit einigen Gardisten ihr entgegengeschickten Boten Augusts, der Kammerjunker Montargon und der Oberstleutnant de la Haye in einem kleinen polnischen Städtchen und teilten ihr den Befehl mit, nach Dresden zurückzukehren. Es kam zu einer großen leidenschaftlichen Szene, die Gräfin weigerte sich entschieden und bedauerte später von ganzem Herzen, sich nicht mit der Pistole den Weg nach Warschau frei gemacht zu haben. Aber sie gab doch endlich nach und kehrte mit ihrem bewaffneten

Geleit zurück. Da August im Dezember mit der Dönhoff nach Dresden kommen und dort nicht mehr die Gräfin treffen wollte, sollte sie nach Pillnitz gehen. Haxthausen wurde von Flemming gebeten, ihr diesen zweiten Befehl des Königs kundzugeben: die Dönhoff wolle nicht nach Dresden kommen, solange die Cosel dort sei, weil sie für ihr Leben fürchte, zumal die Gräfin ja auch den König selbst oft bedroht habe, wenn er ihr untreu werde. Er, Flemming, wolle ihr nicht den Befehl bringen, weil sie ihn für ihren Feind halte, obwohl er es nicht sei; sie habe ihm nie Schaden getan, und ihm sei es gleich, welche Mätresse der König habe. Haxthausen möge sie bestimmen, sich freiwillig zurückzuziehen, was für sie auch ehrenvoller sei. Aber die Cosel brach, als sie von Haxthausen hörte, was man ihr ansinne, in leidenschaftlichen Zorn aus, schalt auf den König, rief: „In welche Gosse stürzt er sich?" mit Bezug auf die Dönhoff, zählte deren Liebhaber auf, erklärte wütend, August bringe sich durch den Liebeshandel mit einer solchen Person um alle Ehre und allen guten Ruf, erinnerte sich dann wieder ihres Liebesglücks mit August, was er alles für sie getan, wie er ihr geschworen, welche Freuden sie miteinander genossen, welche aufrichtige Liebe sie ihm entgegengebracht, wie er sie nun unmöglich verlassen könne; dann sprach sie mit Bitterkeit von seiner Undankbarkeit, seiner Verstellungskunst und wieder mit raschem Übergang von seinen guten Eigenschaften und wie er, wenn er wolle, so liebenswert sein könne. So jagte in einer halben Stunde eine Leidenschaft die andere, und sie sprach „mit einer bewundernswerten Beredsamkeit". Trotz allen Zuspruchs aber und aller vernünftigen Vorstellungen seitens Haxthausens wollte sie nicht weichen, bis Flemming selbst zu ihr ging, ihr den Befehl des Königs zeigte und mit Gewalt drohte. Nun fuhr sie am Abend vor Weihnachten nach Pillnitz, und Dresden ersah daraus, daß der vom Schloß über das Ballhaus zu ihrem Palais führende Gang abgerissen und auch die Wache weggenommen wurde, die Ungnade der noch vor kurzem so mächtigen Favoritin, die jetzt, einsam und verlassen, mit vielen Plänen beschäftigt war, wie sie die Gunst des Königs wieder gewinnen, ihre gehaßte Nebenbuhlerin verdrängen und sich an ihren Feinden rächen könnte. Um die Gunst Augusts bemühte sie sich nach dem Aberglauben der Zeit mit allerlei magischen Künsten, ließ Liebestränke brauen und Zaubereien anstellen, um ihre Feinde zu „dämpfen so gut und sehr sie könne". Ihrer Mutter schrieb sie, der König sei sehr zu beklagen, da er in üblen Händen von Leuten sei, die nur ihre Fortune machen wollten, während sie vielleicht die einzige sei, die es recht zu Herzen nähme, weil sie ihn mehr geliebt als ihre Seele und ihn auch nicht in Ewigkeit vergessen werde. Am Hofe erfuhr man natürlich sehr bald durch Spione, die man in Pillnitz hatte, von dem Treiben der Gräfin, aber Löwendal war vernünftig genug, der Sache keine große Bedeutung beizumessen: daß die Gräfin ein Attentat, wie man denunziert, gegen den König plane, glaube er nicht, weil sie davon der Geiz, ihre Hauptleidenschaft, abhalten würde; sie würde dadurch zu viel verlieren und nichts gewinnen. Er war auch dafür, von all den Dingen zur Gräfin gar nicht zu sprechen: wenn sie sich schuldig fühle, würde sie von ihren Plänen abstehen; unschuldig würde sie aber lautes Geschrei erheben, das weiten Widerhall finden würde. Aber wenn auch die Gräfin über all diese Bezichtigungen nicht förmlich vernommen wurde, blieben sie ihr doch nicht unbekannt, denn sie sagt in einem Briefe, man beschuldige sie der unsinnigsten Dinge, daß sie eine „Hexe und Zauberin in aller Form" sei, sich alle Tage ein paarmal betrinke, daß alle, die zu ihr kämen, ihre Geliebten oder Kabbalisten seien, daß sie Gift für andere habe, kurz alle Laster ihr aufgebürdet würden. Während sie zorn- und haß- erfüllt in Pillnitz saß, wurden mit ihr namens des Königs, der wieder in Polen war, Verhandlungen gepflogen über die Herausgabe des wichtigen, ihr einst von August gegebenen Ehedokuments, über die Herausgabe von zwei Bänden mit Briefen der Königsmark und die Abtretung ihres Dresdner Palais, ferner über ihre Pension. Aber sie dachte gar nicht daran, sich, wie sie sagt, ihrer Waffen berauben zu lassen. Sie forderte 200.000 Taler in guten Wechseln für ihre Güter und Häuser und die Erlaubnis, leben zu können, wo sie wolle, versicherte aber, sie werde sich von den „nach dem Dokument hungernden Herren" nicht an der Nase herum- führen lassen. Sie wisse wohl, wie sie sich durch ihre Weige- rung, das Schriftstück herauszugeben, gefährde, aber sie wol- le lieber ihr Leben verlieren. Wenn man sie aufs äußerste bringe, werde sie ihren Mund öffnen. Drohungen schreck- ten sie nicht, doch sie glaube, daß man mehr geneigt sei, sie schweigen zu machen als reden zu lassen. Die Verhandlun- gen rückten nicht weiter, und als August an Stelle seiner Hofräte seinen Generaladjutanten, den heißblütigen jungen Oberst von Thienen, zu ihr schickte, mit einem eigenhändi- gen Brief, nahm dieser offen die Partei der gestürzten Favo- ritin und schoß den Obersten von Rantzau, gegen den die Gräfin feindlich gestimmt war, seit er sich in Warschau zum Kuppler des Königs hergegeben, und der jetzt allerlei Klatsch über sie und ihren vorgeblichen Geliebten Thienen verbrei tete, im Duell nieder. Sie wurde, da die Verhandlungen sich in die Länge zogen, auf Pillnitz koniniert, erhielt zwar ihre Pension fortbezahlt, aber nicht mehr ihre Deputate, und wurde in ihrem Briefwechsel streng überwacht.

Im Juli 1714 schien sie geneigt nachzugeben, lieferte die Schlüssel ihres Dresdner Palais ab, behielt sich aber die Möbel vor, übergab auch, wenn schon sehr widerwillig, einen Ring, „den ich am Finger trage zum Zeugnis dessen, was sich einstmals rechtsgiltig begab", also vielleicht einen Ring, den ihr August mit dem Ehedokument überreichte, und unterschrieb einen Revers, worin sie versprach, sich nie an einem Ort in Sachsen und Polen aufzuhalten, wo der König verweile. „Ich verspreche", heißt es hier weiter, „niemals etwas zu sagen oder zu tun, was Sr. Maj. mißfallen oder seinen Interessen zuwider sein könnte, auch mich aller Intrigen und Redereien zu enthalten, niemals weder in Briefen noch Gesprächen in Angelegenheiten, die den König betreffen, mich zu mischen, überhaupt und jederzeit mich so zu verhalten, wie es die Ehrerbietung, die ich dem König schulde, gebietet. Sollte ich in irgend etwas die gegenwärtige Zusage verletzen, so unterwerfe ich mich dem gerechten Unwillen des Königs und erkenne an, daß Sr. Maj. dann mit vollem Recht die Gnaden widerrufen und zurücknehmen würde, die er mir unter der Bedingung, daß ich mich, wie vorgedacht, verhalte, zu teil werden lassen. So möge mir Gott helfen am Ende meiner Tage." Dem französisch geschriebenen Revers ist noch ein langes Postskript angefügt, in dem sie sich gegen Verleumdungen verwahrt und den König bittet, ihr ihr Vermögen und ihren Besitz zu lassen. Sie war zwar aufs höchste erbittert gegen das „Weibervolk", das mit seinen Ratgebern den König zu allen „unbilligen" Dingen verleitete, die er, wie sie glaubte, nie aus eigenem Antrieb getan, aber schien doch Ende 1715 geneigt, sich auf die Vorschläge Augusts zu einigen und das wichtige Dokument herauszugeben. Dann aber kamen ihr wieder Bedenken, und sie entschloß sich zu einem sehr folgenschweren

Schritt, der ihrem Schicksal die entscheidende Wendung gab: Sie floh, nachdem sie in aller Stille aufs sorgfältigste ihre Angelegenheiten geordnet, dem Hoffaktor Jonas Mayer eine große Zahl Kisten und Koffer voll Kostbarkeiten insgeheim übergeben, ihren Verwalter Kluge in Pillnitz genau instruiert und fünfzehn weitere Kisten mit Wertsachen an den Juden Pörlhäffter, von dem sie sich in Pillnitz im Schach hatte unterrichten lassen, nach Teplitz geschickt hatte. Am 12. Dezember 1715 verließ sie heimlich Pillnitz, wo ihr dreijähriger Sohn zurückblieb, während ihre beiden Töchter schon seit einiger Zeit bei ihrer Mutter weilten, und war bereits am 14. Dezember in Berlin. Sie schrieb gleich an Watzdorf, sie sei nur hierher gegangen, um bei dem Grafen von Rantzau die Herausgabe des Dokuments zu erwirken, das sie gegen die ihr vom König zugestandene Urkunde austauschen wolle. Aber Rantzau saß in Spandau gefangen wegen eines Sittlichkeitsattentats und sollte erst nach einer „Ranzionssumme" von 15.000 Talern freigelassen werden. Solange er nicht frei wäre, könne das Papier nicht herbeigeschafft werden.

In Berlin lebte die Gräfin vorläufig inkognito als Madame la Capitäne bei einem gewissen Vincens, und ihr Tagesaufwand betrug selten mehr als zwei Taler. Sie hielt sich zurück, mietete ein „Clavicymbel" und setzte sich erst später mit einigen höhergestellten Personen, die sie zum Teil schon kannte, in Verbindung. Sie war noch nicht lange in der preußischen Hauptstadt, als sie zu ihrem Schrecken erfuhr, daß man die nach Teplitz geschickten Sachen an der böhmischen Grenze beschlagnahmt hatte, und mußte sogar, als die Freigabe der Stücke Schwierigkeiten fand, selbst nach Teplitz reisen, wo sie auch die meisten Kisten gegen Zahlung einer beträchtlichen Summe wieder erhielt, die sie nun nach Berlin brachte. Abermals begannen lebhafte schriftliche und mündliche Verhandlungen mit ihr, um sie zur Rückkehr nach Sachsen zu bewegen. Sie erklärte, sie wolle nicht in Pilinitz wie eine Gefangene leben und werde nach Sachsen zurückkehren, wenn August ihr eigenhändig zusichere, daß er sich mit dem Austausch der Papiere bis zur Freilassung Rantzaus gedulden wolle und sie „die Möglichkeiten genießen dürfe, die alle anständigen Menschen für ihre Person und ihre Freiheit erwarten können". Man glaubte aber nicht, daß Rantzau das Dokument in Verwahrung habe, fürchtete ihre Drohung, den Mund zu öffnen, „ihre giftige, gefährliche Zunge, ihren unternehmenden und kühnen Geist, fähig zu allem, um ihre Leidenschaften und ihre Wut zu befriedigen, selbst mit allen Mitteln Zwiespalt und Trennung zwischen den beiden Herrschern herbeizuführen". So erhielt der sächsische Gesandte in Berlin Auftrag, die Festnehmung der Gräfin und ihre Auslieferung an Sachsen durchzusetzen: es solle auch auf einige tausend Taler für einen der königlichen Günstlinge nicht ankommen. Friedrich Wilhelm I. wurde über die Sache unterrichtet: die Gräfin weigere sich Papiere herauszugeben, die, an sich unerheblich, nur den Beweis einer menschlichen Schwäche des Königs von Polen lieferten und zu erkennen gäben, daß es unmöglich sei, den Menschen vom König zu trennen, „doch wäre es nicht angenehm, wenn, was im Geheimen geschehen wäre, publik würde". Der König von Polen wäre zwar befugt, die Gräfin hart zu strafen, aber er wolle nicht an ihre Person rühren, sondern sich ihrer nur versichern.

Indes kam die Leipziger Messe heran, auf der sich damals die meisten Geldgeschäfte abwickelten, und da ihre Vermögensverhältnisse dringend Besprechungen mit ihrem Leipziger Geschäftsführer erforderten, ging sie nach Halle, um ihm nahe zu sein. Vor ihrer Abreise verpackte sie mit Pörlhäffter ihre Kostbarkeiten, übergab einen Koffer insgeheim einer gewissen Neubauer gegen Empfangsschein, andere wurden aufgegeben an einen ihr befreundeten Herrn von Dallwig in Boitzenburg, der sie später der Mutter der Gräfin übermittelte, die anderen blieben in dem von ihr bewohnten Quartier des Stallmeisters Franz. In Halle wohnte sie in einer abgelegenen Straße unweit dem Ballhaus, aber bald verbreitete sich das Gerücht von der fremden, zurückgezogen lebenden Schönheit, und es gelang Loen, dem bekannten Touristen, während seiner Besuche bei einem neben ihr wohnenden Freund, sie mehrmals zu sehen. Sie stand mit zum Himmel aufgeschlagenen Augen in tiefen Gedanken hinter dem Fenster, trat aber gleich, nachdem sie bemerkte, daß man sie beobachte, erschrocken zurück. Außer den Leuten, die ihr über die Straße das Essen brachten, sah man niemand als einen wohlgekleideten Mann, den man für ihren Liebhaber hielt, bei ihr ein und aus gehen. „Man kann keine schönere und erhabnere Bildung sehen. Der Kummer, der sie nagte, hatte ihr Angesicht blaß und ihren Blick sehnend gemacht. Sie gehörte unter die bräunlichen Schönen (sie war damals 36 Jahre alt), sie hatte große schwarze, lebhafte Augen, ein weißes Fell, einen schönen Mund und eine feingeschnitzte Nase. Ihre ganze Gestalt war einnehmend und zeigte etwas Großes und Erhabenes. Es muß dem König nicht leicht gewesen sein, sich von ihren Fesseln loszumachen." Hier in Halle vollendete sich ihr Schicksal. Der preußische König hatte in ihre Festsetzung gewilligt und ihr wurde nach angekündigtem Arrest im Gasthaus zur preußischen Krone eine Wache beigegeben. Ihr Berliner Quartier wurde nach dem wertvollen Papier durchsucht, aber vergeblich. Sie wollte ihre in Berlin zurückgelassenen Sachen in Sicherheit bringen und beauftragte ihre Kammerjungfer, sie nach ihrer Heimat Depenau zu schaffen, aber ein Teil wurde mit Beschlag belegt und einige Koffer von einem spitzbübischen Oberst von Wangenheim gestohlen. In Halle aber gelang es ihr mit Hilfe eines der sie bewachenden Offiziere, d'Hautcharmois, den ihre Schönheit bezaubert hatte, wichtige Papiere, ihre Briefe, Schuldbücher, die sie in ihre Bettmatratze versteckt hatte, auch einige Wertsachen in Sicherheit zu bringen. Der Leutnant übernahm auch den bei der Neubauer niedergelegten Koffer, worüber sie eine Quittung erhielt, die sie in einer Bibel glücklich verwahren konnte. August ließ ihr durch Watzdorf, der sie auch in Halle besuchte, sagen, sie trage selbst Schuld, wenn man sie nun arretiert: man habe sie oft genug gewarnt, daß sie in ihren Reden und Schriften vernünftig sein solle; da sie dessen nicht geachtet, sei man wider Willen genötigt worden, zu dieser äußersten Maßregel zu greifen. Wolle sie aber die Papiere aushändigen, solle sie freikommen, doch sich nicht von Pillnitz entfernen dürfen. Wenn nun auch die Gräfin festgesetzt war, wollte der preußische König sie doch nicht an Sachsen ausliefern. Vielleicht wäre es ihr auch gelungen, da sie sich an den König wie an viele einflußreiche Personen mit der Bitte wandte, ihr wieder zur Freiheit zu verhelfen, wenn sie Geld hätte arbeiten lassen. Für einen geringen Teil ihrer Schätze hätte man sie dann wohl entwischen lassen. Aber ihre übergroße Sparsamkeit wurde ihr zum Verderben. Die beiden Könige verhandelten weiter, und endlich wurde das Geschäft dahin geschlossen, daß nach einem eigenhändigen Brief Augusts Friedrich Wilhelm sich zur Auslieferung der Gräfin bereiterklärte, wenn ihm ein Revers ausgestellt würde, daß man alle nach Sachsen übergetretenen preußischen Deserteure ausliefere und die Auslieferung der Gräfin zu keiner Konsequenz gezogen und nur als eine nachbarliche Gefälligkeit betrachtet werden sollte. August gab den Revers, und nun wurde am 21. November 1716 im Beisein des sächsischen Obersten von Diemar in Halle von dem preußischen Obersten von Winterfeld und einem Auditeur eine gründliche Durchsuchung der Sachen der Gräfin vorgenommen: Ihr Bett, sogar ihre Kleidung wurde genau durchmustert; sie leerte selbst die Taschen aus, aber es glückte ihr doch, einen Zettel hinter den Spiegel zu stecken, in dem sie bat, wer etwas von ihren Sachen finde oder erlange, soll treulich damit umgehen. Am nächsten Abend wurde sie an der Grenze dem für sie entsandten Militärkommando übergeben, dessen Offizier im Gegensatz zu Winterfeld sich sehr barsch zeigte. In Merseburg wurde übernachtet, am nächsten Tag ging es nach Leipzig, wo die Gräfin im Gasthaus der Neidhold die Wirtin für ihre Flucht zu gewinnen suchte. Die Erregung übermannte sie hier so, daß sie in eine tiefe Ohnmacht fiel und der sächsische Oberst sie für tot hielt. Sie kam aber wieder rasch zu sich und erklärte dem gleich herbeigeholten Arzt, sie nehme keine Arzenei von ihm, aber wenn er Gift habe, wolle sie es nehmen, er könne ihr wohl den Leib kurieren, doch nicht ihr Herz, das sei wie ein Läppchen. Sie versuchte noch einmal die Gastwirtin zu bewegen, ihr „gemeine Kleider" zu verschaffen und ihr „ein kluges Mensch zu verschaffen, das sie durch Wald und auf abgelegenen Wegen fortbringen könnte", hatte sich auch schon das Gesicht bestrichen, damit sie niemand erkennen sollte, aber aus der Flucht wurde nichts, und auch ein Brief von ihr an den Leutnant d'Hautcharmois aufgefangen, in dem sie schrieb, sie wisse noch nicht, in welch Loch man sie bringen würde. Selbst in der Nacht blieben in ihrem Schlafzimmer, dessen

Bett mit einer spanischen Wand umstellt war, zwei Offiziere. Von Leipzig wurde sie nach dem Schloß zu Nossen
gebracht, wo sie wie eine gefährliche Gefangene bewacht
wurde. Hier erkrankte sie bedenklich, bekam „das böse Wesen", phantasierte, redete närrische Dinge, lachte überlaut,
und Ende November schrieb eine Frau von Meggenburg an
Flemming: „Die arme Gräfin Cosel ist miserabel. Man hat
sie unterwegs von Halle todkrank geholet, der Schlag hat sie
gerührt, die ganze rechte Seite ist lahm. Sie ißt und trinkt
nichts, es ist recht zum erbarmen. Die Geistlichen sind bei
ihr, um sie zu trösten. Sie hat die schwere Noth fort und fort.
Wie sie die 70 Mann gesehen, so erschrak sie und sagte, was
sollen soviel Leute bei mir armen Frau. Sie ist so miserabel,
daß es einen Stein möchte erbarmen." Nachdem sie sich etwas erholt, wurde sie am Weihnachtsabend von Nossen ab-
geholt mit einem unter mehreren Offizieren stehenden
Kommando und unter großen Vorsichtsmaßregeln, unter
Umgehung Dresdens, nach der Festung Stolpen gebracht.
Im Gasthof zu Blasewitz wurde mit fünf Schüsseln diniert;
es waren die letzten Speisen, die sie außerhalb der Mauern
des Schlosses von Stolpen genoß, das sie erst nach fast fünfzig Jahren als eine Tote wieder verlassen sollte und konnte.
Sie wurde ohne Untersuchung, Verteidigung, Urteil zu lebenslänglichem Gefängnis verdammt, als ein Opfer der
Rache und Furcht des Königs, denn es ist nicht zweifelhaft,
daß der starke August sich vor ihr fürchtete. Sie war von
ihm, der ihr ein Eheversprechen gegeben und ihren Besitz
garantiert, betrogen und wie seine früheren und späteren
Mätressen verlassen worden. Er machte keinen Unterschied
zwischen ihr und einer Kessel, Spiegel, Duval. Aber seine
anderen Geliebten fanden sich mit der Tatsache ihrer baldi-
gen oder späteren Verabschiedung alle mehr oder minder

rasch ab. Die Gräfin aber hielt immer an der Fiktion fest, daß sie seine legitime épouse sei, wie er es ihr versichert, und daß er ihr beständig treu bleiben würde. Es war gekommen, wie Haxthausen es ihr vorausgesagt: Er kannte den König besser als sie, und niemand konnte ihm trauen; es gab keine Beständigkeit und keine dauernde Liebe für ihn, und er fand für diese Frau, die an Charakter ihn turmhoch überragte, an ihm in wirklicher Liebe hing und unter seinen zahllosen Mätressen in jeder Hinsicht die bedeutendste war, keinen anderen Platz, da er mit ihr gebrochen, als die Gefängnismauern eines Bergschlosses. Bei all seiner Körperkraft war er doch ein feiger Mensch, der sich scheute, offen zu handeln, und ein Schwächling, der nicht nur gewissen- und bedenkenlos seinen Leidenschaften, sondern auch den Einflüsterungen seiner Höflinge nachgab. Die gemeine Rachsucht, die ihn erfüllte, wenn man seinen Weg und seine Wünsche durchkreuzte, hat sich nie deutlicher als in diesem Fall gezeigt. Die Einkerkerung der Gräfin von Cosel stellt sich neben seine Auslieferung Patkuls an den Schwedenkönig, die ihn schon seinen Zeitgenossen verächtlich gemacht hat.

Im alten Bischofssitz Stolpen, damals einer vieltürmigen stattlichen Burg, wurde die kleine Besatzung vor der Ankunft der gefährlichen Staatsgefangenen um 40 Mann mit 4 Unteroffizieren unter einem Hauptmann Lauterbach verstärkt, ein anderer Hauptmann Heinecken hatte speziell die Gräfin zu beaufsichtigen. Die Hauptpunkte der ausführlichen Instruktion für ihre Bewachung hatte August selbst aufgesetzt. Sie war außerordentlich streng und schloß die Gräfin völlig von der Außenwelt ab. Sie wohnte in einem Haus, das auf der einen Seite an die Schloßkirche, auf der anderen an den sogenannten Johannisturm stieß. Sie kam mit einem Gefolge von fünf Personen, Kammermädchen, Küchenmagd, Koch, Tafeldecker und Stubenheizer, und bezog beide Stockwerke des Hauses. Sie brachte viele Kostbarkeiten an Kleidern, Silbergerät und Schmucksachen mit. Bald nach ihrer Ankunft erkrankte sie wieder und war, wie Heinecken meldet, „mit der größten Compassion anzusehen ... Es scheint auch, als wenn ihr das Gedächtnis ziemlichermaßen ablegte und der Kopf bei diesen schweren Zufällen ziemlich zerrissen würde, in Betrachtung, als sie nach vielen Stunden und nach geendigten Phantasien etwas wieder zu sich selbst kam, bitterlich an zu weinen fing, und wie wir sie zu trösten, um fernerem Elend vorzubeugen, bemüht waren, sagte: ‚Wie hat Gott mich so verlassen, daß ich so gewaltthätiger Weise in meiner Feinde Hände fallen muß, denn gewiß durch meine Missethat mir dieses nicht zugezogen habe. Das Document, worüber man mich so sehr quält, ist nicht in meiner Macht zu verschaffen und hat der König zu der Zeit mir selbst geheißen, es wohl aufzuheben, wer sollte denn glauben, daß eine Sache, die mir von freien und guten Herzen anvertraut worden, jetzt ein Prätext sein muß, mich um Ehre, Gesundheit, Verstand und Freiheit zu bringen.‘“ Wieder gesundet, beklagte sie sich in vielen Briefen bitter über ihr Elend, beschwerte sich über kleinliche Schikanen der Bewachung und versicherte ihrer Mutter, die sie mahnte, nicht durch Widersetzlichkeit gegen den Willen des Königs ihre Leiden zu vermehren und verlängern, sie möge nicht glauben, daß sie an ihrem Unglück Schuld trüge, es sei, als wenn „par comparaison 20 halten die Thüre zu, und ich soll das Leben verbrochen haben, wenn ich sie nicht aufthue, da mir doch alles abgeht, was zu der ersten ordonnance von nöthen ist". Man kann es ihr nicht verdenken, wenn sie in ihren Briefen ihre Worte nicht abwog, obwohl ihr bekannt war, daß alle ihre Briefe gelesen wurden, und Watzdorf beschwerte sich bei August, daß die Gräfin „so méchant" von ihm sprach; doch Flemming schrieb ihm beruhigend, er solle sie nur reden lassen und sich damit trösten, daß er ein ehrlicher Mann sei.

Man unterließ natürlich nicht in Dresden, dem so heißgesuchten Dokument, das der König auf jeden Fall wieder in seine Hand bringen wollte, weiter auf allen Wegen nachzuspüren. Man erfuhr von d'Hautcharmois und ließ ihn durch seinen König, dem man einen „großen Kerl" in Aussicht stellte, zur Herausgabe der ihm übergebenen Papiere auffordern; aber das Dokument war nicht darunter. Man wandte sich an den Bruder des noch in Spandau sitzenden Rantzau, der nach manchem Hin und Her endlich erklärte, daß sich ein versiegeltes Paket, an die Baronin von Hoym adressiert, im Archiv zu Drage gefunden habe. Er lieferte auch dies Paket, in dem sich das von August unter dem 12. Dezember 1705 ausgestellte Dokument über das lebenslängliche Konsortium befand, aus, das der König sofort vernichtete. Im Sommer erfuhr die Gräfin davon und schrieb an Löwendal, ihr Geschick ruhe nun in den Händen von Leuten, „die Gott danken, daß sie weder Gewissen noch Rechtschaffenheit haben". Man begreift nun wirklich nicht mehr, warum August, der nun doch das ihn so sehr belastende Dokument endlich bekommen und diesen Zeugen seiner Wortbrüchigkeit vernichtet hatte, die Gräfin nicht freiließ, wenn man nicht, wie es auch allein übrigbleibt, annehmen muß, er habe sich in gemeiner Weise an ihr rächen wollen.

In der ersten Zeit auf Stolpen konnte sie ihr Vermögen allein verwalten, dann wurden ihr Kuratoren bestellt und eine Kommission zur Aufnahme eines Inventars ihres Vermögens eingesetzt. Aber sie verweigerte ihr jede Auskunft.

August wollte, wie ihre Häuser in Dresden, auch Pillnitz wieder übernehmen, was auch trotz ihres Widerspruchs gegen eine bestimmte Taxsumme geschah. Sie kämpfte erbittert für ihren Besitz, und ihre Briefe sind mit Klagen und Beschwerden aller Art über die Behörden und Ämter, mit denen sie zu tun hatte, gefüllt. Ihre Pension wurde ihr durch Reskript vom 10. August 1720 „wegen ihrer üblen Aufführung und ungebührlichen Bezeigens" entzogen: Sie wollte nicht die Quittungen über ihre Pension, die mit zum Unterhalt ihrer Kinder verwandt werden sollte, unterschreiben, wenn nicht das Geld in ihre Hände gezahlt würde. Um die Erziehung ihrer Kinder kümmerte sie sich, soweit es in ihrer Möglichkeit war. Für den Unterricht ihres Sohnes gab sie genaue Anweisungen. Wegen ihrer Töchter, die 1721 von Depenau, wo sich die alte Frau von Brockdorf um sie bemüht hatte, nach Dresden gebracht und unter die Hut der Oberhofmarschallin von Löwendal gestellt wurden, korrespondierte sie lebhaft mit ihrer Mutter. Beide wurden 1725 und 1730 vorteilhaft verheiratet; die ältere mit dem Oberfalkenmeister Grafen von Friesen, die zweite mit dem polnischen Krongroßschatzmeister Grafen Moszinski, und erhielten je 100.000 Taler aus dem Vermögen der Mutter gegen Entsagung auf alle Erbansprüche. Da die Gräfin von Cosel jede Auskunft über ihr Vermögen verweigerte, das für die Kinder zusammenbleiben sollte, forschte man überall nach, wo sich ihre Effekten und Wertsachen befänden. Man wandte sich an ihre Kammerjungfer Rost, die mit ihr in Berlin gewesen war, an Pörlhäffter, der ihr beim Packen geholfen, und konfrontierte diesen, der nach mehrwöchentlichem Gefängnis gestanden, was ihm bekannt, mit der Gräfin, die bewogen werden sollte, zu sagen, wo sie ihre Schätze und die Quittung d'Hautcharmois' verborgen. Als sie sich weigerte, wurde sie sowie ihre Wohnung genau durchsucht, zwei Tage lang, aber man fand nichts Bedenkliches bis auf 47 in einer Zuckerdose versteckte Dukaten: Es sollte ja nach der Instruktion ihr kein bares Geld in die Hände gegeben werden. Man deckte Durchstechereien mit einem zur Festungsgarnison gehörenden Leutnant Helm und ihrem Lakaien Gäbler auf; beide wurden sofort entfernt und streng bestraft. Pörlhäffter gelobte eidlich, alles tun zu wollen, um die Wertsachen und Skripturen der Gräfin herbeizuschaffen, die überall, in Teplitz, Dresden, Depenau, Berlin, Hamburg und sonstwo zerstreut waren. Man erhielt auch die in Teplitz und Dresden befindlichen Koffer und Kisten, und die Mutter der Gräfin, Frau von Brockdorf, verstand sich auch zur Herausgabe der bei ihr liegenden Sachen unter folgenden Bedingungen: Die sämtlichen Dokumente und Briefschaften sowie das sämtliche Vermögen, das die Gräfin in den Händen gehabt, an Kapitalien, Preziosen und Möbeln, sollte zusammengebracht, die Wertsachen verkauft, die Außenstände eingetrieben, das Kapital zum Teil zum Ankauf eines Ritterguts oder einer Herrschaft in Sachsen verwandt werden. Die Vermögensverwaltung solle den Kuratoren bleiben, die Revenuen nach einem bestimmten Maß unter die Gräfin und ihre Kinder geteilt werden. Wird ein Gut gekauft, soll die Gräfin dort wohnen; bis dahin wird ihr der König eine Wohnung anweisen. Die Gräfin hat bei ihrer Freilassung, die für Frau von Brockdorf die erste Bedingung war, außer der Urfehde noch einen Eid zu leisten, sie werde aus dem ihr angewiesenen Wohnort und dessen Distrikt, soweit er ihr angewiesen, nicht entweichen, am wenigsten sich außer Landes begeben; in die Gegend, wo der König sich befindet, zu kommen sich niemals unterstehen; ohne königliche Erlaubnis sich außer den ihr anzuweisenden Einkünften nichts anmaßen, von ihrem Vermögen nichts verkaufen, verschenken, verpfänden, darüber weder unter den Lebenden noch auf den Todesfall disponieren; in keine Staats- oder andere Sachen sich auf einige Art, weder durch Korrespondenz noch sonst, einmischen, noch anderes, woraus dem König, seinen Dienern oder Privatpersonen Unlust, Verdruß, Schaden oder Nachteil oder auch dem Publico einiges Präjudiz entstehen könnte, unternehmen; sich ohne Einwilligung des Königs nicht verloben oder verheiraten; wenn ihr eine Heirat gestattet werde, ihrem Ehegatten und den mit ihm erzeugten Kindern ein Mehreres, als was dem König gefällig und von ihm determiniert werde, nicht zuwenden; wenn sie gegen einen dieser Punkte handle, sollte sie ihres ganzen Vermögens verlustig sein und dieses auf ihre Kinder übergehen. Die Erfüllung dieser Bedingungen wurde vom König eigenhändig „bei Unserm Königlichen Wort" unter dem 16. Dezember 1723 zugesagt. Aber die Gräfin hatte zur Genüge die königlichen feierlichen Versicherungen kennengelernt, um diesem neuen königlichen Wort zu trauen. Sie hatte nach den beiden vorausgegangenen Proben nicht die mindeste Gewähr, daß er diesmal seine Zusicherung halte. Er hatte sie zweimal gröblich betrogen und konnte es auch ebenso das dritte Mal tun. Nach dieser Erkenntnis handelte sie und verweigerte jede Auskunft darüber, wo noch Wertsachen sich von ihr befänden, und jede Mitwirkung an der Auslieferung der in Berlin lagernden Kisten. Nach zum Teil langen und kostspieligen Verhandlungen kam man aber auch in den Besitz der in Berlin und Hamburg liegenden Sachen sowie der d'Hautcharmois anvertrauten Stücke. Nur was der Oberst von Wangenheim einst gestohlen, war verloren. Die Herbeischaffung und Ausfindigmachung der Schriften und Wertsachen der Gräfin kostete über 66.000 Taler; nach der nun möglichen Feststellung ihres Vermögens wurde es auf 625.000 Taler geschätzt. Bezeichnend für sie ist, daß sich unter ihren beigebrachten Büchern Julius Cäsar, Florus, Ovid, Nepos in der Ursprache befanden, so daß sie also wohl Latein hat lesen können, dann viele Memoiren, historische und politische Werke. Unter ihren Schriften traf man auf viele französische Gedichte von ihrer Hand, die, wenn auch ohne besonderen poetischen Wert, doch Gewandtheit und Geist zeigen.

Sie ertrug, wie es bei ihrem Temperament und ihrer zur Untätigkeit verurteilten großen geistigen Kraft verständlich ist, ihr Gefängnis nur mit großer Bitterkeit und wurde nicht müde, überall, wo sie Hilfe erwarten zu können glaubte, darum nachzusuchen; aber alles war vergebens. Mit dem zweiten Kommandanten von Stolpen, dem sehr beschränkten Oberst von Boblick, lebte sie in heftiger Fehde wegen seiner albernen Schikanen. Im Jahre 1727, nach einer elfjährigen Einkerkerung, sah sie den König vom Fenster ihres Hauses. Er war gekommen, um Schießproben beizuwohnen. Sie rief ihn an, aber er lüftete nur leicht den Hut und ritt, ohne ein Wort, sofort davon. Sie hielt sehr auch jetzt noch auf ihre Stellung, und als der General Obmauß wieder auf der Festung Schießproben anstellen ließ und, ohne ihr einen Besuch zu machen, wieder abreiste, erkundigte sie sich, „warum er nicht neger gekommen wehre, auch stünde es nicht wohl, Damens erstlich mit Canonschüsse zu wecken und nach mallen stillschweigens davon zu ziehn". Wieder und wieder geht sie den König um ihre Befreiung an, und 1730, wo sie eine Lähmung am rechten Schenkel befiel, schrieb sie an Wackerbart, jetzt müsse doch die Rache ihren Gipfel erreicht haben. Er erwiderte, der König sei für ihr Freiheitsgesuch „noch nicht genug disponirt". Als August am 1. Februar 1733 in Warschau starb, glaubte ihr Boblick den Tod verschweigen zu müssen, und als sie ihm „stark zusetzte, warum und um wen die Glocken geläutet würden, wendete er die Frage soviel wie möglich mit Excüsen ab". Aber sie erfuhr doch die Nachricht, die sie tief erregte, hoffte sie nun doch mit Bestimmtheit auf ihre endliche Befreiung. Sie schrieb an den neuen Kurfürsten, seine Frau, an alle einflußreichen Hofleute ihre Bittbriefe, in deren einem es heißt: „Sollte es denn keine Möglichkeit sein, S. K. H. dahin zu disponiren, daß Sie mit Gnaden die edle Freiheit mir zustünden, den was ist ihnen mit der lengern Qwahl einer alten ungesunden Frau gedient, die so viele trübselige Gewitter ausgestanden, und wenn es zu sagen wehre, umb der Warheit und Billigkeit Hiobs Leyden und Vorwürfe erdulden und noch tragen muß."

Doch auch jetzt wurde sie nicht freigelassen. Warum, ist ganz unklar. Vielleicht machten sich nach dem Tode des Königs noch die andern Feinde der Gräfin mit ihrem ganzen Einfluß bemerkbar. Die einzige Wirkung ihrer flehentlichen Schreiben waren einige Erleichterungen in ihrem Gefängnis. Wie sie schon früher französische Zeitungen hatte lesen können, so bekam sie nun auch das sehr magere Blättchen der „Leipziger Zeitung". Sie durfte Besuche annehmen, auch ihre Kinder einige Male im Jahre sehen, doch mußten sie sich unter Aufsicht in der Stadt einquartieren, um ihr nicht die Möglichkeit etwaiger Flucht oder verbotener Korrespondenz zu bieten. Sie war den Kindern, die fern von ihr aufgewachsen waren und, wie sie sagt, sich nach einer gewissen Seite gewendet hätten, fremd geworden, und sie waren ihr auch entfremdet, so daß ein kühles Verhältnis zwischen ihnen bestand, und sie beschuldigte sie, daß sie ihren

Tod lebhaft herbeiwünschten. Sie erneute immer wieder ihre Gesuche um ihre Freilassung; doch im Herbst 1740 erklärte der König wieder (denn auch der Kurfürst Friedrich August II. trug die Polenkrone als August III.), daß er „aus bewegenden Gründen zur Zeit Bedenken gefunden, sie in völlige Freiheit zu setzen"; aber sie durfte sich nun frei auf der Festung bewegen, und ihre Korrespondenz mit ihren Kindern, Kuratoren und Ärzten wurde freigegeben. Sie mußte jetzt allmählich die Hoffnung aufgeben, jemals wieder in die Welt zurückzukehren, die sich während ihrer langen Einkerkerung ganz verändert hatte. Schon 1733, im Todesjahr Augusts des Starken, schrieb sie, „daß nur noch ein Mensch lebt, der Grund hätte, sich ihrer und der Vergangenheit im Guten zu erinnern"; wen sie damit gemeint hat, wissen wir nicht. Sie hatte viel Ärger und Verdruß mit dem beschränkten Boblick, mit ihren Dienstboten, mit ihrem baufälligen Haus, bei dem schließlich alle Reparaturen nichts mehr nutzten, mit schlechten Lebensmittellieferungen. Sie hielt auf eine gute Tafel und ließ sich von der Leipziger Messe regelmäßig für bedeutende Summen Spezereien und Leckerbissen kommen, beklagte sich auch wohl manchmal, daß der ihr geschickte Zuckerkant, Kakao und Vanille so schlecht verpackt worden, daß „es benascht und halbirt worden" und die Vanille weder Geschmack noch Geruch habe. Ihre Besucher bekamen Schokolade, die sie selbst bereitete. Wie sie einst in ihrem Pillnitz allerlei laboriert hatte, so kochte, braute, destillierte sie auch jetzt, allerdings nicht mehr wie einst auf der Suche nach der Goldtinktur, nach Rezepten, die sie geheimhielt, allerlei Latwergen, Tränke, Aquavite – man fand auch nach ihrem Tode eine Menge Schränke voll Flaschen mit Konfitüren und abgezogenen Wassern, doch ohne Etiketten –, vertrieb sich die Zeit in ihrem kleinen Garten, den sie selbst pflegte, und vor allem mit ihren Büchern, die sie ständig vermehrte. Sie beschäftigte sich viel mit der Kabbala und mystischen Schriften, las aber am häufigsten die Bibel und in ihr das Alte Testament. Sie stellte den rächenden Jehova, den mächtigen Gott des Zorns und heiligen Ungewitters, über den milden, verzeihenden Jesus des Neuen Bundes; sie soll auch viel mit Juden verkehrt haben und ließ von einem Pfarrer hebräische Traktate übersetzen, fragte ihn auch bei einem Besuch, wobei sie ihm im Gewande eines jüdischen Hohepriesters entgegentrat, nach der Deutung verschiedener Talmudstellen, jüdischen Gebetbüchern und sonstigen rabbinischen Dingen, wobei sie auch allerlei Dinge aufs Tapet brachte, die gegen die Lehre Jesu und seine Person gerichtet waren. Als der Prinz von Ligne die Zweiundachtzigjährige in Stolpen während des Siebenjährigen Krieges besuchte, sagte sie ihm, sie habe alle Religionen studiert und sich zuletzt für die jüdische entschieden, und schenkte ihm auch eine ihrer Bibeln, die sie mit eigenhändigen, mit dickem Rotstift geschriebenen Bemerkungen versehen hatte.

Sie war vielfach krank, durch Feuer und Blitzschläge heftig erschreckt, und als ihr bei einem Ofeneinsturz das linke Bein zerschmettert wurde, zog sie, ihres Lebens nicht mehr sicher, in den Johannisturm neben ihrem Haus. Schon im zweiten Schlesischen Krieg erschienen einmal preußische Husaren vor Stolpen für kurze Zeit; im Siebenjährigen Krieg wurde das Schloß genommen von dem preußischen Oberstleutnant von Warnery, der auch den greisen Kommandanten Liebenau, der von allen Kommandanten in Stolpen die Gräfin am besten zu behandeln wußte, verwundete, und vier Jahre später sah sie von ihren Fenstern die vielen Feuer in den Höfen des Schlosses, an denen die von Daun eingebrachten preußischen Kriegsgefangenen sich lagerten, die dann auch in ihrem Hunger ihre Küche und ihren Keller gründlich plünderten. Im zweiten Stock des Johannisturms wohnte die Gräfin, im ersten war die Küche. In jedem Stock war nur ein gewölbtes Zimmer, in dem die ehemaligen Kanonenluken zu vier Fenstern vergrößert wurden, deren jedes bei der Dicke der Mauern ein kleines Kabinett bildete. In den letzten Jahren ihres Lebens verließ sie ihr Turmzimmer fast nie mehr. Von ihrem ganzen Hausstand hatte sie nur eine Magd und einen Stubenheizer behalten. In dem kleinen Wohnzimmer mit seinem Steinboden waren keine Tapeten, zwei alte, sehr schadhafte Stühle, zwei kleine hölzerne Tische, ein großes hölzernes Bett ohne Vorhänge und ihr Stuhl, worauf sie zwischen hölzernen Seitenlehnen ohne Rückenstück auf zwei alten Federkissen, den Rücken stets nach dem Ofen, saß. Durch den vielen Rauch und Dampf einer von der Mitte der Decke herabhängenden Lampe, die vom Abend bis zum Morgen brennen mußte, war alles so schwarz geworden, daß man den Zeiger einer an der Wand hängenden schlechten Schlaguhr nicht erkennen konnte. Hier verbrachte die einst so gefeierte Schönheit, die an Glanz und Pracht gewöhnt war und einen prunkvollen Hof beherrscht hatte, ihre letzten Jahre, oft in dumpfem Brüten zurückwandernd in eine längst abgestorbene Welt, die ihr auch nur noch schattenhaft vor den müden Augen gaukeln mochte, immer ihre mächtige Bibel vor sich, den Quartband, den 1711 der Hochfürstl. Holstein-Gottorff. priv. Buchdrucker Hermann Heinrich Holle zu Schiffbeck bei Hamburg herausgebracht hatte.

Die alte Frau wartete nur noch auf ihren Tod, der sie aus ihrem Gefängnis allein zu befreien vermochte und so lange auf sich warten ließ.

Am letzten März 1765 verschied sie sanft bei einer hellen Frühlingssonne.

Sie hatte, wie der Stolpener Amtmann meldet, kurz vor ihrem Ende ziemlich die Christen, wie sie es auch bei gesunden Tagen zu tun gewohnt war, geschmäht und ausdrücklich verlangt, daß ihr Körper auf dem bei Langenwolmsdorf bei Stolpen liegenden Schafberg beerdigt werden sollte. Aber man setzte sie im Beisein ihres Sohnes und seiner Frau in der Schloßkirche bei.

Ihr Leib wurde, wie man mit den neugeborenen Kindern zu tun pflegt, eingewickelt, in einen fichtenen Sarg gelegt und nach ihrer Weisung ein Pergamentblatt auf ihre Brust gelegt, auf dem stand: „Den warhaftigen Weg habe ich auserwählt. Deine Gericht habe ich mir vorgestellt. Got du solst mich nit verschämen, ich habe mich gehefft an Deine Gezeugnisse, ich will den Weg vor Deinen Geboten laufen, denn Du wirst mein Herz erweitern. Gott lern mich den Weg von Deinen Gesetz und ich will sie hüten bis zu den End."

Auf dem Deckel des mit blauem Tuch belegten Sarges war ein Schieber, darunter die ebengenannten Worte noch einmal, auf ihren Mund wurde nach ihrer Anordnung ein Schälchen aus Serpentinstein gelegt, auf den Sarg eine zinnerne Platte geheftet, worauf ihr Name, Jahr und Tag der Geburt nebst ihren Eltern und Voreltern verzeichnet waren.

Ihr Sohn wurde alleiniger Erbe, ihre sie noch überlebende Tochter, Gräfin Moszinska, bekam nur ein Legat von 1.000 Talern.

Der Glauben, in dem die Gräfin von Cosel verstorben, erklärt der Stolpener Amtmann, sei schwer zu determinieren; es sei wahr, daß sie vor dem letzten Krieg mit verschiedenen Juden aus Böhmen und anderen Ländern stärkere Konnexion, als seit der Krieg geendigt und Friede worden, gehabt. Sie habe sehr fleißig in der Bibel gelesen und sich als Jüdisch-Deutsch vielleicht mit Vorsatz angewöhnt; es sei auch wahr, daß sie den Sonnabend jeder Woche als ihren Sabbat gefeiert und den Christen, wenn sich diese dazu brauchen lassen, am Sonntag gern etwas zu schaffen gemacht; auch sei wahr, daß sie kein Schweinefleisch, keinen im Blut erstickten Vogel oder ander dergleichen Federvieh, noch einen Fisch ohne Schuppen gegessen; es sei auch wahr, daß sie zwar anfangs den Gottesdienst besucht, aber seit vielen Jahren nicht mehr in die Kirche gekommen sei. „Meines Behalts hat Defuncta nicht wissen wollen, an wen sie glauben soll."

Als man ihren Nachlaß aufnahm, fand man so viel Hausrat, „daß die Bewohner von ganz Stolpen damit versehen werden könnten, alles so unordentlich durcheinander, daß man kaum einen Fuß auf den Boden setzen konnte".

Eine Menge Schränke enthielten alle möglichen, gefüllten, aber nicht etikettierten Flaschen, Kisten voll verschimmelter Zitronen, mit getrocknetem Obst, Koffer mit kostbaren, lange verblichenen Kleidern standen herum. Die Bibliothek war gegen 3.000 Bände stark: Neben geschichtlichen, philosophischen, theologischen, physikalischen und chemischen Werken lagen viele Bibeln, darunter die schon erwähnte Quartausgabe in drei Exemplaren.

Sie lagen staubbedeckt offen auf den Tischen, die aufgeschlagenen Stellen waren alle aus den fünf Büchern Mosis und den Psalmen. Viel war rot angestrichen.

An ihr Leben mit August erinnerte nur eine goldene englische Uhr, deren Gehäuse seine Initialen trug, und ein Brief von ihm in französischer Sprache, dessen Inhalt uns aber nicht überliefert ist.

Der Stolpener Amtmann sagte, er habe gar oft von ihr

gehört, daß sie alles, was zu ihrer Lebenshistorie gehört, vorlängst kassiert habe und kein Mensch sich rühmen solle, mit ihrem Willen davon ein Blatt zu Gesicht zu bekommen, wie sie denn gegen ihn oft erwähnt, daß ihre Erben und jedermann sich gewaltig betrügen würden, wenn man nach ihrem Tode große Schätze oder wichtige Nachrichten zu finden glaube. Sie wisse wohl, daß viele Leute in diesen Gedanken ständen, und es gereiche ihr solches zu ihrem wahren Divertissement, sie könne es aber auch nicht übers Herz bringen, diese guten Leute in ihrem angenehmen Traume zu stören.

Man suchte überall nach barem Geld und Preziosen, fand aber nichts als nach langem Stöbern im Roßhaarpolster eines mit Leder überzogenen Sitzbrettes in Papier gewickelte 105 Gulden. Wo alles andere hingekommen, ist nie festgestellt worden.

1881 traf man beim Suchen nach alten Gräbern Inschriften in der Ruine der Schloßkirche auf das Grab der Gräfin und in ihm noch auf ein paar Stücke des Holzsarges, einen Fetzen gelben Seidenstoffes, mit dem der Sarg ausgeschlagen gewesen, und eine fast goldgelb gebleichte Haarlocke.

Wie die Gräfin ist auch ihr Gefängnis längst zerfallen, und aus der alten vieltürmigen Bischofsburg wurde mit den rasch laufenden Menschenaltern eine von ihrem hohen Basaltkegel weithin im Land sichtbare malerische Ruine.

Jeanne Antoinette Poisson
Marquise von Pompadour

Unter den von der Marquise von Pompadour verliehenen Pensionen findet man auch eine für eine Frau Lebon, eine Kartenlegerin, die ihr, als sie neun Jahre alt war, prophezeit hatte, daß sie einst die Mätresse Ludwigs XV. von Frankreich werden würde. Diese Worte vergaß sie nie, und als sie sich erfüllt hatten, gedachte sie mit Dank der Glücksprophetin. Ihr Ziel stand ihr früh und klar vor Augen, und sie arbeitete mit allen Mitteln daran, es zu erreichen; es glückte ihr auch trotz aller und der größten Hindernisse, die ihr entgegenstanden. Sie wollte nicht zu den vielen flüchtigen Liebschaften des Königs zählen, sondern seine erklärte Mätresse werden, die Nachfolgerin der großen adligen Damen, die sich einer längeren Neigung Ludwigs erfreut hatten. Sie dachte an eine Rolle im Stil der Montespan oder noch lieber der Maintenon unter Ludwig XIV. Sie wurde auch bewußt von ihrer Mutter dazu erzogen, einmal ein „Bissen für den König" zu sein. Geboren als die Tochter des Stallmeisters des Herzogs von Orléans, Franz Poisson, und seiner Frau Luise Magdalena de la Motte, am 30. Dezember 1721, erhielt sie eine sehr sorgfältige Erziehung. Jeliotte lehrte sie singen und das Klavizimbalum spielen, Guibaudet tanzen, Crebillon deklamieren und rezitieren. Sie lernte zeichnen, radieren, aber auch vollendet reiten und sich mit dem besten Geschmack kleiden. Der Generalpächter Lenormant de Tournehem, der letzte der Liebhaber ihrer galanten Mutter, trug die Kosten der trefflichen Erziehung der kleinen Jeanne Antoinette; ihr Vater, gegen den ein Prozeß wegen Unterschleifens schwebte, die er sich bei der Verproviantierung von Paris und verschiedener Grenzorte habe zuschulden kommen lassen, hielt es für geraten, eine Zeitlang außer Landes zu gehen und erst zurückzukehren, als er sich vergewissert hatte, daß seine Sache nicht so schlecht stehe, als er geglaubt. Das junge Mädchen, das in geistiger Beziehung von der Natur reich bedacht war, fand sich auch durch große körperliche Reize ausgezeichnet. Wenn einer ihrer erbittertsten Gegner, Argenson, von ihr nur sagt, sie sei blond und weiß, ohne besondere Charakterzüge des Äußern, aber mit Anmut und Talenten begabt, groß von Figur, aber ziemlich schlecht gebaut, so hat ein anderer ihrer Zeitgenossen, Leroy, der Oberjagdmeister des Parks von Versailles, sie mit weit größerem Wohlwollen geschildert: von einer Größe über das gewöhnliche Maß, schlank, ungezwungen, geschmeidig, elegant. Das Gesicht ein vollkommenes Oval; schöne hellkastanienbraune Haare, ziemlich große Augen, von schönen Wimpern in der Farbe der Haare beschattet. Eine durchaus wohlgebildete Nase, ein reizender Mund, sehr schöne Zähne. Ein bezauberndes Lächeln. Ein prächtiger Teint, Augen von unbestimmter Farbe: „Sie hatten nicht das lebhafte Funkeln schwarzer, das zarte Schmachten blauer, die Feinheiten, die den grauen Augen eigen sind, ihre unbestimmte Farbe schien sie für alle Arten der Verführung geeignet zu machen und nacheinander alle Eindrücke einer sehr beweglichen Seele widerzuspiegeln." Ein unendlich wechselndes Mienenspiel bei immer harmonisch bleibendem Eindruck des Gesichts. Alles verriet eine Seele, die sich selbst genügend beherrschen konnte. „Ihre Bewegungen stimmten mit dem übrigen zusammen, und das Gesamtbild ihrer Person schien den Grenzstrich zwischen dem letzten Grad der Eleganz und dem ersten des Adels zu zeichnen." Natürlich wurde eine durch solche körperlichen und geistigen Reize ausgezeichnete Dame lebhaft umworben. Sie gab kühl berechnend dem Neffen ihres Schützers, Lenormant von Étioles, ihre Hand. Ihr Gatte, vierundzwanzig, kaum fünf Jahre älter als sie, war unansehnlich, aber als Erbe des Generalpächters reich. Sie hatte neben ihm ein sorgloses Leben vor sich und erklärte offen, niemand auf der Welt könne sie zur Untreue gegen ihren Mann verleiten außer dem König selbst. Sie wußte sich glänzend in Szene zu setzen, man sprach bald von ihr, auch bei Hof, und der Präsident Hénault, der zur Abendgesellschaft der Königin gehörte, redete von ihr als einer der hübschesten Frauen, die er je gesehen. „Sie beherrscht die Musik vollkommen, sie singt mit aller Heiterkeit und allein nur möglichen Geschmack, sie weiß hundert Lieder zu singen, spielt in Étioles Komödie auf einem ebenso schönen Theater, wo es Maschinen und Szenenwechsel gibt."

Aber der jungen reizenden Frau von Étioles war es nicht genug, der bewunderte Mittelpunkt der auserlesenen Gesellschaft zu sein, die sie auf dem prächtigen Landgut ihres Mannes vereinte. Sie hatte ihr Ziel unverrückt im Auge und suchte mit allen Mitteln die Aufmerksamkeit des Königs, der damals von der stolzen Herzogin von Châteauroux beherrscht wurde, auf sich zu ziehen. Sie zeigte sich ihm häufig im Walde von Senart, wo Ludwig jagte, in den kokettesten, auffallendsten Kostümen, bald in einem himmelblauen Kleid in einem rosenfarbenen Phaeton, bald in Rosa gekleidet in einem himmelblauen Wagen, und es glückte ihr auch, seine Augen zu fesseln, er hörte auch manches von der „kleinen Étioles", das seine Neugier erregte, aber seine herzogliche Geliebte machte kraftvoll dem bedenkenlosen Treiben der geborenen Poisson ein Ende, indem sie ihr das Auftreten bei den königlichen Jagden kurz untersagte. Erst als die

Herzogin unerwartet früh starb, sah Frau von Étioles den Weg zum König für sich frei. Auf dem großen Maskenball des Fastnachtssonntags, der am 28. Februar 1745 im Stadthaus von Paris anläßlich der Hochzeit des Dauphins mit der Spanierin Maria Theresa stattfand, bot sich ihr die günstige Möglichkeit, dem König nahe zu kommen. Ludwig wurde wiederholt durch eine reizende Maske geneckt, die schließlich auf sein Bitten das Visier lüftete. Sie ließ scheinbar versehentlich ihr Taschentuch fallen, der König hob es rasch auf, warf es ihr zu, und damit war der Liebeshandel eingeleitet, der von dem vertrauten Kammerdiener Ludwigs, Binet, begünstigt wurde. Anfang April erschien die junge Frau in Versailles bei der italienischen Komödie in einer Loge neben der Bühne gerade vor der vergitterten Loge des Königs, und als man Ludwig an den folgenden Tagen allein in seinen Kabinetten speisen sah, glaubte der ganze Hof, daß seine einzige Tischgenossin „die kleine Étioles" sei. Sie gab sich ihm auch hin, aber mit dieser Zusammenkunft schien das Interesse Ludwigs für sie auch erloschen zu sein. Man mußte ihn erst wieder geschickt bearbeiten, um es von neuem anzufachen. Ludwig sagte Binet, daß ihm Frau von Étioles wohl gefallen, er aber geglaubt habe, bei ihr deutlich Ehrgeiz und Interesse herauszumerken. Der Kammerdiener versicherte ihm, sie wäre bis zum Wahnsinn in ihn verliebt, und es bliebe ihr, da ihr Mann Verdacht geschöpft, nur übrig, als Verzweifelte zu sterben, um die Liebe des Königs nicht zu überleben und den Zorn des Mannes, der sie vergöttere, zu täuschen. Bei der nun folgenden Zusammenkunft mit Ludwig benahm sich Frau von Étioles vorsichtiger und zeigte sich nur als die liebenswürdige schöne Frau, die der König in ihr zu sehen wünschte. Durch eine sehr gut gespielte Komödie, in der sie von ihrer Furcht vor ihrem

Manne sprach, wußte sie Ludwig zu bestimmen, sie in Versailles bei sich zu behalten. Damit war ihre Herrschaft über den König begründet, der seiner flüchtigen Liebschaften überdrüssig war und vergebens bei seiner Frau Zerstreuung gesucht hatte. Es gelang ihr ohne Mühe, ihren Mann aus Paris zu entfernen, als Sozius seines Onkels wurde er beauftragt, die Runde der Generalpächter in der Provinz zu machen; ebenso glückte es ihr, sich des königlichen Schutzes zu versichern gegen die von der Umgebung des Thronfolgers gegen sie gesponnenen Intrigen, und dann sah sie sich von ihrem Liebhaber mit dem Versprechen beglückt, als erklärte Mätresse anerkannt zu werden, sobald der König aus seinem flandrischen Feldzug zurückgekehrt wäre. Während für sie in Versailles die Wohnung der verstorbenen Herzogin von Châteauroux hergerichtet wurde, blieb sie in Étioles. Der König schrieb ihr fleißig zärtliche Briefe, die mit der Devise: „Verschwiegen und treu!" versiegelt waren, und sie erwiderte mit Briefen, die der Abbé von Bernis, später ihr bevorzugter Schützling, aufs feinste und geistreichste stilisierte. Auf einem der letzten Briefe Ludwigs fand sie die Aufschrift: an die Marquise von Pompadour; er enthielt den Erlaß, der ihr diesen Titel einer erloschenen Adelsfamilie in Limousin zusprach. Am 14. September 1745 fand ihre Vorstellung am Hof in Versailles statt. Ludwig wurde hierbei verlegen und errötete einen Augenblick stark; die Königin, schon lange an Demütigungen aller Art durch ihren Mann gewöhnt, empfing seine neue Mätresse weit freundlicher, als man geglaubt, nur der Dauphin blieb bei den wenigen belanglosen Worten, die man vorher festgesetzt hatte. Wenige Tage später reiste die Marquise mit dem König nach Choisy, das eben neu hergerichtet worden war, und im Oktober nach Fontainebleau. Sie lebte hier in kluger Zurückhaltung und übte eine sehr geschickte Politik, die sich auf die Ratschläge ihrer Vertrauten, Frau von Tencin, und ihrer Mutter aufbaute, die noch einige Monate das Glück erlebte, ihre kleine Jeanne Antoinette in der ersten Glorie als königliche Mätresse zu sehen, und Ende Dezember 1745 mit einer Fülle bester Ratschläge für ihre Tochter starb.

Die Stellung der Marquise am Hof war nicht leicht. Bisher hatte nur der Adel dem König seine Mätressen geliefert. Jetzt hatte die geborene Poisson dies Vorrecht durchbrochen. Tausend feindliche Augen umspähten sie, tausend scharfe Zungen setzten sich sofort in Bewegung bei den geringsten Vergeßlichkeiten, bei den kleinsten Irrtümern in der Etikette, bei Verstößen gegen die höfische Sprache, die die Grisette und Robine, wie man sie verächtlich insgeheim nannte, beging. Anzügliche Lieder, kräftige Schmähschriften tauchten auf. Man erzählte sich die frechsten Dinge von ihrer galanten Mutter und ihrem betrügerischen Vater, der die Manieren eines Stallknechts habe. Einer ihrer gefährlichsten Feinde war der Minister Maurepas, der sich nicht genug darin tun konnte, die neue Mätresse auf jede Weise zu bekriegen und herabzusetzen. Zu ihm traten der Minister Argenson, der Generalkontrolleur Orry und andere. Doch sie wußte einige Minister für sich zu gewinnen und die großen Geldmänner Gebrüder Pâris, die sie seit Jahren kannte, in einflußreichste Gunst beim König zu setzen. Sie zog den Prinzen von Conti auf ihre Seite, dem sie für seinen Sohn eine der Töchter Ludwigs versprach. Sie köderte den großen Kriegsmann Marschall Belle-Isle. Sie setzte alles daran, den mächtigen Günstling des Königs, Richelieu, für sich zu erobern. Aber diesen fand sie auf allen Wegen gegen sich, wenn er ihr auch scheinbar in allem gefällig und dienstbereit sein wollte. Den Dauphin zu gewinnen, mußte sie aufgeben, aber es glückte ihr, die Königin zu bestimmen, sich in den höfischen Ränken neutral zu verhalten.

Wenn sie sich aber in ihrer gefährdeten Stellung behaupten wollte, mußte sie vor allem danach trachten, den König zu fesseln. Das war ihre schwerste und bedeutungsvollste Aufgabe. Der gefährlichste und immer wiederkehrende Feind Ludwigs war die Langeweile, unter der er litt. Er stand an der Spitze der französischen Gesellschaft, deren Herrschaft zu Ende ging, weil ihr Ziel erreicht war. Eine neue Zeit nahte, die die glänzende, von allem gesättigte und mit allem übersättigte Epoche ablösen sollte. Der geistreiche Abbé Galliani sagte vom König, Ludwig XV. treibe das häßlichste Handwerk, das des Königs, und treibe es so widerwillig wie möglich. Damit hat er Ludwig kurz und treffend gezeichnet. Es gibt kaum einen größeren Gegensatz als den zwischen Ludwig XIV. und Ludwig XV. Jener immer ein glänzender Akteur des Königtums, dieser Publikum des Königtums. „Sollte man nicht denken, daß er bei seiner Regierung zugegen war wie bei einer solennen Feier, die fatal und unerträglich ist, oder vielmehr wie bei einem schlechten Stück? Der Mann, der hinter dem König stand, der Mann, der den Herrscher in sich so gut verleugnete, der Mann in Ludwig XV. war ein Abgrund voll Langeweile. Diese war der Dämon, der vertraute Henker seiner langsamen Existenz, seiner schweren Stunden, seiner trägen und spleenigen Launen, seines selbstsüchtigen und verdorrten Herzens. Alles bei ihm, bis zu seinen Leidenschaften hin, war von der „Langenweile abhängig und fiel der Langenweile zum Opfer, so sehr, daß diese Geschichte der Liebesverhältnisse eines Königs die Geschichte der Langenweile eines Mannes ist". Unter all seinen Mätressen besaß die Pompadour allein die Gabe, seine Langeweile zu mildern. Sie war bemüht, immer ein neuer Reiz für ihn zu sein und immer neue Zerstreuungen für ihn zu ersinnen. Sie sang oder spielte ihm vor oder erzählte mit der ihr eigenen Pikanterie eine der neuesten galanten Geschichten; wenn ein Minister ihn mit seinem Vortrag langweilte, was die Regel bei dem vollkommen arbeitsscheuen König war, verabschiedete sie ihn kurz wie etwa Maurepas: „Ihre Gegenwart macht den König wieder gelb. Leben Sie wohl, Herr von Maurepas!" Sie spazierte mit Ludwig durch die prachtvollen Gärten der Sommerschlösser und war mit ihm ständig unterwegs von Versailles nach Crécy, von dort nach La Celle, von hier nach Bellevue, dann nach Compiègne und Fontainebleau. Die Osterwoche erheiterte sie ihm durch geistliche Konzerte und große Motetten, in denen sie selbst mitwirkte. Wie sie in Étioles Theater gespielt hatte oder in Chantemerle bei Frau von Villemur, wußte sie Ludwig neugierig auf ihre Schauspielkunst zu machen, und es gelang ihr, ein kleines Theater in Versailles zu schaffen, das „Theater der kleinen Appartements" in einer an das Medaillenkabinett stoßenden Galerie. Sie wußte geschickt Ludwig für diese neue Zerstreuung aufs lebhafteste zu interessieren.

Mit Molières „Tartuffe" wurde das Theater am 17. Januar 1747 eröffnet vor einem kleinen auserlesenen Publikum von vierzehn Personen. Nur Herren und Damen der Hofgesellschaft wirkten mit. Die Stücke wurden sorgfältig ausgesucht und die Proben gründlich durchgeführt. Nach einer dieser Vorstellungen, die die Talente der Marquise in glänzender Weise zeigten, erklärte Ludwig: „Sie sind die reizendste Frau, die es in Frankreich gibt." Das kleine Theater war in kurzer Zeit aufs beste organisiert und ausgestattet. Es hatte sein Reglement, seine Gesetze. Die Aufnahme eines Mitglieds in die Truppe war an bestimmte Bedingungen geknüpft. Die Eintrittskarte hatte Cochin in reizvoller Weise entworfen.

Aber dies Theater erwies sich bald als zu klein und die Szene den Zuschauern zu fern. So richtete man denn in Fontainebleau einen Saal mit einer Bühne her, die in kurzer Zeit auf- und abgebaut werden konnte. Hier hatten 40 Zuschauer und 40 Musiker Platz; zwei Balkons waren für die bevorzugten Höflinge reserviert. Ein feines Aquarell von Cochin zeigt uns diesen in Blau und Silber gehaltenen, prächtig ausgestatteten Saal mit einer Darstellung des dritten Akts der heroischen Pastorale „Acis und Galathea", und zwar der Szene, wo Polyphem von seinem Felsen ruft: „Du wirst sterben, Allzukühner, und Jupiter selbst wird nicht dein Haupt meinem Zorn zu entziehen wissen." Man sieht hier das Theater, den Saal, das glänzende Parterre, das berühmte Orchester, den König im grauen Rock neben seiner Frau Maria Leszinska, die wie eine alte Frau gekleidet ist und jene Frisur trägt, die man einen schwarzen Schmetterling nannte. Hinter ihr die königlichen Töchter. Im zweiten Rang rechts und links bis zu den Enden der Galerie die vornehmste Hofgesellschaft. Die Marquise als Galathea, die Cochin mit besonderer Sorgfalt dargestellt hat, trägt das uns aus den Papieren des Arsenals bekannte galante Opernkostüm: einen großen Rock aus weißem Taft mit Schilfblättern, Muscheln und Wasserstrahlen bemalt, mit einer Stickerei aus Silbergekräusel in netzförmiger Arbeit aus grüner Seidenschnur, ein Leibchen aus zartrosa Taft, einen großen gerafften Faltenwurf aus silberner und grüner Wassergaze, kleingestreift mit Besatz einer anderen Wassergaze, Armbändern und dem Schmuck am Körper aus derselben Wassergaze, mit silberner Netzarbeit aus grüner Chenille garniert, einen Mantel aus grüner Gaze und Silber mit kleinen

Streifen, alles mit Perlen und Gitterungen verziert. Das Publikum dieses Theaters, das am 27. November 1748 eröffnet wurde, war klein, sehr gewählt und setzte sich aus den ergebenen Anhängern der Marquise zusammen. Man intrigierte um die Eintrittskarten wie um die Rollen im Spiel. Der berühmte Damenschneider Supplis erfand für die Marquise wahre Wunder an Phantasie und Geschmack in den Kleidern, die ihre Reize noch mehr hervorhoben. Hier auf dem Theater trug sie ihre größten Siege als Frau und Schauspielerin davon. Hier fesselte sie den König am meisten und ausdauerndsten. Immer fester gründete sie ihre Macht. Sie konnte es wagen, Maurepas die Spitze zu bieten. Einmal forderte sie die Aufhebung eines königlichen Geheimbefehls von ihm im Namen des Königs, der zugegen war. Der Minister erklärte, daß Ludwig es selbst befehlen müsse, und der König sagte: „Tun Sie, was Madame will!" Maurepas mußte jetzt erkennen, daß ihre Macht immer mehr wuchs. Er ließ sich in seinem Kampf gegen sie weiterreißen. Er vertraute auf die Gunst des Königs, des Dauphins, der Königin. Aber die Marquise beutete Ludwig gegenüber die Bevorzugung aus, der er sich bei dem Thronfolger und Maria Leszinska erfreute, und stellte ihn als den Urheber der Opposition der königlichen Familie gegen Ludwig und den Mann hin, der die frechen Lieder und Schmähschriften gegen sie hatte auffliegen lassen. Ja, sie gab sogar ihrem Argwohn Ausdruck, sie könnte durch Maurepas vergiftet werden. Sie erreichte auch endlich die Entlassung und Verbannung des Ministers. Damit war ein mächtiger Feind gefallen, aber sie hatte noch andere zu besiegen. Ihre Stellung war jedoch jetzt schon so befestigt, daß sie den Ministern wie den Gesandten mit einem gönnerhaften Hochmut entgegentrat. Sie bewohnte nun in Versailles die Wohnung der einst so mächtigen Mätresse Ludwigs XIV., der Marquise von Montespan. Nur ein Lehnsessel war in ihrem Zimmer, alle hatten vor der sitzenden Favoritin zu stehen, und bloß der Marquis von Souvre wagte es, sich neben sie auf die Lehne ihres Sessels zu setzen. Ihre Loge im Theater war die vergitterte Ludwigs, wo sie sich mit ihm einschloß. Die Messe in der Kapelle von Versailles hörte sie auf einer im Balkon der Sakristei für sie erbauten Tribüne, wo sie sich bei großen Feiern, ein Buch in der Hand, allein zeigte. Ihr Hofstaat wurde auf fürstlichem Fuß gehalten. Ein Edelmann aus einer der ältesten abgehausten Familien der Guyenne trug ihre Mantille, folgte ihrer Chaise zu Fuß neben dem Schlag, erwartete ihren Ausgang im Vorzimmer. Ihrem Haushofmeister Collin hatte sie das Ludwigskreuz verschafft. Ihre Karosse trug ein herzogliches Wappen. Ihre Mutter ließ sie in dem von ihr von der Familie Créqui gekauften Grabgewölbe bei den Kapuzinern der Place Vendome bestatten und für sie ein prächtiges Mausoleum errichten. Natürlich sorgte sie für ihre Familie, wie es in ihrer Macht stand. Ihr Vater bekam die Herrschaft von Marigny, ihr Bruder wurde Marquis; für ihr einziges Kind aus der Ehe mit ihrem Mann, Alexandrine, das in einem vornehmen Kloster wie eine Prinzessin erzogen wurde, plante sie eine Heirat, erst mit einem illegitimen Sohn des Königs, dann mit dem Sohn ihres alten Gegners Richelieu, dann mit dem Sohn des Herzogs von Chaulnes. Mit diesem wurde sie einig. Aber eine rasche Krankheit raffte die kleine Alexandrine fort, und alle ehrgeizigen Pläne der Marquise wurden zunichte. Das war ihr ein großer Schmerz, den sie lange nicht verwinden konnte. Nun übertrug sie die „Ehrsucht ihrer Zärtlichkeit" auf ihren Bruder, da sie mit ihrem Vater, einem dicken Mann „voll Leben, Blut und Wein", dem Typ eines Steuerpächters unteren Grades, keinen Staat machen konnte. Der alte Poisson, der seine galante Frau um fast zwanzig Jahre überlebte, ein robuster, derber Kerl, der eine eigentümlich drastisch-komische Person in feinerer Gesellschaft abgab, das Leben bedenkenlos nahm, mit seiner von ihm demütig verehrten Tochter, seiner „Reinette", wie er sie nannte, immer auf gutem Fuß stand, wenn er sich ihre Macht auch zynisch zu Nutzen machte, starb im gleichen Jahr 1764 wie seine Tochter an der Wassersucht, die er mit Wein kurieren wollte. Ihr Bruder jedoch, ein hübscher, eleganter, graziöser Mann von guten Manieren, konnte am Hof durchaus passieren. Seine Schüchternheit und Anspruchslosigkeit entwaffneten die vielen Neider, die auch er hatte. Er gefiel dem König, der ihn häufig in seine Nähe zog und scherzend „Brüderchen" nannte. Der junge Marquis war zum Ärger seiner herrsch-süchtigen Schwester nicht im mindesten ehrgeizig. Sie hatte ihn, was seinen Neigungen am besten entsprach, endlich zum Generaldirektor der Baulichkeiten ernennen lassen, schickte ihn aber zur gründlichen Vorbereitung auf seine einflußreiche und verantwortungsvolle Stellung für zwei Jahre nach Italien mit einem sorgfältig gewählten Gefolge. Sie wachte während dieser ganzen Zeit über ihn mit Ratschlägen und Mahnungen und verfolgte die einzelnen Etappen, die er machte, mit liebevollster Aufmerksamkeit, dankte ihm für seine Berichte und kleinen Sendungen und gab ihm kluge Verhaltungsmaßregeln für seinen Umgang mit den hochstehenden Personen und Fürstlichkeiten, mit denen er bekannt wurde. Der Marquis bewährte sich durchaus in seiner Stellung, und der bekannte Arzt des Königs, Quesnay, der kühl und unbestechlich urteilt, konnte von ihm sagen: „Er ist ein Mann, der sehr wenig bekannt ist; niemand spricht von seinem Geist und seinen Kenntnissen und auch nicht über das, was er für die Förderung der Künste tut; keiner seit Colbert (dem bekannten Minister Ludwigs XIV.) hat ebensoviel an seiner Statt getan; er ist übrigens ein sehr ehrlicher Mann, aber man will ihn nur als den Bruder der Favoritin ansehen, und weil er dick ist, hält man ihn für einen schwerfälligen und trägen Geist."

Aber die Marquise war durchaus nicht mit dieser großen und einflußreichen Stellung ihres Bruders zufrieden, sie strebte für ihn nach höheren Ehren. Doch er hatte für alle ihre ehrgeizigen Pläne nur kluge Zurückhaltung, und als sie ihn zum Minister machen wollte, erwiderte er ihr in seiner Ablehnung sehr gescheit: „Ich erspare Ihnen viel Kummer, wenn ich Sie einer kleinen Genugtuung beraube. Das Publikum wäre ungerecht gegen mich, was ich auch Gutes in meiner Stellung täte, was aber die des Herrn (Ministers) von Saint Florentin betrifft, so kann er noch fünfundzwanzig Jahre leben, und das würde mich um nichts weiter bringen. Die Mätressen werden genug gehaßt durch eigene Ursache, ohne daß sie sich auch noch den Haß aufladen, den man den Ministern entgegenbringt." Wie für ihre Tochter, wollte sie auch für ihren Bruder eine glänzende Heirat. Aber auch hier stand er all ihren verführerischen Vorschlägen ablehnend gegenüber: er ziehe seine Unabhängigkeit allem vor und werde nicht zugeben, das Opfer dieser Unabhängigkeit anders als für eine Frau zu bringen, die er wirklich liebe, und sicher nicht, um sich in die Fesseln einer Konvenienzheirat einfangen zu lassen, erklärte er ihr zu ihrem lebhaften Mißmut. Als er sich endlich doch mit der schönen geistreichen Julie Filleul verheiratete, wurde die Ehe, im wesentlichen durch sein Verschulden, alles andere als glücklich.

Wenn die Marquise unermüdlich für ihre Familie, ihre Freunde und Bekannten sorgte, war sie auch immer darauf bedacht, ihr eigenes Vermögen zu mehren. Sie erwarb einen unbeweglichen Besitz, wie ihn noch keine königliche Mätresse in Frankreich zusammengebracht hatte und zusammenbringen sollte. Sie kaufte das Landgut von Crécy bei Dreux für 650.000 Livres, baute hier sogleich das Schloß prächtig aus, wie denn Bauen ihre Leidenschaft war, und ließ den Park neu anlegen. Sie kaufte Montretont, das sie rasch wieder losschlug, kaufte La Celle, eine Meile von Versailles auf dem Weg nach Marly, „das kleine Schloß" im Gegensatz zu dem pompösen Crécy; hier baute sie auch wieder nach ihrer Laune und ihrem Geschmack um, was ihr nicht gefiel. Nahe dem kleinen Versailler Park errichtete sie eine Einsiedelei, ein kleines Haus mit persischen Behängen, gemalten Paneelen, mit dem Garten, der ein einziges Rosenboskett war, das in einem Tempel mit Grün einen Adonis von weißem Marmor umschloß. Sie baute die Einsiedelei von Fontainebleau aus und die von Compiègne, in Versailles ließ sie ein Hotel aufführen, von dem sie durch einen Korridor geradenwegs ins Schloß kommen konnte. In Paris, wo sie im Hotel Pontchartrain, das den außerordentlichen Gesandten als Quartier diente, eine Wohnung hatte, kaufte sie für 730.000 Livres das im Faubourg St. Honoré gelegene Hotel des Grafen d'Evreux, wo sie den ersten Stock umbauen ließ. All diese Bauten verschlangen große Summen; dazu kam ein Heer von Künstlern und Kunsthandwerkern aller Art, das sie ständig beschäftigte. Wie ein Wunder stieg das reizende Schloß Bellevue aus dem sandigen Boden an der Seine, das am 2. Dezember 1750 eingeweiht wurde. Auf dem kleinen chinesisch dekorierten Theater gab es ein prächtiges Ballett: „Amor als Architekt". Hier sah man einen Berg, den kreißenden Berg der Lafontaine, mit dem Schloß der Favoritin niederkommen und auf der Straße von Bellevue einen Wagen umwerfen und auf die Szene einen vollen Korb Frauen ausschütten, die Tänzerinnen des Balletts. Die großen Bildhauer und Maler hatten die Wände und Treppen geschmückt, die großen Kunsthandwerker das Innere der Räume; die Galerie hatte die Marquise selbst entworfen. Alles in diesem Schloß war harmonisch abgestimmt, und „in diesen gemalten blendenden und vergoldeten Salons oder in diesen Gärten, Grotten und Alleen von so angenehmen Steigungen und Senkungen, in der Nähe dieser lebendigen Quellen, die gleichsam hier entsprangen, in dem Boskett der Kaskade, dem grünen Boskett, den Bosketten des Baldachins oder des Rundplatzes von Sèvres, den Baumalleen von Judäa und den Pappeln Italiens, neben den beiden Nymphen Pigalles, der Statue zu Fuß von Ludwig XV. in Genueser Marmor oder des Apollo in Marmor von Costou kam und ging, passierte und spazierte eine Gesellschaft in der Tracht des Schlosses und nach dem Geschmack des Orts: Die Männer hatten Kleider von purpurnem Tuch, mit bordiertem Gold gestickt, mit Westen aus grauweißem Satin mit einer purpurnen Verschnürung überzogen und vier Finger breit mit einer Stickerei von mattem Gold umsäumt; die Frauen waren mit ähnlichen Kleidern wie die Westen der Männer bekleidet. Und welch besser angepaßte Uniform konnte es für diesen Zauberpalast geben, wo bald darauf mitten im Winter die Marquise den König mit jenem unerhörten und wunderreichen Parterre in Staunen setzen sollte, in dem alle Blumen des Frühlings, alle wohlriechenden Blumen des Sommers lebten, ein Parterre aus parfümierten Vincenner Porzellan."

Aber alle diese Bauten genügten der Marquise nicht, sie mietete noch außerdem vom Herzog de la Vallière sein Haus in Champs, vom Herzog von Gesvres sein Besitztum in Saint-Ouen, kaufte Ménars, Babiole, die Herrschaft Sèvres und Grundstücke im Limousin. Aber auch in den königlichen Schlössern veränderte und dekorierte sie nach ihrem Geschmack, so in Choisy. „Es war das Bemühen und der Gewinn der Frau von Pompadour, alle diese Wohnungen abwechslungsvoll und kontrastreich zu gestalten, so daß sie dem gelangweilten König eine Zerstreuung wie Überraschungskästen gewährten. Und in ihrem eigenen Haus und selbst beim König ließ die Zauberin Ludwig unter den herrlichen Architekturen, den Galapalästen, den Wölbungen hundertjähriger Bäume in diese Einsiedelei hinübergehen, wo alles von einfach ländlichem Geschmack war, wo das Haus eine Schäferidylle zeigte, die Gärten, vom üblichen Pomp fern, nur Myrten- und Jasminlauben waren, Rosenbosketts, ländliche Verstecke der Amorstatuen, Felder von Narzissen, Nelken, Veilchen, Tuberosen ... Hier belebte sie, ihre Schönheit erneuernd, den Geschmack des Königs durch den Wechsel und die Verkleidungen ihrer Person, indem sie ihm bald im Kostüm der Sultanin von Vanloo erschien, bald als Gärtnerin zu ihm kam, in dem Kostüm, das uns ein Bild von ihr aufbewahrte, das sie selbst für ihr bestes Bild erklärte, den Kopf mit einem Strohhut bedeckt, der mit Blau gefüttert ist, in dem Ton ihrer Lieblingsfarbe, nach dem man die blauen Kleider Marquisenkleider taufte; den linken Arm im Henkel eines Blumenkorbs, in der rechten Hand einen Hyazinthenstrauß.

Oder sie bezauberte den König durch jenes Kleid, das man seitdem das Négligé à la Pompadour nannte, eine Art türkischer Weste, die den Hals einzwängt, am Handgelenk zugeknöpft wird, sich dem Nacken anpaßt und den Hüften anschmiegt, indem sie alles zeigt, was sie sehen lassen, und alles andeutet, was sie verhüllen will. Sie mußte sich immer wieder des Königs versichern, bei dem sich stets von neuem Einflüsse gegen sie geltend zu machen trachteten. Wer war nicht offen oder insgeheim wider sie! Maurepas war zwar gefallen und verbannt, aber in Argenson hatte sie einen weit gefährlicheren und ernsthafteren Feind, der gern bei Ludwig die Rolle des alten Fleury, des allmächtigen Ministers in der Jugend des Königs, gespielt hätte. Argenson fühlte sich im Bewußtsein, die Gunst Ludwigs zu besitzen, stark genug, die Marquise zu bekämpfen, die wußte, daß er sie, wenn nicht stürzen, so doch ganz auf die Leitung der Vergnügungen des Königs beschränken wollte, eine Rolle, mit der sie sich durchaus nicht begnügen wollte. Es war ein heimlicher, aber mit allen Mitteln geführter Krieg. Die Marquise wußte nicht nur seinen Kollegen Machault für sich zu gewinnen, sondern auch den König gegen ihn immer mehr einzunehmen. Argenson suchte den Schlag zu parieren, indem er die intime Vertraute der Pompadour, Frau von Estrades, für sich gewann und dem König eine neue Mätresse in der Person der jungen reizvollen Frau von Choiseul-Romanet zu geben suchte. Das wäre auch fast geglückt, wenn nicht diese eine Unklugheit begangen hätte: Sie fragte nämlich, da sie einen Brief vom König erhalten, einen ihrer Verwandten, den Grafen von Stainville, den späteren Herzog von Choiseul und Minister von Gnaden der Pompadour, um Rat wegen ihrer Antwort. Der Graf, die Chancen seiner Verwandten gegen die der mächtigen Mätresse abwägend, kam zu dem Entschluß, dieser alles zu sagen und ihr den Brief Ludwigs zu übergeben. Ein Bund wurde zwischen ihnen geschlossen, der den Aufstieg des Grafen einleitete, während die Choiseul-Romanet wie eine kleine Dirne nach Paris gejagt wurde. Aber Argenson gab sich nicht verloren und sah sich nach anderen Bundesgenossen um, fand sie auch, verlor aber seine treue Stütze, Frau von Estrades, deren Verbannung die Pompadour vom König erlangte. Noch war Ludwig nicht so weit gelangt, um sich von einem Minister zu trennen, der ihn geschickt zu behandeln und ihm die notwendige Arbeit angenehm zu gestalten wußte. Noch hielt sich Argenson, der auch in der königlichen Familie Unterstützung gefunden hatte.

So glänzend und mächtig ihre Stellung auch schien, immer mußte die Marquise für sie kämpfen, um sie zu behaupten. Sie hat selbst ihr Hofleben einen steten Kampf gegen ihre Gegner und Feinde genannt, nie konnte sie auf Frieden und Ruhe hoffen. Sie hatte eben den Beweis erhalten, daß selbst ihre vertraute Freundin sich gegen sie erklärt hatte. Sie mußte vor dem König und dem Hof heiter und glücklich scheinen, wenn sie auch vor Zweifeln und Besorgnissen für sich zitterte. Wen hatte sie als ergebenen und aufrichtigen Freund! Konnte nicht jede Stunde aus dem Dunkel, von einer starken zuversichtlichen Hand ins Licht gehoben, eine Nebenbuhlerin erscheinen, die sie stürzen und den König fesseln konnte? Wußte sie nicht, daß sie jeden Augenblick von tausend mißgünstigen, neidischen Augen umspäht und bedroht war? War sie des Königs, dessen Wankelmut und Untreue ihr so gut bekannt waren, auch nur eines Tags sicher? Alterte sie nicht, verzehrt von Furcht und Aufregung, in dieser feindlichen Luft, wo jeder gegen jeden war, rascher?

Wußte sie nicht, daß die Leidenschaft des Königs schon lange verrauscht war, daß er bei ihr nicht mehr die Befriedigung fand, die er suchte? Was konnte sie tun, um sie ihm wieder zu geben? Sie verzehrte sich in dem steten Kampf, um die Behauptung ihrer Stellung und ihrer Macht, sie opferte ihrem Ehrgeiz ihre immer zart gewesene Gesundheit, sie wandte alle Künste an, um in Ludwigs Augen ihre Jugend und Schönheit, die schon verblichen waren, noch immer lebendig und frisch vorzutäuschen; sie brauchte Reizmittel aller Art, um sich aufzupeitschen und den sinnlichen Forderungen des Königs entgegenzukommen. Aber sie mußte sich doch endlich entschließen, Ludwig andere Frauen zuführen zu lassen, um sich wenigstens als seine Freundin, an die ihn die Gewohnheit band, zu behaupten. Wenn sie seine flüchtigen Liebschaften kontrollierte und ihn ständig beaufsichtigte, lief sie nicht Gefahr, ihn an eine bedeutende Frau von Geschmack und Geist zu verlieren. Das erste dieser Mädchen, die kleine Morfil, deren Bild wir von Boucher haben, führte sie ihm selbst, wenigstens indirekt, zu. In dieser Zeit wurde auch das kleine Haus mit dem kleinen Garten gekauft, das, in der Sackgasse der Rue de Tournelles und der Rue St. Méderic gelegen, nur vier Zimmer und einige Kabinette enthielt und als der sogenannte Hirschpark, der Serail des Königs, berüchtigt wurde. Hier wurden die flüchtigen Liebschaften Ludwigs einquartiert, die, wenn er ihrer müde geworden war, dann an willfährige Männer mit einer angemessenen Mitgift verheiratet wurden. Sie erfuhren nicht, daß sie den König bei sich sahen, sondern glaubten, von einem reichen, vornehmen Herrn unterhalten zu werden. Die Kinder aus diesen Verbindungen bekamen eine Rente von 10.000 bis 12.000 Livres. Die Pompadour war von allem unterrichtet und überwachte auch durch ihre vertraute Kammerfrau du Hausset die heimlichen Niederkünfte der Geliebten des Königs, dieser „kleinen ungebildeten Mädchen", wie sie die Marquise mit Recht nannte, die ihr den König nicht rauben konnten.

Nicht länger als sechs Jahre hatte der vertraute Verkehr Ludwigs mit der Pompadour gewährt, seit 1751 hatte er aufgehört, wie wenigstens Argenson behauptet, während die

Marquise selbst erklärt, seit Anfang 1752 für den König keine anderen Gefühle als die der Erkenntlichkeit und der reinsten Zuneigung zu hegen. Diese Erklärung gab sie in dem an den Papst gerichteten Brief, in dem sie die Jesuiten für die Ausschweifungen Ludwigs verantwortlich machte und auch von dem verunglückten Versuch sprach, mit ihrem Mann eine Aussöhnung herbeizuführen. Das letztere war nur eine Komödie, die sie spielte, um die Bedenken der Königin zu beseitigen, die ihr nicht die Stellung einer Palastdame geben wollte. Étioles erhielt wohl einen Brief der königlichen Mätresse, in dem sie ihre Reue bekundete und ihn bat, sie wieder bei sich aufzunehmen; aber gleichzeitig wurde ihm von Freunden seiner Frau bedeutet, welch eine Antwort man von ihm erwarte, und so erwiderte er denn, daß er ihr aus vollem Herzen verzeihe, aber sie auf keinen Fall mehr wieder zu sich nehmen wolle. So erreichte die Marquise denn nun von der angesichts dieses Briefes umgestimmten Königin die von ihr seit langem angestrebte hohe Stellung. Nachdem sie die uneingeschränkte Herrschaft über das Herz Ludwigs verloren hatte, wollte sie wenigstens ihr Regiment nach andern Seiten mit aller Macht ausdehnen. Wie ihr Bruder das Kunstleben förderte und beeinflußte, ließ sie sich den Schutz der Dichter, Gelehrten, Philosophen angelegen sein. Voltaire, ihr alter Freund und Bundesgenosse von Étioles her, stand für sie hier an der ersten Stelle. Sie bevorzugte ihn, wo sie konnte, machte ihn zum Akademiker, Geschichtschreiber Frankreichs, ordentlichen Kammerherrn. Er schrieb für Hoffestlichkeiten die „Prinzessin von Navarra", den „Tempel des Ruhms", widmete ihr den „Tancred" und feierte sie in Vers und Prosa. „Pompadour, vous embellissez la cour, Parnasse et Cythère!" ruft er entzückt und dankerfüllt, und als sie früh stirbt, schreibt er an Cideville:

„Ich bin recht betrübt wegen des Todes der Frau von Pompadour gewesen; ich war ihr verpflichtet, ich beweine sie aus Dankbarkeit. Es ist recht lächerlich, daß ein alter Papierbeschmierer, der kaum gehen kann, noch lebt, und daß eine schöne Frau mit vierzig Jahren stirbt, mitten in der schönsten Karriere der Welt." Für Rousseau hätte sie auch mehr getan, wenn er nicht selbst seinen eigenen Interessen entgegengehandelt hätte. Sie ließ seinen „Dorfwahrsager" aufführen, hatte in der Hosenrolle des Colin einen großen Erfolg und sandte ihm fünfzig Louisdors; aber Jean Jacques trug selbst die Schuld, daß er nicht dem König vorgestellt wurde und eine Pension erhielt, wie sie sie für den alten Crebillon auswirkte, der ihr Deklamationsunterricht gegeben hatte und nun arm und verlassen war. Sie ließ seinen „Catilina" aufführen, seine Tragödien in der königlichen Druckerei in einer Monumentalausgabe drucken und ihm nach seinem Tod ein Mausoleum errichten. Auch Buffon, dem sie ihre Tiere, Affe, Hund, Papagei, zur Pflege hinterließ, und Montesquieu erfreuten sich ihrer Freundschaft, wenn auch nicht in gleichem Maß wie Marmontel, der sich ihre Gunst durch ein Gedicht auf ihre Schöpfung, die Militärschule, erworben hatte und den sie trotz seiner Mißerfolge auf der Bühne zum Akademiker machen ließ. Auch zweier Enzyklopädisten nahm sie sich hilfreich und schützend an, d'Alemberts, für den sie eine Pension verlangte, und Diderots, den sie mehrfach zur Vorsicht und Mäßigung mahnte. Dieser ließ sich nach ihrem Tod streng über sie aus: „Was ist nun von dieser Frau zurückgeblieben, die uns an Geld und Menschen erschöpft ohne Ehre und Energie gelassen, die das politische System von Europa über den Haufen geworfen hat? Der Vertrag von Versailles, der so lange dauern wird, wie er dazu fähig ist, der „Amor" von Bouchardon, den man immer bewundern wird, einige von Guay gravierte Steine, die die späteren Sammler mit Bewunderung erfüllen werden, ein schönes kleines Gemälde von Vanloo, das man manchmal betrachten wird, und ein Häufchen Asche."

Aber ihr Andenken wurde doch auch durch andere Schöpfungen erhalten: Auf sie ist die berühmte Sèvres-Porzellanmanufaktur und die Gründung der Militärschule zurückzuführen. Sie wollte dem berühmten sächsischen Porzellan, das so hoch im Preis stand, einen lebhaften Wettbewerb machen, ließ die Vincenner Fabrik nach Sèvres verlegen, unermüdlich Proben auf Proben machen, geschickte Arbeiter und vortreffliche Künstler, Blumen-, Landschaftsmaler und Bildhauer anwerben, veranstaltete Ausstellungen in Versailles und erklärte: „Es heißt seine Bürgerpflicht verkennen, wenn man nicht dies Porzellan kauft, solange man Geld besitzt." Das zarte schöne Rosa, das man unter ihrem eifrigen und verständnisvollen Protektorat erfand, wurde nach ihr Pompadour-Rosa genannt. Noch bedeutendere Förderung erwies sie der von ihr ins Leben gerufenen Militärschule, die die Söhne der im Feld gefallenen oder im Dienst ruinierten Militärs aufnehmen sollte. Ein Besuch in dem berühmten Damenerziehungsinstitut von Saint Cyr gab ihr vielleicht den Gedanken ein, ihm ein Seitenstück in einer Militärschule zu geben. Sie setzte sich bald mit der ganzen Energie, der sie fähig war, für die Verwirklichung dieses Gedankens ein, wußte den König in hohem Maß dafür zu interessieren und beriet sich in allen Einzelheiten mit ihrem treuen Freund, dem Finanzmann Pâris-Duverney, der ihr auch in allem hilfreich zur Seite stand. Alle Hindernisse wußte sie zu überwinden, um das nötige Geld für die Schule aufzubringen, und als einmal die Mittel zur Weiterführung der Bauten fehlten, steuerte sie aus ihrem Eignen dazu bei, und es war eine hohe Freude für sie, als endlich, im Juli 1756, die jungen Pensionäre des Königs in ihr Heim einziehen konnten.

Ehrgeizig wie sie war, immer darauf bedacht, ihre Macht zu erweitern und auch in der Politik ständig ihren Einfluß zu vergrößern, war sie es, die den Bund Frankreichs mit Österreich gegen das Preußen Friedrichs II. durchsetzte. Ihr hat man die Schuld an dem Unglück, das Frankreich durch dies Bündnis erfuhr, aufgeladen. Wenn Frankreich seit Heinrich IV. bis in die Anfänge Ludwigs XV. hinein immer gegen das mächtige Österreich, das deutsche und das spanische, gewesen war, erfolgte auf ihre Initiative nun ein Umschwung. Österreich, das so viel in den letzten Jahrhunderten verloren hatte, war nun kein furchtbarer Feind mehr für Frankreich. Die Weltmonarchie Karls V. war ja längst zerfallen. England war mächtig emporgekommen, und in dem Preußen Friedrichs II. war für Österreich ein Gegner erstanden, der mit dauerndem Argwohn betrachtet wurde. Die Kaiserin Maria Theresia konnte mit Recht in Versailles darauf hinweisen, daß die jetzige Lage Frankreichs und Österreichs nicht die gleiche wie vor 200 Jahren wäre und daß ihr Bund den europäischen Frieden garantieren würde. Sie erklärte dem französischen Gesandten in Wien offen: „Wenn je sich der Krieg zwischen mir und dem König von Preußen wieder entzündet, werde ich in alle meine Rechte wieder eintreten oder dabei zugrunde gehen, ich und der Letzte meines Hauses." Es gelang auch ihrem Gesandten, dem klugen Kaunitz, die Marquise für das Bündnis zu gewinnen. Er umwarb sie mit geschickten Vorstellungen, feinen Schmeicheleien, ließ glänzende Hoffnungen und Aussichten aufblitzen. Er erkannte in ihr mit seinem diplomatischen Scharfblick die Person, die er gewinnen mußte, wollte er zum gewünschten Ziel kommen. Argenson war für Friedrich und einen Landkrieg, Machault für einen Seekrieg, andere Minister schwankten in ihrem Entschluß.

Eine neue Mätresse, die Marquise von Coislin, tauchte auf, vom Prinzen Conti emporgehoben, der auch für das österreichische Bündnis war. Nicht nur eine neue Nebenbuhlerin in der Gunst des Königs kam mit ihr, sondern auch eine Frau, die ganz wie sie, durch Conti beeinflußt, Politik für Österreich machen wollte. Die Pompadour fühlte sich ernstlich bedroht und dachte eine Stunde sogar an ihren Rückzug vom Hof, aber ihr treu ergebener Bernis wußte die gefährliche Rivalin matt zu setzen und der Marquise ihre Stellung und Macht zu erhalten. Maria Theresia, genau von allen Vorgängen in Versailles unterrichtet, schwankte, ob sie sich an Conti, der als Chef der geheimen Korrespondenz des Königs ihr einen großen Einfluß zu besitzen schien, oder an die Marquise halten sollte, und entschied sich zuletzt doch für diese, deren Macht ihr zu fest gegründet erschien, als daß sie so leicht einer neuen Mätresse geopfert werden könnte. Die Pompadour wußte es durchzusetzen, daß Bernis die Verhandlungen mit Österreich führte, obwohl er selbst dem Bund mit Österreich widerstrebte.

Sie hatte den König jetzt gewonnen, indem sie ihn an die losen Spöttereien Friedrichs II. über sein Privatleben erinnerte — sie selbst fühlte sich noch durch besondere Sticheleien des preußischen Herrschers verletzt —, indem sie ihm auch von einer großen katholischen Allianz sprach, die in Europa das Gegengewicht gegen die wachsende protestantische Macht bilden könnte, indem sie ihm auch von dem Frieden sprach, den er nach Niederwerfung des ketzerischen, mit dem verhaßten England verbündeten Preußenkönigs genießen würde. Ein Vertragsplan wurde entworfen, dem im Mai 1756 der Vertrag von Versailles folgte. Zur Feier der Allianz ließ die Marquise von dem berühmten Guay auf einen Onyx schneiden, wie Frankreich und Österreich sich die Hand auf dem Altar der Treue reichen und die Heuchelei und die Zwietracht unter ihre Füße treten. Der österreichische Gesandte in Versailles hatte vollkommen recht, wenn er nach Wien an den Minister der Kaiserin schrieb: „Es ist sicher, daß sie (die Pompadour) es ist, der wir alles verdanken, und daß sie es ist, von der wir alles in Zukunft erwarten müssen." Kaunitz schrieb ihr auch darauf den liebenswürdigsten Dankbrief, und die Kaiserin schenkte ihr ein kostbares, mit ihrem Bild geschmücktes Lackschreibzeug, für das die Pompadour in „gehorsamster Erkenntlichkeit" ihre Freude aussprach. Der Krieg gegen Friedrich verlief nicht so rasch und glücklich, wie man es sich in Versailles dachte. Er war voll Wechselfälle, aber immer wieder gelang es Friedrich, trotz aller Bedrängnis sich zu behaupten, Frankreich hielt treu zu seinem Verbündeten. Es spielte keine rühmliche Rolle, es hatte keine Feldherrn in Richelieu und Soubise, es verlor Gold und Menschen in Deutschland und in Amerika, seine Schuldenlast wuchs, sein Ansehen sank. Es hatte nicht unrecht, wenn es in der Pompadour die Urheberin seines Unglücks sah.

Auch in ihrem Kampf gegen das widerspenstige Parlament war die Marquise, die auch hier eingreifen wollte, nicht glücklich, und nicht anders stand es, als der Finanzminister Machault, den sie erhoben hatte, um den leeren Staatsschatz zu füllen, die Auflegung eines Zwanzigsten auf die geistlichen Güter verfügte und den hartnäckigsten Widerstand fand. Die orthodoxe Geistlichkeit war immer gegen sie gewesen und hatte sie offen oder geheim angefeindet, war sie doch die Freundin Voltaires, der einen dauernden erbitterten Krieg gegen die Geistlichkeit führte. Der Erzbischof von Paris ging in seinem Haß gegen sie, in der er die Verderberin des Volks und des Königs sah, so weit, daß er ausrief, sie müsse verbrannt werden. Das Volk, das für das Parlament Partei nahm und von den Geistlichen aufgehetzt wurde, die zur Fahne des strengen Theatiners Boyer schworen, empörte sich gegen die „Königsdirne", und die Marquise mußte Maßregeln zum Schutz ihrer Person treffen, die sie mit Recht für bedroht halten konnte. Ernstlich gefährdet konnte sie ihre Stellung glauben, als Ludwig durch das Attentat Damiens' verletzt wurde. Der Mordversuch mißglückte zwar, aber der König fühlte sich doch tief bewegt und erschüttert, eine, allerdings rasch wieder schwindende, Reue über sein Leben überkam ihn, sein Beichtiger hatte für kurze Zeit völlig sein Ohr. Es hatte ganz den Anschein, als sollte sich jetzt die Szene von Metz nach seiner Erkrankung, wo die Herzogin von Châteauroux ihren Abschied erhielt, wiederholen. Für elf Tage war der Dauphin, der Feind der Mätresse, allmächtig. Die Pompadour, eingeschlossen in ihren Gemächern, hörte unter ihren Fenstern die lauten Drohungen und Schreie des Volks, während der Hof sich an ihrer Angst und Aufregung weidete. Sie weinte, fiel in Ohnmacht, konnte keine Ruhe trotz des Zuspruchs ihrer Freunde und Freundinnen finden. Machault, den sie so hoch gehoben hatte, schien sich nun, da mit ihrem Sturz zu rechnen war, gegen sie zu wenden. Er kam vom König und hatte eine halbstündige Unterredung mit ihr, nach der sie wie im Fieber und unter strömenden Tränen sagte: „Ich muß fort!" Alles wurde für ihre Abreise nach Paris vorbereitet, als ihre Freundin, die Marschallin von Mirepoix, kam und ihr zurief: „Was soll das alles?", und als ihr die Marquise erklärt, Machault habe gesagt, Ludwig wünsche es, sofort erwiderte: „Machault will Herr sein. Er verrät Sie. Wer die Partie aufgibt, ist verloren."

Nach einer ausführlichen Beratung mit Bernis, Soubise, der Marschallin und ihrem Bruder entschloß sich die Marquise zu bleiben. Schon nach wenigen Tagen sah der König seine Freundin wieder, und der Sturz Machaults war beschlossen. Bald nach ihm gelang es ihr auch, ihren alten Feind Argenson zum Fall zu bringen. Er hatte auch eine neue Mätresse für den König, die Gräfin d'Esparbes, und war voll Zuversicht für sie und sich. Die Marquise versuchte durch Bernis, mit ihm eine Versöhnung herbeizuführen, aber Argenson glaubte der Stärkere zu sein und lehnte eine Verständigung ab. Die Marquise hatte noch eine letzte Zusammenkunft mit ihm, zum Schluß sagte sie: „Ich weiß nicht, wie all das enden wird, aber sicher ist, daß einer von uns, Sie oder ich, werden gehen müssen." Sie blieb Siegerin. Ihren Günstling Bernis, der dringend zum Frieden riet, ersetzte sie durch Stainville, der ihr einmal jenen großen Dienst erwiesen hatte, der ihr ihre Stellung erhielt: die Auslieferung des Briefes, den Ludwig der Marquise von Choiseul-Romanet geschrieben. Er blieb als Herzog von Choiseul lange Zeit der leitende Minister. Er machte die Politik der Pompadour. Auf ihn geht der Gedanke einer „mittäglichen Allianz" Frankreichs mit Österreich und Spanien zurück, die der Allianz des Nordens, dem Bund Englands, Preußens und Rußlands, das Gegengewicht halten sollte. Aus diesem Gedanken erwuchs der Familienpakt vom August 1761, der Spanien an Frankreich in einer dauernden Allianz band. Seine erste Aktion als leitender Minister aber war der Abschluß eines neuen Vertrags, der Frankreich noch enger an den Krieg fesselte.

Die freien Stunden, die die Marquise der Beschäftigung mit der Politik und dem anspruchsvollen Hofleben abgewann, waren bis zum Rand gefüllt durch hundert Zerstreuungen eines immer regen und geschäftigen Lebens, durch Besuche etwa einer Gemäldeausstellung, der Porzellanmanufaktur in Sèvres, des berühmten Juwelenhändlers Duvaux; durch Konferenzen mit Architekten und Künstlern, mit Schauspielern und Dichtern; durch Arbeiten mit Pinsel, Radiernadel, Gravierrädchen; durch einen umfangreichen Briefwechsel, in dem sie sich manchmal wie in der Korrespondenz mit Frau von Lützelburg offen gehenließ, während sich in den Briefen an Aiguillon, den Gouverneur der Bretagne, ihre Anteilnahme an dem großen Krieg widerspiegelt, die auch zum Ausdruck kommt in ihrer Korrespondenz mit dem General Clermont; durch eine ausgedehnte Lektüre in ihrer reichen Bibliothek, die unter anderm eine wahre Schatzkammer des Romans war.

Obwohl sie die wahre Königin von Frankreich schien, mußte sie doch immer um ihren Thron zittern und jeden Tag ihn mit allen Waffen verteidigen. Von den im Hirschpark untergebrachten Mädchen hatte sie nichts zu fürchten, sie kamen und verschwanden, aber es konnte sich auch einmal um mehr als eine rasch verfliegende Leidenschaft des Königs handeln wie bei jener schönen Romans aus Grenoble, die die schönsten und längsten schwarzen Haare hatte, die man je gesehen, und an der der König mit Liebe zu hängen schien. Die Marquise sah selbst einmal unerkannt diese vollendete Schönheit, die dem König einen Sohn „schön wie der Tag" geschenkt hatte, und wurde von der Furcht geschüttelt, daß hier ihre sieghafte Nebenbuhlerin vor ihr stehe, aber die Marschallin von Mirepoix erklärte ihr: „Ich werde Ihnen nicht sagen, daß er (Ludwig) Sie mehr

liebt als jene, und wenn man sie durch einen Zauberstab hier-
herschaffen könnte, wenn man ihr heute ein Souper gäbe
und über ihren Geschmack auf dem laufenden wäre, hätten
Sie vielleicht Grund zu zittern. Aber die Fürsten sind vor
allem Gewohnheitsmenschen. Die Freundschaft des Königs
für Sie ist das gleiche Gefühl, das er für seine Wohnung und
Umgebung hegt. Sie sind an seine Art und Weise, an seine
Geschichten gewöhnt, er legt sich keinen Zwang auf, fürchtet nicht, Sie zu langweilen. Wie denken Sie denn, daß er den
Mut haben soll, das alles an einem Tag auszureißen, eine
andere Art der Einrichtung zu bilden und dem Publikum
durch eine so große Dekorationsveränderung ein Schaustück
auf eigene Kosten zu geben? Seien Sie auch überzeugt, daß
der König sich sehr wenig aus Kindern macht. Er hat deren
genug und möchte sich mit der Mutter (der Romans) und
dem Sohn keine Last auferlegen. Sehen Sie, wie wenig er
sich um den Grafen Luc kümmert, der ihm sprechend ähnlich ist. Er spricht nie über ihn, und ich bin sicher, er wird
nichts für ihn tun. Noch einmal, wir leben nicht unter Ludwig XIV.!"

Die Marschallin, die den König genau kannte, behielt
recht. Auch die schöne Romans war für Ludwig nicht mehr
als eine flüchtige Liebschaft, der er auch wie aller andern
bald müde wurde. Der König war durch die Macht der Gewohnheit, wie die Marschallin richtig gesagt hatte, an seine
langjährige Mätresse gebunden. Fast zwanzig Jahre hielt sie
sich in ihrer Herrschaft, die oft bedroht und manchmal
erschüttert war, aber doch allen Stürmen trotzte. Sie war
kein heiteres Temperament, wenn sie es auch vortäuschte,
sondern eine kühle, ehrgeizige Natur, die sich mit einer bei
ihrem schwachen, zarten Körper erstaunlichen Willenskraft
zügelte. „Je älter ich werde", schreibt sie einmal ihrem

Bruder, „desto philosophischer werden meine Gedanken ...
Mit Ausnahme des Glücks, mit dem König zusammen zu
sein, das mich gewiß über alles tröstet, ist der Rest nichts als
ein Gewebe von Bosheit, Plattheiten, mit allem Elend über-
häuft, dessen die armen Menschen fähig sind. Ein schöner
Stoff für Gedanken, besonders für jemand, der so nach-
denklich geboren ist, wie ich es bin." Und wieder schreibt
sie ihm: „Überall, wo Menschen leben, werden Sie bei ihnen
alle Falschheit und alle Laster finden. Allein leben wäre gar
zu langweilig, also muß man sie wohl mit ihren Fehlern
dulden und so tun, als sähe man sie nicht." Sie täuschte sich
auch in den späteren Jahren über die Gefühle des Königs
ihr gegenüber nicht; sie wußte, daß sie für ihn nur eine duld-
same, ergebene Freundin war, nicht mehr eine Geliebte. Er
behielt sie in seiner Nähe aus Gewohnheit und Mitleid, er
kannte ja ihre zarte, anfällige Gesundheit und fürchtete, daß
sie, wenn er ihr den Abschied gäbe, in ihrer Verzweiflung
einer Gewalttat gegen sich fähig wäre. Sie war sich auch
über ihre Freunde und Freundinnen völlig klar. Band sie etwas Anderes und Stärkeres als selbstsüchtiges Interesse an
sie? Hielt nicht vielleicht nur ihr Bruder uneigennützig zu
ihr? Was bedeuteten ihr alle Ergebenheits- und Liebesversi-
cherungen eines Bernis, eines Choiseul? War ihr Leben nicht
trotz allen äußern Glanzes ein verfehltes, weil sie ihren Ruh-
mestraum sich nicht erfüllen sah? Sie hatte geträumt von
einem Frankreich, das durch sie mächtiger, größer würde
durch ihre politische Kunst und Gewandtheit, durch ihr un-
aufhaltsames Vorwärtstreiben. Und nun hatte sie nach dem
Ende des langen Kampfes ein Frankreich vor sich, das
mehr ruiniert, geschwächt, erniedrigt war als zur Zeit des
Untergangs der Herrschaft Ludwigs XIV.

„Ich fürchte, meine Liebe", sagte einmal Choiseul zu

ihrer Kammerfrau, „daß sie sich von der Melancholie über-
mannen lassen und vor Kummer sterben wird." Sie starb
mit dreiundvierzig Jahren; aber man muß staunen, daß sie
bei ihrem aufregenden Dasein noch so lange lebte. Seit früher Jugend hatte sie Blut gespien, die ihr verordnete Milch-
kur führte sie während der ersten Jahre durch; nach der
Rückkehr des Königs aus dem Feld mußte die Brustkranke
darauf verzichten und das ganze Jahr hindurch „laufen und
trinken und essen" und immer ein „Leben in freier Luft und
auf offener Straße" führen. Ohne Rücksicht auf ihren
schwachen Körper setzte sie, oft erkältet, im Fieber, zur
Ader gelassen, durch Fehlgeburten geschwächt, das ruhelose Hofleben fort, in dessen Mittelpunkt sie stand, und
behauptete sich im Triumph ihrer beseelten Schönheit.
Aber dann verfiel diese doch mit ihrem Körper zugleich
immer mehr.

Keine Toilettenkünste, keine Schönheitsmittel halfen
mehr. Als sie Palastdame geworden war, konnte sie nicht
mehr die Gemächer im Gefolge der Königin wegen ihres
Herzklopfens passieren. Manchmal schien, wie ihre Kammerfrau erzählt, ihr Herz unter schrecklichen Stößen zu zer-
springen. Auf einer Reise nach Choisy versagten ihre Kräfte, aber sie erholte sich wider Erwarten; dann aber kam ein
Rückfall, und es war keine Hoffnung mehr. Ludwig ließ sie
nach Versailles bringen, obwohl es, wie Lacretelle sagt, nur
den Prinzen erlaubt war, im Palast des Königs zu sterben.
Aber sie hielt ihre Macht noch mit schon erkaltenden Händen fest. Bei ihrem Tod fand man in ihrem Schreibtisch
nicht mehr als 37 Louisdor. Die Frau, der das Volk nach-
schrie, daß sie riesige Summen ins Ausland gebracht, war,
als sie ernsthaft erkrankte, in solch schwieriger Lage, daß ihr
Haushofmeister ihr 70.000 Livres leihen mußte. Ihre Regie-

rungszeit von fast zwanzig Jahren soll Frankreich 36 Millionen Francs gekostet haben; ihre Baulust, ihre mannigfachen Erwerbungen von Grundbesitz, kostbaren Steinen, Kunstwerken, Möbeln verschlangen bedeutende Summen. Ihre Pension, die anfangs 24.000 Livres monatlich betrug, sank bis auf ein Achtel im Jahr 1760, die erst so reichen Neujahrsgeschenke des Königs hörten schon 1750 auf. Manchmal mußte sie sich durch Spielgewinne und Verkauf von Wertsachen arrangieren. Ihr Bruder wurde ihr Universalerbe. Zahlreiche Legate fielen an ihre Freunde, Freundinnen, Diener; dem König vermachte sie ihr Pariser Hotel und ihre geschnittenen Steine.

Der Chronist Hardy meldet ihren Tod in den wenigen Sätzen: „1764, 15. April am Palmsonntag. Die Marquise von Pompadour, Palastdame der Königin, starb in Versailles, in den kleinen Appartements des Königs gegen sieben Uhr abends, nach einer Krankheit von ungefähr zwei Monaten im 43. Jahre ihres Alters. Sie wurde bei den Kapuzinern beerdigt." Der Pfarrer der Madelaine war in ihren letzten Stunden bei der Schülerin und Schützerin Voltaires, die gefaßt starb. Man erzählt oft, der König habe dem Leichenwagen seiner Geliebten nachgesehen und gesagt: „Die Frau Marquise hat schlechtes Wetter zur Reise." Aber der Herzog von Lauzun erzählt in seinen Erinnerungen anders:

Ein strenges Gesetz verbot unbedingt, eine Leiche in einem königlichen Schloß zu lassen. Nichts durfte an das Ende des menschlichen Lebens erinnern. So kam es, daß der kaum erkaltete Leichnam der Frau, die noch vor kurzem ganz Frankreich zu ihren Füßen gesehen, nackt auf einer Bahre, mit einem Tuch so eng umwickelt, daß Kopf, Brust, Bauch und Beine sich deutlich abzeichneten, durch die Gänge des Schlosses und die Straßen von Versailles von zwei Männern getragen und bis zum Begräbnis in einem besondern Haus abgesetzt wurde.

Der König beherrschte sich wie immer und zeigte nichts von seinen Gefühlen, aber er war schmerzbewegt.

Am Tag des Begräbnisses tobte ein großer Sturm. Um sechs Uhr abends bog der Zug in die große Landstraße nach Paris ein. Der König betrachtete vom Balkon seines Zimmers in andächtigem Schweigen, düstern Blicks den Trauerzug und blieb gleichgültig gegen Regen und Sturm draußen, solange er den Zug sehen konnte. Dann trat er ins Zimmer zurück, zwei große Tränen liefen ihm über die Backen, und schluchzend rief er: „Ach, das war die einzige Ehre, die ich ihr erweisen konnte!"

Bernis charakterisiert seine einstige Freundin zusammenfassend in seinen Erinnerungen als eine Frau, die keins der großen Laster ehrgeiziger Frauen, aber alle kleinen Miseren und die Leichtigkeit solcher Frauen hatte, die „von ihrer Erscheinung und der vorgegebenen Überlegenheit ihres Geistes berauscht sind: Sie tat Böses, ohne bösartig zu sein, und das Gute aus Eingenommenheit. Ihre Freundschaft war eifersüchtig wie die Liebe, leicht, unbeständig wie diese und niemals sicher." Wenn aber ihre Macht auch oft angefochten wurde, auf dem Gebiet der Kunst, des Kunstgewerbes, der Mode behauptete sie sich immer unangetastet, und man hat mit Recht gesagt, daß die Anmut und der Geschmack in allen Dingen ihrer Zeit ihr angehörten und daß sie die Gevatterin und Königin des Rokoko war.

Jeanne Antoinette Poisson
Marquise von Pompadour

Jeanne Bécu
Gräfin du Barry

Am 2. Oktober 1762 trägt der Pariser Polizeiinspektor Sartines in sein Tagebuch ein, daß der Graf du Barry bei einer Modehändlerin der Rue Montmartre ein Fräulein Tricot insgeheim untergebracht habe, um sie „zuzurichten und in gute Kinderstube zu nehmen, eine weitere Mätresse, die er zweifellos dann einigen vornehmen Herren zuführen wird, wie er es mit den früheren getan hat". Dieser Graf aus der Gegend von Toulouse war, nachdem er sein Vermögen und seine Jugend in seiner Heimat vergeudet, nach Paris gekommen, um hier sein Glück zu versuchen.

Anfangs hatte er Diplomat werden wollen; aber als es damit trotz seiner Bemühungen nichts wurde, hatte er sich einer aussichtsreicheren praktischen Tätigkeit zugewandt, war ein Heereslieferant geworden und gab nun, wieder zu Geld gelangt, wie vordem es für seine zügellosen Passionen aus. Daneben machte er auch, wie Sartines aufzeichnet, den Zuführer von schönen Frauen für reiche Männer. In einem Spielsalon der Rue Bourbon hatte er bei einer Madame Duquesnoy ein junges Mädchen kennengelernt, das schon eine bewegte Vergangenheit hinter sich hatte, ihm aber so gefiel, daß er ihm den Vorzug in seinem Harem einräumte, und für das er nach Erlöschen seiner Gunst so tätig sein wollte, wie er immer für besondere Schönheiten wurde. Es war die am 19. August 1743 zu Vaucouleurs geborene uneheliche Tochter einer Anne Bécu, genannt Quantiny, die nach dem Tode ihres Geliebten in Paris bei einem reichen Armeelieferanten Dumonceau, der ihr bekannt war, Hilfe suchte. Sie wurde ihr auch, und Dumonceau brachte später sogar die kleine Jeanne bei seiner Mätresse Frédérique unter. Aber diese mochte in der rasch aufblühenden Kleinen eine baldige Nebenbuhlerin wittern, und so kam, wieder durch Dumonceaus Vermittlung, Jeanne in das Kloster Saint-Aure, wo man gegen die kleine Pension von 200 Livres alle jungen Mädchen aufnahm, die, aus anständigen Familien stammend, sich in Verhältnissen befanden, wo sie den rechten Weg zu verlieren Gefahr liefen. Daß es hier der Kleinen, die bei der Frédérique ein ganz anderes Leben kennengelernt, nicht gefiel bei der unerbittlichen Strenge der Klosterregel, die körperliche Arbeit, religiöse Unterweisung und Beobachtung des Schweigegebotes verlangte, ist verständlich, und Jeanne kam wieder zur Frédérique. Doch diese, um Mutter und Tochter gleichzeitig loszuwerden, verdächtigte jene wegen ihrer merkwürdigen Beziehungen zu einem Franziskaner Gomard bei Dumonceau, und der Lieferant setzte beide hinaus. Jeanne, die jetzt fünfzehn Jahre alt war, machte nun als Straßenhändlerin ihre ersten Liebeserfahrungen, und ein Graf Genlis war Jahre später nicht wenig verblüfft, als er in der reizenden Frau, der er in Versailles vorgestellt wurde, die kleine Straßenhändlerin wiedererkannte, die ihm einst sein Diener für eine flüchtige Stunde der Zerstreuung zugeführt hatte. Nach einem kurzen Zwischenspiel, währenddessen Jeanne durch Vermittlung ihres Schützers Gomard auf ein Schloß zu einer Generalspächtersfrau kam, wo sie wohl der alten Dame, aber zu ihrem Unheil auch ihren jungen Söhnen gefiel, so daß das sich entspinnende Idyll einen jähen Abschluß fand, kam sie wieder nach Paris und wurde nun bei einem Herrn Labille in der Rue St. Honoré Modistin. Sie hatte, wie bei ihrer Schönheit und Jugend natürlich, viele Werber; es heißt sogar, daß eine berühmte Kupplerin der Zeit sie in ihren besonderen Schutz genommen; dann machte sie ihre Mutter, die sich mit einem gewissen Rangon verheiratet hatte, mit der Duquesnoy bekannt, und hier fand sie du Barry, der sie unter seine Geliebten aufnahm. Bei ihm wurde aus der Grisette und kleinen Modistin eine bekannte Lebedame, die sich bald in dieser hohen Schule der Galanterie äußerlich zuschliff, so daß sie auch in den Salons ihrer bereits „arrivirten" Kolleginnen Eingang fand.

Du Barry sah, klug wie er war, sehr gut, daß er in der reizenden Jeanne einen Schatz hatte, wie er ihn bisher unter seinen Geliebten noch nicht gefunden, und beschloß, mit ihm nach seiner gewohnten Art zu wuchern. Daß ihm der verwegene Gedanke kam, sie an den König selbst zu verkuppeln, ist nicht verwunderlich, wenn man hört, daß er schon einmal während der Herrschaft der Pompadour die Tochter eines Straßburger Wasserträgers als Mätresse bei ihm hatte anbringen wollen. Doch damals hatte der vertraute Diener des Königs, Lebel, etwas von Lustseuche fallen lassen, und der König verzichtete sofort auf die schöne Dorothee. Du Barry erklärte offen dem Günstling Richelieu, er habe Jeanne dem König zugedacht und wäre der Mann dazu, sie selbst in Ludwigs Bett zu tragen, wenn sich kein anderer dazu fände. Endlich sagte Richelieu ihm, er solle Lebel aufsuchen, vielleicht fände sie für einen Tag die Gunst des Königs. Du Barry fand auch diesmal bei Lebel ein geneigtes Ohr, und bei einem Souper in der Wohnung des Kammerdieners, wo Jeanne, durch Champagner befeuert, ihrer Laune alle Zügel schießen ließ, beobachtete sie Ludwig heimlich, ließ sie zu sich kommen und verliebte sich so in sie, da sie sich gab, wie sie war, und ihn nur als Mann behandelte, daß Lebel Befehl erhielt, sie passend zu verheiraten und ihm dann zuzuführen.

Der geeignete Gatte wurde rasch gefunden in dem Bruder des Grafen du Barry, auch die Herkunft der schönen Jeanne wurde berichtigt und ihr ein adliger Vater Jean-Jacques Gomard de Vaubernier beigelegt; ein Ehevertrag wurde geschlossen, der den bezeichnenden Artikel enthielt: Nach gegenseitigem Übereinkommen hat die künftige Gattin allein für alle Ausgaben des Haushalts, für leiblichen Unterhalt, Wohnungsmiete, Entlohnung der Dienerschaft, Tafelwäsche, Geschirr, Wagen, Pferdefutter und alle anderen Ausgaben ohne irgendwelche Ausnahmen aufzukommen, sowohl dem künftigen Gatten als etwaigen aus der Ehe stammenden Kindern gegenüber, die die Ehefrau gehalten ist, auf ihre Kosten erziehen und unterrichten zu lassen. Einen Monat nach Schließung des Ehevertrages fand die Hochzeit statt; der Gatte reiste gleich nach Toulouse zurück. Die neue Gräfin du Barry zog ins Schloß. Ihre Wohnung in Versailles im zweiten Stock lag in unmittelbarer Nähe der des Königs, der sich unbemerkt jede Stunde zu ihr begeben konnte. Jeanne gab sogleich ihrem Hang zum Luxus und pompösen Aufwand nach und häufte in der Flucht ihrer kleinen niederen Zimmer Kostbarkeiten aller Art an: Bronzen, Porzellan, Marmorwerke, Lackarbeiten. Aber erst dreiviertel Jahre nach ihrer Hochzeit mit dem Grafen Wilhelm du Barry und nach einer Menge Intrigen aller Art konnte sie im April 1769 ihre Vorstellung bei Hof durchsetzen. Ihre Schönheit, zumal in ihrer blendenden Toilette und im Schmuck der ihr von Ludwig geschenkten Diamanten im Wert von 100.000 Francs, erregte allgemeines Aufsehen. Bei aschblonden Locken hatte sie dunkle Brauen und dunkle, zurückgebogene, fast sich kräuselnde Wimpern über ihren blauen, fast nie ganz geöffneten Augen, eine feine Nase über dem geschürzten Bogen eines reizenden Mundes, einen Teint wie ein „in Milch getauchtes Rosenblatt", einen langen, vollen Hals auf runden, niedergezogenen Schultern. Es ist begreiflich, daß die neue Favoritin, über deren bewegte Vergangenheit man natürlich genau unterrichtet war, am Hof lebhaften und starken Widerstand fand, zuerst bei dem allmächtigen Minister Choiseul, der sich völlig über die Leidenschaft des Königs für sie täuschte und sie anfangs für eine der rasch aus Ludwigs Gunst entschwindenden Frauen hielt, wie sie der König im Hirschpark fand, und demnach auch nur als kleines Verhältnis behandelte; dann aber fühlte sich die schöne Jeanne auch gegenüber der unverkennbar deutlichen Opposition der Hofgesellschaft, vor allem der Damen, sehr unbehaglich. Mit der alten Gräfin von Béarn, die man aus dem Dunkel gezogen, um durch sie Jeanne bei Hof vorstellen zu lassen, konnte sie keinen Staat machen; man mußte sich nach vornehmen Damen umsehen, die sich durch Gnaden und Geld kaufen ließen, um für sie eine eindrucksvolle Folie abzugeben. Man fand sie und bildete für sie einen förmlichen Hofstaat. Wenn man sich zuerst heimlich und auch manchmal ziemlich unverhüllt über sie lustig gemacht hatte – so, wenn ihr, als sie bei einem Spielverlust ausrief: „Je suis frite!" (ich bin gebraten, d.h. futsch) mit Anspielung auf ihre Mutter, die einmal Köchin bei der Frédérique gewesen war, erwiderte: „Man darf Ihnen glauben, Madame, Sie müssen es ja wissen!", – fand man später doch, daß sie durch ihre natürliche Sicherheit, ihr taktvolles Benehmen, ihre bescheidene Haltung und ihren zurückhaltenden Ton sich nicht unwert ihrer Stellung zeigte, und allmählich schwand auch die Zurückhaltung des Hofes, zumal man sah, daß die Leidenschaft des Königs für sie die gleiche blieb. Auch Choiseul wollte nun einlenken, mußte aber zu seinem Leidwesen erfahren, daß er zu spät kam: Seine Gegner hatten die Favoritin bereits für sich gewonnen. Bald hatte Jeanne nicht nur wirkliche Freunde, Höflinge, treue Diener, sondern auch in dem Herzog von Tresmes, einem buckligen Hanswurst, einen Hofnarren. Auch Literaten ließen mit ihrer Ergebenheitsbezeugung nicht auf sich warten, ein Chevalier de la Morlière widmete ihr sein Buch über den Fatalismus. Als der König sich im Juli 1769 ins Truppenlager Compiègne begab, reiste Jeanne mit ihrem Gefolge mit ihm in drei sechsspännigen Wagen, und wie für Ludwig wurden für sie an den Posthaltestellen Wechselpferde bereitgehalten. Sie sah den Vorbeimarsch der Regimenter, war die Königin des Lagers, und der Oberst des Regiments Beauce erwies ihr die gleichen Ehren wie der königlichen Familie, worüber ihn Choiseul zur Rede stellte; doch der Minister mußte sich deswegen von Ludwig eine sanfte Rüge gefallen lassen. In gleicher Weise wie in Compiègne wurde Jeanne in Chantilly geehrt, wohin sie im folgenden Monat den König begleitete, und Paris, das sie auf der Gemäldeausstellung im Salon des Louvre in zwei Bildern des berühmten Porträtisten Drouais sah, konnte nun urteilen, daß sie eine andere Schönheit als die Pompadour war, aber nicht geringere Reize als die frühere große Mätresse des Königs besaß. Jeanne begann nun auch die Aufmerksamkeit des Auslandes zu fesseln. Als sich der Engländer Walpole, der uns so lebendige Erinnerungen hinterlassen hat, nach Versailles kam, suchte er sich zuerst den Anblick der neuen Favoritin zu verschaffen. Ihre Bilder hatte er in Paris nicht sehen können, weil sie dauernd von einer großen Menschenmenge umlagert waren. Er fand sie, begleitet von ihrer unzertrennlichen, häßlichen, aber klugen Schwägerin „Chon" (Fanchon) in der Kapelle am Fuß des Altars in der unteren Tribüne; sie war ungepudert, ungeschminkt und „hatte nicht

Toilette gemacht". Sie liebte überhaupt mehr das galante Négligé als die große offizielle Toilette, trug am liebsten weiche fließende Stoffe und lose fallende Kleider und kam selbst zu Festtafeln, bei denen sich die Damen bloß in großer Hoftracht zeigten, nur in kleiner Robe. Sie trug auch eine von ihr erfundene lose Frisur, die unter dem Namen „Chignon à la du Barry" rasch bekannt wurde.

Choiseul, der jetzt gerade heraussagte, „daß das Weibsbild ihm viel Ärger mache", fühlte seine bisher so sichere Stellung immer mehr erschüttert und bedauerte sehr, daß er der vom König versuchten Annäherung zwischen ihm und der Mätresse sich widersetzt hatte.

Choiseul hoffte nun alles von der Ankunft der Dauphine Marie Antoinette und bemühte sich Jeanne zu veranlassen, für eine Zeit Versailles zu meiden. Doch sie wurde über Choiseuls Ziel durch ihre ergebenen Freunde Richelieu und Aiguillon, der den Minister ersetzen wollte, aufgeklärt, blieb und wußte den König gegen die Dauphine einzunehmen, so daß Choiseul auch diese letzte Hoffnung aufgeben musste. Jeanne machte sich aus der Politik nicht das mindeste, hatte auch gegen Choiseul nichts, wurde aber von den Gegnern des Ministers so bearbeitet, daß sie in ihm ihren größten Feind zu sehen glaubte, der sie um jeden Preis stürzen wolle. Vor allem wußte sich Aiguillon bei ihr einzuschmeicheln, und bald flüsterte man sich zu, daß er sich mit Ludwig in ihre Gunst teile. Er machte ihr, nachdem sie sich für ihn tatkräftig bei einem peinlichen Prozeß, in dem es sich um Veruntreuung öffentlicher Gelder handelte, verwandt, mit einem prachtvollen Vis-à-Vis, einem Wagen mit nur einem Vorder- und Rücksitz, ein fürstliches Geschenk. Hier sah man das neue Wappen Jeannes und ihren Wahlspruch „Stoßt voran!" von einem Rosenbeet umrandet, auf dem Tauben sich inmitten durchbohrter Herzen, Fackeln und aller Symbole der Liebe schnäbelten. Neben Aiguillon wühlten die anderen Feinde Choiseuls, und am Weihnachtsabend 1770 wurde der Minister entlassen. Ein halbes Jahr später trat Aiguillon an seine Stelle und ging gegen die Freunde und Geschöpfe des Gestürzten mit aller Härte vor. Eine neue Ära begann. „Choiseul steht auf der Seite der Jansenisten, Philosophen und Verfechter der Parlamentsrechte; er ist für Reformen in Kirche und Staat und begrüßt das erste Aufbäumen der Freiheit und die kommende Revolution. Aiguillon dagegen schwört auf die Überlieferung seiner Familie, auf die Schule seines Großonkels, des Kardinals Richelieu, und auf den Geist der alten Zeit; er tritt ein für das Recht der absoluten Gewalt und die hergebrachte gesellschaftliche Ordnung, bekennt sich zu der Lehre, die in der monarchischen Regierung ein ‚bon plaisir', d.h. ein dem König nach Gutdünken zustehendes Recht der Entschließung, jedoch gemildert durch eine Theokratie, sieht." Jeannes Freunden gelang es auch, alle Prinzen von Geblüt, mit Ausnahme des alten Conti, für sie zu gewinnen. Ihre Herrschaft war nun fest gegründet. Aber es kam ihr nie in den Sinn, wie die Pompadour sich politisch geltend zu machen. Ihr Kampf mit Choiseul war nur ein kurzes Zwischenspiel in ihrem königlichen Mätressenleben, das sonst ganz in Luxus und Verschwendung aufging, und man hat nicht mit Unrecht gesagt, daß Aufträge, Lieferungen, Begleichung von Rechnungen ihr ganzes Dasein erfüllen. Aus ihren Rechnungsbüchern erfahren wir die tausend Einzelheiten der Prunkliebe einer Frau, die ein ganzes Heer von Schneidern, Modistinnen, Stickerinnen, Kunsthandwerkern in Bewegung setzte: wie sie eine mit Diamanten besetzte Uhr für 5.400 Livres bei dem berühmten Lepaute kaufte, wie sie ihren Neger

Zamore in einen sächsischgrünen goldbesetzten Frack kleidete, wie sie Raucourt und Lekain Theaterkleider schenkte, wie sie von dem vortrefflichen Goldschmied Roettiers den Goldknopf auf dem Stock ihres Vorläufers arbeiten ließ, welche Hofkleider, Reifrockkleider, Roben „sur la consideration" und „robes de toilette" sie bestellte; ihre Schneiderin Sigly lieferte die silberfarbenen, mit Federbuketts besäten Kleider, weiße Kleider mit Rosengirlanden, Roben mit breiten Goldstreifen auf nelkenbestreutem Grund, Kleider mit Mosaikgrund mit Goldlitzen verziert und von einem Myrtenrand eingefaßt, und Reitkleider aus weißem Gourguran (indischem Seidenzeug), die 6.000 Livres kosteten. Ihr Sticker Davaux überzog nach den Entwürfen von Michel de Saint-Aubin seidene Kleider mit den prächtigsten Mustern und farbigen Pailetten. Den Ausputz, den eine Robe jener Tage forderte, erfand für sie mit immer reich quellender Phantasie der große Modekünstler Pagelle in der Rue St. Honoré. Die Spitzen verschlangen große Summen. So finden wir Kleider von ihr, die von 1.000 Livres an bis zu 15.000 kosteten.

In der Manufaktur von Sèvres kaufte sie das herrlichste Porzellan und Tafelgeschirr in chinesischem Geschmack, an dessen zartem farbigen Dekor der erste Maler der Manufaktur oft monatelang arbeitete.

Roettiers lieferte ihr für Toilette und Tafel alle Arbeiten aus Gold und Silber, und sein geschicktester Gehilfe brauchte ganze Monate die Nächte nur für die Politur. Sie bestellte ein Tafelservice aus reinem Gold mit Griffen aus blutrotem Jaspis und auch einen goldenen Toilettentisch, der aber schließlich doch nicht geliefert werden konnte, weil die außerordentlichen Kosten es verboten. Prunkvoll wie all diese Dinge wurde auch der von dem Architekten Ledoux für sie in drei Monaten errichtete Bau ihres „Palais-Boudoirs" Luciennes, wo sich Kunst und Kunsthandwerk der Zeit in vollster Blüte darstellt. Den Speisesaal dieses Feenschlosses mit einer glänzenden heiteren Gesellschaft erfüllt, zeigt uns heute noch ein im Louvre hängendes lebensvolles Aquarell von Moreau d. J. Jeanne hatte zuerst eine monatliche Pension von 30.000 Livres bezogen, aber bald wurde sie verdoppelt. Zu ihr kamen dann noch Geschenke und reiche Zuwendungen aller Art. Dank dem ihr treu ergebenen Generalkontrolleur Terray konnte Jeanne so gut wie unbeschränkt über die Staatskasse verfügen, da er ihre Zahlungsanweisungen als solche des Königs gelten ließ. Aber obschon Jeanne alle Wünsche befriedigen und allen Launen genügen konnte, empfand sie es doch sehr schmerzlich, daß ihr Marie Antoinette, die sie „das dümmste und frechste Geschöpf, das sich denken läßt", nannte, mit einer völligen Nichtachtung begegnete. Die Dauphine ließ sich auf Wunsch des Königs endlich bereit finden, sie anzureden, aber es kam doch nicht dazu. Verdruß machte Jeanne auch ihr Schwager Jean, der sie ins Bett des Königs getragen hatte. Er quälte sie nicht nur ständig durch Geldforderungen, sondern auch durch seine Ratschläge und Vorschriften über ihr Betragen. Als er endlich zu frech und der Skandal über ihn zu offenkundig war, wurde er nach seiner Herrschaft Lille für einige Monate verwiesen, um zu lernen, wie ihm Jeanne erklärte, „vor dem Reden siebenmal die Zunge im Munde umzudrehen". Die junge Gräfin fühlte sich nun stark und reif genug, um sich von ihrem einstigen Liebhaber und Kuppler völlig zu emanzipieren. Sie feierte in Luciennes ihre Feste, aber ganz und gar nicht im Stil der Pompadour: Sie brachte Art und Ton der Gasse an ihren Hof, wo die Komödianten vom Boulevard du Temple spielten, das Repertoire der Guimard vorgetragen wurde, Collés schlüpfrige Komödie „Die Wahrheit im Wein" die großen Damen von Versailles zum Erröten brachte, Larrivée und seine Frau so zotige Couplets sangen, daß Jeannes Freundinnen verlegen wurden, wo Audinot, das Entzücken des Pariser Pöbels, auftrat und man die „Fricassée", den schmutzigen Kontertanz, die Schenkenbelustigung der Hefe des Volks, ausführte. Allmählich verlor sich der Firnis der Favoritin ganz und sie sprach auch mit dem König wie die Weiber in den Hallen, aber Ludwig fand einen neuen Reiz dadurch an ihr, die auf ihn wie eine verzogene Range wirkte, die mit allem spielt, was ihr unter die Finger kommt, und der es ganz gleichgültig ist, ob diese Dinge zerbrechen. Sie kannte keine Zurückhaltung und Scham: Sie empfing morgens beim kleinen Lever, halbnackt im Bett, Modekünstler und Kunsthandwerker, fuhr mit der Hand ihres Negers Zamore dem Kanzler Maupeou, der nach dem Ausdruck des Herzogs von Brissac das Aussehen einer bitteren Pomeranze hatte, in die Perücke und ließ sich vom päpstlichen Gesandten beim Aussteigen aus dem Bett, im Hemd und mit bloßer Brust, die Pantoffeln reichen. In ihrem Wesen ist sie ganz das kleine gutmütige Mädchen aus dem Volk, das keine Rache, kein Nachtragen kennt, das nur gelegentlich in einem Kinderzorn auffährt, aber rasch wieder besänftigt ist, das offene Hand hat für alle, die ihr gefallen und dienen, das an seiner Familie hängt und für sie mit allen Kräften sorgt. Jeanne hat ihre Mutter, die Rangon, zu einer Marquise gemacht, reich ausgestattet und geht alle zwei Wochen auf einen Tag zu ihr. Als die alte Rangon stirbt, errichtet sie dem Mann in Anerkennung der guten Behandlung seiner Frau eine Leibrente von 2.000 Livres; ihre Tante Quantiny bekommt von ihr eine Pension, und von ihren vier Kindern, die sie gut versorgt, nimmt sie das jüngste, „Betsi", dessen schelmisches Gesichtchen Drouais in Luciennes über eine Tür malte, zu sich. Sie, die keine Kinder hatte – wenigstens wissen wir es nicht genau –, verheiratet, stattet ihre weiblichen Verwandten gut aus und ist froh, daß sie auch endlich für den Sohn ihres einstigen Liebhabers Jean du Barry, Vicomte Adolphe, in dem bildschönen Fräulein von Tournon eine vorteilhafte Partie findet. Aber sie muß wieder zu ihrem bitteren Schmerz finden, daß, als sie ihre Nichte in Compiègne dem König vorstellen will, die Dauphine Marie Antoinette, die sie immer und stets vergeblich umworben hat, über sie mit leichtem Gruß wegsieht. Was hatte sie nicht alles angestellt, um einen freundlichen Blick, ein höfliches Wort von der Dauphine zu gewinnen – sie kam sogar auf den waghalsigen Gedanken, sie durch einen prachtvollen Brillantschmuck zu fangen – und doch war alles umsonst gewesen. So griff sie denn mit Feuereifer zu, als ihr Bankier, der Generalkontrolleur Terray, wieder von dem phantastischen Bild sprach, das schon Aiguillon und Maupeou ihr vorgegaukelt hatten, ihre Ehe zu lösen und sie mit dem König in einer Gewissensehe zu verbinden.

Die Stimmung Ludwigs, dem immer ein gewisses dumpfes Brüten eigentümlich gewesen war und der mit den vorrückenden Jahren immer mehr von dem Schreckgespenst der Langeweile verfolgt wurde, war im Sommer 1773 noch dunkler geworden. Jeanne fühlte, daß der König jetzt nicht mehr wie früher von ihr gefesselt wurde. Sie besaß ja nicht die Talente der Pompadour, die es verstanden, Ludwig durch immer neue und feine Belustigungen an sich zu bannen, und hatte ihm weder Geist noch Bildung zu bieten. Wenn er ihrer überdrüssig wurde, war sie nur eine der Hunderten von Mätressen, die „der Vielgeliebte" gehabt und

abgedankt hatte, und sank in die Bedeutungslosigkeit von
einst zurück. In jeder Stunde konnte sie durch eine neue
Mätresse ersetzt werden, und es gab immer Höflinge, die
durch den Aufstieg einer solchen ihr Glück machen wollten.
Aber auch von ihren eigenen Kreaturen hatte sie Feindseligkeiten zu fürchten. Aiguillon, Terray, selbst ihr Schwager
Jean du Barry wollten dem König neue Mätressen zuführen:
Jean sogar seine eigene schöne Schwiegertochter, die, wie
man sagte, jetzt Aiguillon zum Liebhaber hatte. Mit dem
Kanzler Maupeou, der sich erfolgreich um die Gunst der
frommen Tochter Ludwigs, der Karmeliterin Louise,
bemühte, hatte sich ihre Freundschaft bedenklich gelockert.
Wie schroff ihr eine andere Tochter des Königs gegenüber-
stand, die Prinzessin Adelaide, war ihr genau bekannt; sie
wußte auch, daß Ludwig jetzt seinen Töchtern mehr Einfluß als früher auf sich ließ. Es war auch kein Geheimnis für
sie, daß man sich mit dem Gedanken trug, den König
wieder zu verheiraten: Eine Erzherzogin Marie Elisabeth,
die Schwester Kaiser Josefs, wurde ihm vorgeschlagen, eine
Fürstin von Lamballe, und als sie Ludwig wegen dieses Hei-
ratsgerüchts hänselte, sagte er ihr unwirsch: „Ich könnte
Schlimmeres tun!“ Aus den Heiraten wurde zwar nichts,
aber darum blieb doch Jeannes Stellung nicht gefestigt. Sie
hatte viele Nebenbuhlerinnen in der königlichen Gunst,
aber wenig von ihnen zu fürchten, so schnell wie sie kamen,
verschwanden sie auch; der König, alt und verlebt, konnte
nicht mehr ohne Reizmittel aller Art seinen Sinneslaunen
genügen, und selbst diese gefährlichen Mittel versagten endlich. „Ich sehe, daß ich nicht mehr jung bin und den Hemm-
schuh anlegen muß“, sagte bekümmert seufzend Ludwig zu
seinem Leibarzt, und dieser erklärte offen: „Sire, Sie würden
besser tun, ganz auszuspannen!“ Zu Ostern 1773 wurde der

König samt seiner ganzen Hofgesellschaft bei einer Fasten-predigt heftig angegriffen und mußte sich mit einer kühnen biblischen Anspielung sagen lassen: „Als endlich dieser König (Salomon), von Lüsten übersättigt, müde war, da er seine Sinne durch alle Vergnügungen, die einen Thron um-geben, abgestumpft hatte, suchte er zuletzt eine neue Art in dem gemeinen Auswurf der öffentlichen Lüsternheit." Trotz der Entrüstung der Höflinge und der Klagen Jeannes sagte Ludwig nur, der Prediger hätte bloß seines Amtes gewaltet. Noch tieferen Eindruck machte auf den König eine andere Predigt, über den Tod, worin ihm das frühe Sterben seiner nahen Verwandten und vieler seiner Mätres-sen ins Gedächtnis gerufen wurde und wobei ihn die Furcht vor einem nahen Erlöschen mit aller Kraft packte, stand er doch im dreiundsechzigsten Jahr, einem Jahr, das die ärzt-liche Kunst jener Zeit als kritisch und verhängnisvoll für Greise ansah. Plötzliche Todesfälle in seiner Umgebung er-schreckten ihn noch mehr: Der Abbé de la Ville, der ihm seinen Dank für seine Ernennung als Leiter der auswärtigen Angelegenheiten aussprechen wollte, wurde vor seinen Augen vom Schlag getroffen; sein alter Freund Chauvelin brach, während der König mit Jeanne Pikett spielte, tot neben seinem Sessel zusammen. Um Ludwig aus seiner immer mehr verdüsterten Stimmung zu reißen, ließ Jeanne eine erotische Oper aufführen. Aber das half nur über eine kur-ze Zeit, und als die Fastenzeit 1774 kam, wo abermals der junge Abbé de Beauvais in Versailles predigte und ausrief: „Noch vierzig Tage und Ninive wird zerstört werden", was dem König wie eine Vorladung vor Gottes Gericht er-schien, wurde Jeanne selbst von dunkeln Ahnungen gequält und sagte: „Ich wünschte, der abscheuliche April wäre vor-über!" Ludwig sprach von seinem kränklichen Zustand, seinem möglichen Tod und manchmal sogar „von der schrecklichen Rechenschaft, die man dem höchsten Wesen über den Gebrauch des Lebens, das es uns auf dieser Welt verliehen, ablegen müßte". Jeanne plante, um den König aufzuheitern, eine Vergnügungsfahrt nach Trianon, aber schon am zweiten Tag hier fühlte er sich übel; sein Arzt stellte Fieber fest, sonst nichts Besorgniserregendes. Am nächsten Tag, 28. April, erschien im Auftrag des Dauphins der Chirurg La Martinière und nahm den König nach Versailles, wo er eine schlechte Nacht verbrachte und ihm Aderlässe verordnet wurden, um ihn von seinem heftigen Kopfschmerz zu befreien. Am ersten Abend war Jeanne noch bei ihm, am zweiten verboten ihr die Ärzte den Zutritt; am 30. April sah man, daß der König die Blattern hatte, und nun glaubte man, eine Bettruhe von einer Woche würde alles wieder ins Gleichgewicht bringen, aber ein Arzt, Bordeu, sagte: „Die Blattern mit vierundsechzig, bei dem körperlichen Zustand des Königs, das ist eine furchtbare Krankheit!" Er behielt auch recht, Ludwig sprach fast gar nicht mehr, seine Augen starrten verstört ins Leere, und er zeigte nur wenig Lust, seine Mätresse zu sehen, die jeden Abend von seinem an die Partei du Barry verkauften Kammerdiener La Borde an sein Bett geholt wurde. Erst als der Erzbischof von Paris, ohne ihm, wie er gefürchtet, die Sterbesakramente zu bringen, bei ihm geweilt hatte, hoffte Ludwig wieder, ließ sogleich Jeanne rufen und küßte verzückt ihre schönen Hände. Doch die Krankheit schritt rasch und unaufhaltsam vor, und sein Körper bedeckte sich mit dem eklen Aussatz, der ihn noch im Todeskampf mit der Furcht erfüllen sollte, der Eiter seiner Beulen möchte sich mit der Hostie mischen. Am 3. Mai verlangte er zärtlich nach Jeanne, doch als sie abends kam, mußte sie nah an sein Bett treten, um ihn leise sagen zu hören: „Madame, es steht schlecht mit mir, ich weiß, was ich zu tun habe. Ich will nicht den Vorgang von Metz wiederholen; wir müssen uns trennen. Gehen Sie nach Ruel, zu Herrn d'Aiguillon! Seien Sie überzeugt, daß ich immer innigste Freundschaft für Sie hegen werde!" Dabei tastete er noch mit seiner eitrigen Hand über ihre schöne Brust. Sie war kaum gegangen, als er wieder nach ihr verlangte. Er begann irre zu reden und stammelte: „Ach, sie ist fort … es heißt also fortgehen … man möge wenigstens in der St. Genoveva-Kirche beten!" Sieben Tage danach war er tot.

Jeanne Bécu Gräfin du Barry hatte ihre Rolle als königliche Mätresse ausgespielt. Ihre Herrschaft, die, wie man mit Recht gesagt hat, sich weder als Tyrannei noch als Regierung äußerte, die Allmacht war, ohne Beherrschung zu sein, Laune, ohne doch von sich aus Anregung zu geben, Macht ohne Willenstätigkeit, ohne eine die Macht gebrauchende Persönlichkeit, war zu Ende. Am 12. Mai erhielt sie durch einen Eilboten aus Versailles einen Brief, der sie in die Bernhardinerinnenabtei Pont-aux-Dames verwies. „Eine saubere verdammte Regierung, die mit einem Kabinettsbefehl beginnt!" rief sie wütend. Ihre Umgebung und Verwandtschaft war beim Tode Ludwigs auseinandergestoben, vom Hohn und Witz des Volkes und der Höflinge des neuen Königs verfolgt. Nach der ersten sehr unbehaglichen Zeit fand sich Jeanne im Kloster bei der Liebenswürdigkeit der Äbtissin und der Schwestern wieder in ihre alte unbekümmerte Stimmung zurück. Ihre immer leichter werdende Haft in der Abtei bedrückte sie nicht mehr, und bald erhielt sie die Erlaubnis, ihren Wohnsitz nach Belieben zu wählen, nur mußte er zehn Wegstunden vom Hof und Paris fern sein; Luciennes war ihr aber vorläufig verboten. So kaufte sie vom Erlös ihres Hauses in Versailles ein Gut bei Arpajon, das einen prächtigen im englischen Stil angelegten Park hatte, bezog es im Sommer 1775, fand aber in der ihr sehr fehlenden Geselligkeit bald kein Vergnügen mehr an dem malerisch gelegenen Landsitz und sehnte sich nach ihrem geliebten Luciennes mit jedem Tag mehr zurück. Sie war auch tief verdrossen über die Unordnung ihrer Vermögensverhältnisse, ihre große Schuldenlast, die sich noch immer vermehrte, da sie wie früher bedenkenlos weiterwirtschaftete, und mußte sich, um sich zu arrangieren, eine Menge der schönsten Schmuckstücke von Luciennes verkaufen. Sie suchte sich die Zeit wie einst mit Spiel zu vertreiben und verlor phantastische Summen, die allerdings die Gewinner meist taktvoll genug nicht einforderten. Gutmütig und nachsichtig, wie sie immer war, ließ sie sich von ihrer Umgebung tyrannisieren: Da eine ihrer Kammerfrauen ständig am Magen litt, die zweite fast ununterbrochen schwanger war, nahm sie eine dritte, die von den beiden Übeln nicht gequält würde. Sie war im tiefsten Herzen froh, als sie im November 1775 nach Luciennes gehen durfte: Hier finden wir bald eine merkwürdige Umwandlung bei ihr.

Langsam entspinnt sich ihr Liebeshandel mit dem englischen Gesandten in Frankreich, Lord Seymour, und sie findet in ihren Briefen tiefgefühlte Worte, die uns aus ihrem Munde seltsam klingen und die Erinnerung an Julie Lespinasse ins Gedächtnis rufen. Es ist nur ein kurzer Liebestraum, und an einem „Mittwoch, Mitternacht", schreibt sie ihm zum Abschied:

Ich brauche Ihnen nicht von meiner tiefen Liebe und Zuneigung zu sprechen. Sie kennen sie. Doch was Sie nicht kennen, sind meine Schmerzen. Sie wollten mir nicht über das, was meinem Herzen teuer ist, Sicherheit geben. So glaube ich denn, daß Ruhe und Glück meiner Seele Sie wenig berührt. Ich spreche nicht gern davon, aber es ist das letzte Mal. Mein Kopf ist klar, nur mein Herz leidet. Doch mit viel tapferer Anstrengung wird es mir gelingen, es zu bändigen. Die Aufgabe ist mühevoll und schmerzlich, aber notwendig. Es ist das letzte Opfer, das ich bringen muß, mein Herz hat bereits alle anderen gebracht ...

Doch auch dies schmerzliche Erlebnis verblaßte mit den Jahren zu einer bittersüßen Erinnerung, und sie lebte fort, erfreut durch die Besuche vornehmer und fürstlicher Fremder, ihrer alten und neu gewonnener Freunde in dem Luxus, den sie gewöhnt war, und in der Zuneigung und Achtung, die ihr ihre Lebensphilosophie und der Wohlanstand ihres neuen Daseins gewannen. Aber die Freunde starben, zogen fort, die Besucher wurden seltener und die Einsamkeit des kleinen Schlosses immer tiefer.

Nur wenige Gäste fanden sich ein, und oft ging Jeanne allein mit ihren Erinnerungen durch den Park und die Umgebung, wo sie die freigebige Wohltäterin machte. An manchem Abend sprach sie, die Füße auf dem Feuerbock, zur Vigée-Lebrun, die sie malte, von der längst versunkenen Zeit, da sie die gefeierte Schönheit des Hofes war. „In diesem Saal erwies mir Ludwig XV. die Ehre zu speisen", und nach einer Weile wie im Selbstgespräch setzte sie hinzu: „Oben war eine Tribüne für die Musiker und Sänger."

Allmählich wurden für sie Menschen und Dinge jener Zeiten zu Traumbildern, und das kleine, leise verfallende Schlößchen mit seinen verlassenen Galerien, auf denen sich die schönsten Kunstwerke zusammenfanden, schien wie ein durch eine Fee in Schlaf gezauberter Bau.

Aber Schloß und Schloßherrin sollten bald geweckt werden. 1789 kam und die Einnahme der Bastille, und als der Wind den Kanonendonner bis Luciennes trug, sagte Jeanne mehrmals traurig: „Wenn Ludwig XV. noch lebte, wäre das alles sicherlich nicht so gekommen!"

Die Revolution kündigte sich immer deutlicher an, und Jeanne mußte bald auch für sich und ihren Besitz fürchten, zumal sie ganz und gar nicht die Frau war, die sich voll Klugheit und Bedachtsamkeit in die neuen, immer wirrer werdenden Zeiten zu finden wußte.

Sie verstand nicht ihren Reichtum zu verstecken, ihre Ausgaben zu verdecken, ihre Zunge zu zügeln und ihren Leichtsinn. Sie hätte sich rechtzeitig in Sicherheit bringen können, wie so viele taten, aber sie war so mit Frankreich und Luciennes verwachsen, daß sie es nicht über sich brachte.

Sie verbirgt nicht die Bilder Ludwigs XV. und Marie Antoinettes, bestellt wie früher aristokratische Denkschriften und Zeitungen, bietet der Königin ihre Dienste an, nimmt die verletzten Gardisten in Luciennes auf und schreibt Marie Antoinette, die ihr dafür danken läßt:

Die jungen Verwundeten bedauern nur, nicht für eine Fürstin haben sterben zu können, die dieses Opfers so würdig ist wie Eure Majestät. Was ich für diese Tapferen tue, bleibt weit hinter dem zurück, was sie verdienen. Ich tröste und ehre ihre Wunden in dem Gedanken, daß Eure Majestät ohne ihre Hingebung vielleicht nicht mehr leben würden. Luciennes steht zu Ihrer Verfügung. Hat es mir denn nicht Ihr Wohlwollen zurückgegeben? Alles, was ich besitze, kommt von der königlichen Familie, und ich fühle zu viel Dankbarkeit, um es je zu vergessen. Der verstorbene König zwang mich, ehe er mich

aus seiner Nähe entfernte, tausend wertvolle Dinge anzuneh-
men. Ich hatte bereits die Ehre, Ihnen diesen Schatz zur Zeit
der Notabeln anzubieten und beeile mich, ihn Ihnen wieder
zur Verfügung zu stellen. Sie haben so viele Ausgaben zu
bestreiten und Wohltaten ohne Zahl zu spenden. Ich beschwö-
re Sie zu erlauben, daß ich dem Kaiser zurückgebe, was des
Kaisers ist.

Ihren Mangel an Vorsicht und Verständnis für die veränderte Zeit beweist aber in noch viel höherem Grade ihr
Verhalten nach einem im Januar 1791 bei ihr verübten
großen Juwelendiebstahl.

Sie hatte in dem greisen Herzog von Brissac, einem
Edelmann von der alten Ritterlichkeit des siebzehnten Jahrhunderts, dem Kommandanten der königlichen Haustrup-
pen, einen leidenschaftlichen Verehrer gefunden, der ihre
Schönheit, Güte, Hochherzigkeit nicht genug zu preisen
wußte.

Bei einem ihrer Besuche bei ihm war der Diebstahl in
Luciennes ausgeführt worden, und bald danach sah man an
allen Mauern einen Anschlag mit der genauen Beschreibung
der Wertstücke nebst Angelobung einer großen Belohnung
für Festnahme der Diebe. Dadurch wurden die Revolu-
tionsmänner auf ihren Reichtum aufmerksam, und damit
war zugleich auch ihr Verderben heraufbeschworen.

Die Diebe wurden zwar bald in London festgenommen
und die Juwelen gefunden, aber Jeanne kam doch nicht in
ihren Besitz, da die englische Rechtsprechung sehr langsam
vor sich ging. Sie mußte viermal nach England reisen, da die
Sache ungeschickt eingeleitet und noch ungeschickter wei-
tergeführt worden war.

Diese Reisen boten später den Anlaß, um sie unerlaubter

Auswanderung, Übermittlung geheimer Aufträge und des Einverständnisses mit den Feinden der Republik anzuklagen. Sie sah in London viele geflüchtete Emigranten und hörte nicht nur von ihnen, sondern auch von dem englischen leitenden Minister Pitt den Rat, in England zu bleiben. Aber sie tat es nicht, weil sie allen Grund zu der Annahme hatte, dadurch ihr Vermögen zu verlieren.

Als sie hörte, daß ihr Eigentum in Luciennes versiegelt worden war, kehrte sie sofort zurück, obwohl ihr Prozeß in London noch nicht beendet war. Sie fand alles zum Schlimmen verändert, in Luciennes war ein Revolutionsklub gegründet worden, an dessen Spitze ein Engländer Greive getreten war, der sich Schriftsteller nannte und zugleich auch „Verteidiger der wackeren Sansculotten von Luciennes, Freund Franklins und Marats, Aufrührer und Anarchist erster Ordnung und Vernichter des Despotismus auf den beiden Hemisphären". Er wandte sich, unterstützt von einigen Dienern Jeannes, die sie wegen Diebstahls und Denunziation fortgejagt, mit fulminanten Schriften gegen die „Aspasia des französischen Sardanapals", die trotz ihrer offenkundig staatsfeindlichen Beziehungen, mittelst ihres Reichtums und ihrer am Hof eines schwachen und in Lüsten verkommenen Tyrannen erlernten Schmeichelkünste verstanden hatte, sich über die Menschenrechte hinwegzusetzen; die ihr Schloß zum Mittelpunkt aller gegen Paris gerichteten freiheitsmörderischen Anschläge gemacht, die von Brissac begonnen und von Aristokraten jeder Färbung, mit denen sie in ständigem Briefwechsel stand, fortgesetzt wurden; die durch ihren Luxus die Leiden der unglücklichen Frauen verhöhnte, deren Männer, Väter, Brüder und Söhne in den Heeren ihr Blut für die Sache der Freiheit vergossen.

Jeanne setzte alles in Bewegung, um sich Freiheit und

damit das Leben zu erhalten, und es gelang ihr auch, zweimal wieder aus der Haft zu kommen, in die man sie schon gesetzt hatte.

Aber Greive und seine Kumpane ließen nicht locker und Jeanne hatte, wie sie an die Bürger-Administratoren in Versailles schrieb, von der Böswilligkeit ihrer Denunzianten alles zu fürchten. Der Bürger Lavallery wurde zu ihr geschickt und sagte ihr, sie würde am besten sich nach Versailles in den unmittelbaren Schutz des Departements zurückziehen. Wenn sie das täte, erklärte ihm Jeanne, deren Schönheit auf den Freiheitsmann einen tiefen Eindruck machte, gäbe sie ihr Schloß, in dem sie ihr Bargeld, Kleinode, Silber an den verschiedensten Orten verborgen, der Habgier und Plünderung der Gemeindebeamten und Nationalgarden preis.

Greive setzte ihre Festnahme bei dem Ausschuß in Versailles durch und sie kam in das Arresthaus von Ste. Pelagie. Ihre Papiere wurden beschlagnahmt; da sich unter ihnen aber nichts fand, was auf eine gefährliche Verschwörung deutete, wurden verschiedene Briefe von Greive so zugerichtet und gedeutet, daß sie den Schein einer Schuld boten. Er stellte alle Verdachtsmomente genau zusammen, unter denen die ihr von Pitt geschenkte silberne Denkmünze eine große Rolle spielte, und gab die Zeugen an, die seine Anschuldigungen bekräftigen könnten; und so beschloß der Ausschuß für allgemeine Sicherheit am 19. November 1793, „daß die genannte du Barry der versuchten Auswanderung hinreichend verdächtig erscheint, daß sie des weiteren während ihres Aufenthalts in London, vom Oktober 1792 bis zum März des letzten Jahres den nach London geflüchteten Emigranten Geldmittel zur Verfügung gestellt und mit ihnen verdächtigen Schriftverkehr gepflogen hat" und sie also dem Revolutionstribunal überstellt und auf Betreiben des öffentlichen Anklägers verfolgt und abgeurteilt werden sollte.

Drei Tage darauf wurde sie verhört. Sie erklärte hierbei, daß die von ihr ausgegebenen Summen ihr auf besonderen Befehl Ludwigs XV. für jede einzelne Zahlung geliefert wurden, daß sie den König bei den von ihm vollzogenen Ernennungen beeinflußte und für ihre Schützlinge Pensionen und Zuwendungen erhielt. Zu Ludwig XVI. hätte sie keine anderen Beziehungen gehabt, als daß er ihr durch Umtausch von Rentenverträgen in Bargeld und Ankauf von Wertsachen ermöglicht, einen großen Teil ihrer Schulden zu bezahlen. Ihr bewegliches Vermögen könne sie nicht abschätzen, die gestohlenen Juwelen wären gegen 150.000 Livres wert, außerdem habe sie von Ludwig XV. eine Leibrente von 90.000 Livres. Sie gab zu, drei Monate im Jahr 1792 einen Priester und Emigranten in ihrem Haus beherbergt und in London eine Reihe Emigranten getroffen zu haben; auf die Beschuldigung der Auswanderung erklärte sie, daß sie in Geschäften und mit vorschriftsmäßigem Paß gereist sei. Das Geld dazu hätten ihr die Bankiers Vandenyver gegeben. Sie habe wohl einige Briefe von Emigranten erhalten, doch nie beantwortet.

Die von Greive genannten Zeugen sagten gegen sie aus, wie es nur natürlich war. Es waren ja durchweg ihre Feinde. Am 3. Dezember wurde der Anklageakt gegen sie und ihre Bankiers Vandenyver bei der Gerichtsberatung vorgelesen und angenommen und „Jeanne Vaubernier, verehelichte du Barry" kam in die Conciergerie in das Zimmer, das Marie Antoinette innegehabt. Hier hörte sie, daß Luciennes durchwühlt und allmählich ausgeraubt wurde.

Sie war tief niedergedrückt, als sie vernahm, daß der von ihr immer so gut behandelte Zamore, den sie wegen seiner

Denunziationen aus dem Haus gejagt hatte, nun Herr in Luciennes war.

Die Ereignisse der letzten Zeit, die Niedermetzelung Brissacs bei den Septembergreueln, der Selbstmord ihres Schützers Lavallery, die Guillotinierung so vieler ihr bekannter und nahestehender Personen hatte sie mit Entsetzen vor dieser grauenvollen Zeit erfüllt.

Sie ahnte schon, was ihr selbst drohte, als sie am 6. Dezember vor den Gerichtshof geführt wurde. Der öffentliche Ankläger klagte sie an, daß sie nach dem denkwürdigen Siege des französischen Volkes Werkzeug und Mitschuldige der Emigranten gewesen sowie den in Frankreich verbliebenen vormaligen Großen Hilfe und Unterschlupf gewährt; daß sie einen Diamantendiebstahl vorgetäuscht, um sich mit den in London lebenden Agenten der Gegenrevolution in Verbindung zu setzen; daß sie in London ausschließlich mit Emigranten verkehrt, mit den der Revolution feindlichen Lords und sogar mit dem „infamen" Pitt, „diesem unversöhnlichen Feind des Menschengeschlechts, von dem sie sogar eine Denkmünze mit dem Bild des Scheusals zurückgebracht habe", daß sie bedeutende Summen an vormalige große Adlige geliehen, in Luciennes Aufläufe erregt und aus dem Schloß ein kleines Fort habe machen wollen, was durch die acht Flinten bewiesen werde, die ihr Freund, der Verbrecher d'Angremont, den auch sein Schicksal ereilt, der Stadt Paris abgegaunert habe.

Der öffentliche Ankläger erwähnte alle von ihr vergrabenen Schätze und, ein Beweis ihres Glaubens an die Gegenrevolution, die seltene Sammlung gegenrevolutionärer Schriften und Bilder, die bei ihr gefunden worden, sprach von der Trauer, die sie in London öffentlich nach dem Tod des Tyrannen Ludwig XVI. angelegt und ihrem fortgesetzten Briefwechsel mit den grausamsten Feinden der Republik wie Calonne, Poix, Beauvau usw.

Die Zeugen sagten aus, der offizielle Verteidiger sprach, der Vorsitzende Dumas faßte das Ergebnis der Verhandlung zusammen und machte aus der „Kurtisane des Vorgängers von Ludwig XVI." das Werkzeug Pitts, die Mitschuldige am Krieg mit dem Ausland, an den Aufständen im Lande.

Nach fünfviertelstündiger Beratung wurde Jeanne zum Tode verurteilt, ebenso wie die mit ihr angeklagten Bankiers Vandenyver, die der öffentliche Ankläger als die Mittelspersonen zwischen den Emigranten und Jeanne bezeichnet hatte. Sie sollten die Diamanten der Gräfin nach Holland gebracht und ihr alle Geldmittel geliefert haben, die, wie sie wußten, für Emigranten bestimmt wären, und das nach dem Erlaß des Gesetzes gegen die Emigranten, in dessen Sinn die du Barry als Emigrantin zu gelten hatte. Der öffentliche Ankläger beschuldigte die Vandenyvers, zu allen Zeiten Feinde Frankreichs gewesen zu sein, 1782 an einem Komplott zwischen dem Tyrannen und Spanien teilgenommen zu haben, um beide Nationen bankrott zu machen, das Staatsvermögen an sich zu reißen und die Knechtschaft der Franzosen zu verewigen: Die Bankiers gehörten zur Zahl der Ritter vom Dolche und hätten zur Niedermetzelung des Volkes beigetragen.

In vierundzwanzig Stunden sollte das Urteil vollstreckt werden. Als Jeanne den Spruch vernahm, verlor sie, durch Angst und Schrecken gelähmt, die Beherrschung und Würde, die sie vor dem Gericht gezeigt hatte. Sie war so schwach, daß die Gendarmen sie stützen mußten, als sie den Saal verließ. Man glaubte, sie würde nicht mehr lebend die Guillotine besteigen können. Aber angesichts der drohenden Vernichtung erwachte in ihr mit jäher Gewalt der alle Bedenken niederwerfende Wille zum Leben: Alles, Freundschaft, Dankbarkeit, Herzensschuld, heilige Verpflichtungen, ja sogar Geheimnis und Aufopferung derer, die sich für sie bloßgestellt hatten, vergaß sie über dieser Gier nach dem Leben, das sie immer so geliebt hatte und ihr nun in das dunkle Nichts zu entschwinden drohte.

An ihrem letzten Tag, zehn Uhr morgens, nach einer entsetzlichen Nacht, erschien sie bleich, zitternd, flehend zwischen den beiden Gitterpforten der Conciergerie und wollte sich durch Preisgabe ihrer in Luciennes versteckten Schätze ihr Leben erkaufen; sie sagte, wo sie noch Wertsachen verborgen, gab damit die Leute, darunter ihren treuen Kammerdiener Morin, die sie zur Aufbewahrung erhalten, preis, wollte ihre in London liegenden Wertsachen auch opfern; aber alles war vergeblich.

Doch sie glaubte es nicht, selbst dann noch nicht, als man ihr schon die Haare geschnitten hatte. Als sie den Todeskarren besteigen mußte, war sie so weiß wie das Kleid, das sie trug. Eine riesige Menge war auf den Straßen, in einer Reihe vorn stand Greive und weidete sich an seinem Opfer. „Ich habe noch nie so viel gelacht wie heute, als ich die Grimassen sah, die diese schöne Hure vor dem Sterben schnitt", sagte er am Abend zu seinen Kumpanen. Die Pferde zogen langsam weiter durch das sich herandrängende Volk. Jeanne sah und hörte nichts, seufzte und schluchzte nur, hatte für den Zuspruch der Vandenyver und des Konventsmitgliedes Noel, die sie in den Tod begleiteten, kein Ohr, nur erstorbene Augen und müde Lippenbewegungen. Als sie aber einmal die Augen erhob beim Palais Royal und der Barrière des Sergents, sah sie auf dem Balkon eines Modesalons die Arbeiterinnen sich drängen, um die Frau zu sehen, die einst Gräfin du Barry gewesen war, und erkannte das Geschäft wieder, in dem sie vor mehr als dreißig Jahren selbst einmal gewesen war; und wie in dem Traum einer Sekunde mochte ihr ganzes Leben an ihr vorüberziehen, Elend, Jugend, Glanz, Versailles, Luciennes, und sie stieß ein wildes Geschrei aus, das die ganze Rue St. Honoré durchgellte. Der Henker mit seinen beiden Knechten konnte die wie wahnsinnig sich Gebärdende kaum auf dem Wagen halten, von dem sie sich in ihren Angstkrämpfen stürzen wollte. Die kurzen Haare über Stirn und Augen, flehte sie mit von Tränen erstickter Stimme das Volk an, sie zu retten: „Ich habe nie jemandem Böses getan ... rettet mich! ... Das Leben! Das Leben! ... Wenn mir das Leben geschenkt wird, gebe ich der Nation mein ganzes Vermögen!" – „Dein Vermögen", rief einer aus der Menge. „Du gibst der Nation ja nur, was ihr gehört!" – Da wandte sich ein Kohlenträger neben ihm und gab ihm, ohne ein Wort, eine Ohrfeige. Der Henker ließ auf die Pferde einhauen, und nachmittags halb fünf kam der Karren auf dem Revolutionsplatze an. Jeanne stieg zuerst ab. Wahnsinnig vor Angst schrie sie: „Noch eine Minute, Herr Henker!" Sie sträubte sich mit aller Gewalt, und man mußte sie aufs Schafott hinaufziehen, und selbst oben noch schrie sie wie eine von Mördern Überfallene: „Zu Hilfe! Zu Hilfe!"

Wilhelmine Enke
Gräfin von Lichtenau

Der große König war tot. Ganz Preußen hätte trauern sollen. Man trauerte nicht! Trotz des unersetzlichen Verlustes
trauerte man nicht! Wer kannte ihn noch, den Einsiedler
von Sanssouci? Nur das Ausland kannte ihn. In der Heimat
war er ein Fremdling!

Der König ist tot! Es lebe der König!

Friedrich Wilhelm II. trat das Erbe des großen Oheims
an. Dem Meister folgte der Lehrling, dem Riesen der Zwerg!
Niemand sah den Unterschied, die Distanz. Man jubelte.
Eine neue Zeit stand vor den Toren. Die Knechtschaft sollte von der Freiheit abgelöst werden. Verheißungsvoll setzte
die neue Regierung ein. Das Leben gewann an Wert, an
Licht und Freude. Friedrichs Neffe eroberte die Herzen des
Volkes im Fluge. Er warb um Liebe. So wurde er bald der
„Vielgeliebte"! Die Schranken des höfischen Zeremoniells
fielen augenblicklich. Friedrich Wilhelm lebte mit den Bürgern, die eben noch nur „Untertanen" gewesen waren. Vieles
wandelte sich. Der König verhalf der deutschen Sprache zu
ihrem Recht. In der Anrede ersetzte das „Sie" das bisherige
unpersönliche „Er". Manche Härten wurden gelindert; die
drückenden Monopole auf Tabak, Kaffee, Seide und Salz
wurden aufgehoben. Dadurch allein gewann der Monarch
viele Herzen. Gern hörte er sein Lob, gab mit vollen Händen Auszeichnungen und Gnadenbeweise, wahllos an Wür-
dige und Unwürdige. Alle wollte er glücklich sehen. Im
Grunde seines Wesens war Friedrich Wilhelm gutartig und
großmütig, aber schwach und launisch, leicht erregbar und
unbeständig. Er war kein Soldat, kein Diplomat, kein Politi-

ker. Die lange Vorbereitungszeit für sein hohes Amt hatte er ungenutzt verstreichen lassen. Er war der sinnlichen Lust versklavt. Mehr Schatten als Licht. Ein Freund der Frauen. Das schöne Geschlecht hatte ihn bezaubert. Dem Weiberfeind in Sanssouci folgte der Venuspriester!

Friedrich Wilhelm verlor sehr oft das Ziel auf seinen Liebespfaden. In den Niederungen üppigen Genusses vergaß er dann alles: Krone und Würde, Familie und Volk. An seiner Lebensstraße standen viele Frauen. Keine besaß ihn ganz, alle waren ihm eine Zeitlang Gespielinnen, Bajaderen. Nur eine beherrschte ihn bis ans Ende!

Das Schicksal dieser einen ist eine wechselnde Bahn von Licht und Schatten. In buntem Tanz jagten des Lebens heitere und schwarze Lose an ihr vorüber, kaleidoskopisch: Aufstieg aus Armut und Not zu Glanz und Einfluß, zur Herrschaft über den König; dann Sturz aus der Höhe, als der Tod ihn rief. Die typische Mätresse. Mit ihr ist das Schicksal des letzten Herrschers des Ancien régime auf dem preußischen Throne unlösbar verknüpft. Was den Töchtern aus fürstlichem Blut nicht gelungen war, den leidenschaftlichen Prinzen zu fesseln, erreichte ein Mädchen aus dem Volke, aus einfachsten bürgerlichen Verhältnissen spielend. Ein eigenartiger Schimmer von Romantik schwebt von Anfang an über diesem Verhältnis zweier nach Stand und Herkunft so ungleicher Menschen. Hier war kein Zwang. Hier störte die höfische Etikette nicht den Zauber des Zusammenseins. Hier winkten üppige Freuden heimlicher Liebe und füllten die Stunden mit ungeahnter Lust! Sinnlichkeit, Luxus und Verschwendung herrschten auf diesen verschwiegenen Liebesfesten, die von dem schwülen Duft des sterbenden Rokoko geschwängert waren.

Wilhelmine Enke wurde am 29. Dezember 1753 als

Tochter eines Trompeters geboren, der später in der königlichen Kapelle als Waldhornist angestellt wurde. Sie vereinigte in ihrer knospenden Jugend alle Vorzüge, die den liebeshungrigen Prinzen fesseln sollten. Sie wurde sein Glück, zugleich sein Verhängnis! Von Stund' an war der Prinz wie verzaubert. Er achtete der häuslichen Konflikte nicht. Er blieb taub gegen die Mahnungen des Königs. Nur eine Sehnsucht lebte in ihm: die Vereinigung mit der neuen Freundin. Zum ersten Male durfte er der Stimme seines Herzens folgen! In erster Ehe war Friedrich Wilhelm mit seiner Kusine, Elisabeth Christine von Braunschweig, vermählt. Am 21. April 1769 erfolgte die Scheidung dieser Ehe. Elisabeth Christine wurde nach Stettin verbannt. Bald darauf verheiratete sich der Thronfolger mit Friederike Louise von Hessen-Darmstadt, die ein trübes Los gezogen hatte.

Wilhelmine Enke, ein aufgewecktes, frisches Naturkind, schaute mit glänzenden Augen zu dem schönen Prinzen empor. Für sie erfüllte sich ein Märchen, das die füreinander bestimmten Menschen trotz aller Gegensätze und Widerstände in Liebe vereint. Und diese Märchenstimmung war nicht flüchtig. Sie wuchs mit den Jahren. Fast noch ein Kind, trat die mit allen Reizen ihres Geschlechts geschmückte Wilhelmine dem Prinzen zufällig in den Weg. Im Hause ihrer älteren, wegen ihrer Schönheit von vielen Kavalieren umschwärmten Schwester lernte er die Kleine kennen. Dem Wesen des einfachen Mädchens lag jede Berechnung fern. Trotz der lockeren Umgebung war ihr die Straße des Lasters noch unbekannt. Die Gunst des Schicksals, das ihr den künftigen Herrscher so nahebrachte, vermochte sie in ihrer Tragweite noch gar nicht zu ermessen. Wer hätte ahnen können, daß die kleine Wilhelmine, die Tochter des Trompeters, dereinst in der Geschichte des Berliner Hofes als vielverlästerte und vielgefeierte Mätresse des Königs die Rolle einer preußischen Pompadour spielen sollte!

Aus der anfangs harmlosen Neigung entwickelte sich allmählich lodernde Liebe. Wilhelmine war noch sehr jung; sie zählte kaum vierzehn Jahre. Friedrich Wilhelm wurde der Lehrer des geliebten Mädchens. Er arbeitete ganz ernsthaft mit ihr. In einem dreijährigen Kursus brachte er ihr die wichtigsten Kenntnisse der Geschichte bei. Wilhelmine erwies sich als gelehrige Schülerin. Sie zeigte einen aufgeweckten Geist. Erschien ihr der Stoff zuweilen auch spröde, ihr Fleiß erlahmte nicht. Sie lernte mit Lust und Liebe. Unterricht in der Erdkunde und Literatur lief nebenher. Durch Madame Girard wurde Wilhelmine in der französischen Konversation ausgebildet. Über jene schattenlosen Jahre des ersten Glücks erzählt sie viel später selbst:

Wir lasen zusammen die „Neue Heloise" von Rousseau, dagegen verbot mir der Prinz die „Pucelle d'Orléans" von Voltaire. Shakespeare lernte ich aus Eschenburgs deutscher Übersetzung kennen. Und der dicke Sir John Falstaff war eine Lieblingsfigur des Prinzen, mit dem er sich selbst gern verglich, da er frühzeitig zu großer Leibesfülle neigte. In der Geschichte fingen wir bei der Erschaffung der Welt an.

Der Prinz las mir die Hefte, die er früher bei seinem Lehrer ausgearbeitet hatte, vor. Über die alte Geschichte ging er schnell hinweg, verweilte aber desto länger bei der vaterländischen. Auf der Landkarte war er so bewandert, daß er mit geschlossenen Augen den Ort traf, den ich nannte.

Mit der fortschreitenden geistigen Entwicklung Wilhelminens hielt die körperliche gleichen Schritt. Aus den „Schulstunden" wurden allmählich „Schäferstunden". Auch hier erwies sich der Prinz zunächst als Meister. Doch nur zu bald sollte ihn seine Schülerin übertreffen und die Führung an sich reißen. Die vollerblühte Wilhelmine, ihrer körperlichen Reize bewußt, war wach, klug und geduldig. Sie überblickte das Terrain nun klarer und erkannte, daß es ein Kampfplatz sei. Ihr weiblicher Instinkt war geweckt. Sie liebte den Mann, der sie recht eigentlich erzogen hatte. Der Nimbus, den die Welt um den Prinzen wob, bedrückte sie nicht. Ihr war er der Mann, dem sie sich in leidenschaftlicher Neigung gab, mit dem sie Freud und Leid teilen wollte. Er durfte seine Sorgen zu ihr bringen. Sie suchte ihn zu verstehen und zu trösten. Oft genug teilte sie mit ihm das wenige, das sie besaß. Häufig war der Prinz in Verlegenheit. Er brauchte viel Geld. Auch schöne Frauen hingen sich an seine Börse, die sich meist rasch erschöpfte. Der König und Weiberfeind hielt den Prinzen außerordentlich knapp. Da mußte sich Wilhelmine oft still bescheiden und manchen Wunsch versagen. Die Not, so erzählt sie, war auch bei uns zu Gast. War der Prinz in Bedrängnis, so gab ich mit Freuden, was ich hatte. Wir liebten einander. Es war kein Opfer!

Die Hofgesellschaft folgte dem Treiben des Prinzen mit scheelen Augen. Dem König trug man pikante Geschichten aus dem Liebesleben des Neffen zu. Sie dienten nicht zur Besserung des beiderseitig gespannten Verhältnisses. Die Stimmung Friedrichs schwankte dauernd zwischen Zorn und Nachsicht. Das wüste Genießerleben und die tollen Weiberaffären vermochten das harte Urteil des gestrengen Oheims über den Prinzen nicht zu mildern. Was etwa an dem düsteren Bilde noch fehlte, logen dreiste Zungen dazu. Schließlich entschloß sich der König, den Verkehr Friedrich Wilhelms mit der Trompeterstochter stillschweigend zu dulden. Er meinte, der Prinz werde durch diese süße Fessel vor anderen, weit unheilvolleren Liaisons bewahrt. Er hielt die Liebschaft mit Wilhelmine für das kleinere Übel. Um den Neffen von Berlin fernzuhalten, bewilligte er sogar die Summe von 20.000 Talern zum Ankauf eines Landhauses. Friedrich Wilhelm erwarb die dem Grafen Schmettau gehörige Villa in Charlottenburg um 7.500 Taler für Wilhelmine. Aber die Klagen nahmen kein Ende. Übereifrige Zwischenträger sprachen von Einmischung der Mätresse des Prinzen in Staatsgeschäfte. Sie begünstige gewisse Personen aus ihrer Sphäre und verschaffe ihnen durch Fürsprache beim Prinzen gutbezahlte Sinekuren. Der Alte Fritz kannte die Menschen und wußte, daß man die Farben zu dick auftrug. Noch schwang er rüstig den Krückstock und leuchtete selbst mit unnachsichtiger Strenge in alle Winkel und Ecken des Staates hinein. Schwere Verstöße konnten ihm nicht verborgen bleiben.

Nach einiger Zeit schickte der Prinz die Geliebte in Begleitung ihrer älteren Schwester, die inzwischen eine Gräfin Matuschka geworden war, nach Paris, der hohen Schule des „noblen Anstandes". Hier nahm Wilhelmine Tanzunterricht bei dem gefeierten Ballettmeister Vestris, dem Stolz der damaligen Pariser Oper. Unter der Führung der vielerfahrenen, lockeren Schwester stürzte sie sich in das brausende Leben der Weltstadt. Sie nahm gleichsam einen Kursus als „Maitresse comme il faut". Sehr aufgeklärt kehrte Wilhelmine von dieser Lehr- und Lustfahrt in die preußische Residenz zurück.

Die vorübergehende Trennung hatte die beiden Liebenden nicht entfremdet. Im Gegenteil, die Neigung war gewachsen, inniger geworden. Der Thronfolger nutzte jede freie Stunde, um mit Wilhelmine zusammen zu sein. Solenne Feste und heimliche Lustbarkeiten wurden in dem Charlottenburger Heim veranstaltet. Wilhelmine fand sich mit erstaunlicher Gewandtheit in den heikelsten Situationen zurecht. Durch unerwartete Ereignisse oder boshafte Nadelstiche der Hofgesellschaft ließ sie sich nicht entmutigen. Selbst geschickt eingefädelte Intrigen wußte sie flott zu parieren. Der Prinz sah die unverkennbaren Vorzüge dieser Frau aus dem Volke. Jeder Vergleich mit ihren Feindinnen aus ebenbürtigen Kreisen fiel zu ihren Gunsten aus. Sie war seine Freudenspenderin. Es zog ihn immer wieder zu ihr zurück. Kein Strohfeuer, das rasch erlosch. Und deshalb war er in einer Liebesstunde bereit, freiwillig den Eid der Treue zu leisten, den Wilhelmine freudig erwiderte. Am 27. Januar 1770 besiegelten beide mit dem eignen Blute das Gelöbnis unwandelbarer Treue. Noch in späten Jahren zeigte Wilhelmine voller Stolz die Narbe an ihrem Daumen, ein Zeichen der Hast und Ungeduld, als sie das wichtige Dokument signiert hatte. Hier fesselte den Prinzen eine tiefere Neigung.

Wilhelmine rangierte nicht in gleicher Linie mit den galanten Frauen aus stolzen Kreisen, die sich ihm in Scharen an den Hals warfen. Bei ihr entwickelte er die Tugenden, die man innerhalb seiner Familie so schmerzlich vermißte: Er war nicht nur der feurige Liebhaber, er erfüllte auch die Pflichten des Gatten und fürsorglichen Familienvaters.

Aus allen diesen Beobachtungen schnitten die Gegner der Favoritin tödliche Pfeile. Der König hörte neue Klagen. Dazu trat ein unglücklicher Zufall: Eines Morgens erging sich die ahnungslose Wilhelmine im Schloßgarten und lief dem König in den Weg. Der erteilte ihr gleich seine Lektion. In ihrer Bestürzung warf sie sich ihm zu Füßen. Er ließ sich nicht gewinnen und herrschte sie an: „Sie kann nur aufstehen; ich will sie nicht gesehen haben. Aber lasse sie es sich zugleich gesagt sein: höre ich noch einmal das Geringste von ihren verdächtigen Einmischungen in Geschäfte, so werde ich sie an einen Ort versorgen, wo sie ihre Dummheit zeitlebens bereuen soll. Übrigens rate ich ihr, den ersten besten Mann zu nehmen; die Aussteuer will ich ihr wohl geben. Sei sie klug und gehorsam und geh sie jetzt!"

Dieser Befehl des Königs durfte nicht ohne Gefahr ignoriert werden. Es gab Tage der Tränen und Sorgen. Friedrich Wilhelm fand einen Ausweg. Er schickte seine Mätresse für einige Zeit auf Reisen. Auf diese unfreiwillige Fahrt gab er ihr seinen vertrauten Kammerdiener Rietz mit, dem die Rolle des „ersten besten Mannes" zugedacht war. Doch dieser Reisemarschall fand keineswegs Wilhelmines Beifall. Nur, sie mußte jetzt klug sein. Der König durfte nicht erzürnt werden. So entschloß sich Wilhelmine zu der Komödie und ließ sich mit Rietz trauen. Aus der Demoiselle Enke wurde die Madame Rietz. Die Firma war lediglich geändert. Sonst blieb alles beim alten. Die Metamorphose brachte keine Wendung in ihren intimen Beziehungen zum Thronfolger. Bei dem unwürdigen Handel machte der Pseudoehemann Rietz, eine Kreatur, später ein verschlagener Höfling, der großen Einfluß gewann, weitaus das beste Geschäft.

Im Jahre 1770 schenkte Wilhelmine einem Knaben das Leben, den Friedrich Wilhelm abgöttisch liebte, und dem er bei der Geburt den stolzen Namen eines Grafen von der Mark gab. Ein Kind der Liebe! Auch geistig und körperlich trug es alle Zeichen eines solchen. Nun war das Band fester geknüpft. Dieser Herzensbund galt in den Augen der öffentlichen Meinung als moralischer Schandfleck. Die bösen Zungen oben und unten kamen nicht zur Ruhe. Die unselige Leidenschaft des Prinzen war rein menschlich vielleicht dadurch zu erklären, daß er zu einer Ehe ohne Liebe gezwungen worden war. Er aber wollte nicht verzichten. Ihm galten Pflichten und Rechte aus seiner Geburt wenig. Seinen Lebensgenuß durften sie nicht schmälern. Es fehlte in den höfischen Kreisen nicht an mächtigen Feinden, die viele Minen legten, um die Stellung der Rietz zum Thronfolger zu erschüttern. Man sprach von einem heimlichen Weiber-regiment, von wüsten Zechereien und sybaritischen Ge-lagen. Man tadelte den Prinzen: er sei ein Schlemmer und Tagedieb! Das alles sagte man heimlich, unter vier Augen. Man war feige. Öffentlich schmeichelte man ihm und rühmte seine Leutseligkeit. Es unterlag keinem Zweifel, der Kronprinz war entwurzelt. Er fand keine letzte innere Be-friedigung und wurde von seinen ungezügelten Trieben dauernd hin und her geworfen.

Wilhelmine hat fünf Kindern das Leben gegeben, deren zwei Friedrich Wilhelm anerkannt hat, einen Sohn und eine Tochter. Der Graf von der Mark wurde den Eltern durch einen frühen Tod entrissen. Noch heute erinnert ein Denk-mal von Schadows Künstlerhand in der Dorotheenstädti-schen Kirche an die Trauer des schmerzgebeugten Vaters, der diesen herben Verlust nie ganz verwunden hat.

Es war nicht immer die edelste Gesellschaft, die sich um den Thronfolger scharte: lebenshungrige und leichtfertige Offiziere, Glücksritter und Schmarotzer. Man frönte dem Trunk und ließ der Wollust die Zügel schießen. Vielfach wurde nicht einmal mehr der Schein gewahrt. Aber nicht das allein. Gaukler, Schwärmer und Schwindler umdrängten den Erben der Krone. Als er den Thron bestiegen hatte, teilten sie sich in die Herrschaft. Später entmachteten sie den König ganz und gar. Sie ließen ihm den frommen Glauben, daß er regiere, hatten ihn aber längst mit dem unwürdigsten Hokuspokus und Höllenblendwerk zu ihrem

Hörigen gemacht. Außer einer Schar von Geistersehern und Finsterlingen, die sich bei ihrem dunklen Handwerk des Ordens der Rosenkreuzer bedienten, hatte niemand sonst Einfluß. Der König war nicht einmal mehr Herr über sich selbst. Die geheime Gesellschaft der Rosenkreuzer war aus dem Freimaurertum hervorgegangen. Sie versuchte durch allerlei mystischen Schwindel besonders hochgestellte Persönlichkeiten in ihren Netzen zu fangen. Die Berliner Rosenkreuzer, geführt von den berüchtigten Günstlingen Bischoffwerder und Wöllner – der letztgenannte ist der Schöpfer des unseligen „Religionsedikts" –, hatten den König ganz unterjocht. Der preußische Staat war ihre Pfründe. Damit schalteten sie nach Belieben. Nur wer zu ihnen gehörte und sich strikt den Ordensregeln unterwarf, hatte Aussicht auf Karriere und ein lustiges, sorgenfreies Leben. Der König war den großen Verheißungen der kleinen Gaukler verfallen, die nur eigensüchtigen Interessen dienten. Wie sehr der preußische Staat unter den Umtrieben dieser unwürdigen Ratgeber gelitten hat, zeigte sich viele Jahre später in erschreckender Weise. Da erkannte jeder die trüben Folgen der ruchlosen Wirtschaft eines Bischoffwerder und Wöllner, die den Herrscher gängelten und betrogen.

Bischoffwerder hatte den König bereits in seiner Prinzenzeit für den Orden gewonnen. Bei einem hitzigen Fieber bewährte sich eine Ordensarznei überraschend gut. Das war die beste Propaganda für die geheime Gesellschaft, der Friedrich Wilhelm nun unwiderruflich verfiel. Die Dunkelmänner leiteten ihn nach ihrem Willen. Der tolle Zauber begann. Der Thronfolger erhielt den Ordensnamen „Ormesus". Zunächst galt der Krieg der Ordensmänner dem Einfluß der Madame Rietz. Die treuen „Brüder" setzten dem Prinzen zu, daß es mit der Frömmigkeit allein nicht getan sei. Wer die höchsten Stufen des Ordens erklimmen und die letzten Geheimnisse enträtseln wolle, müsse vor allem auch einen „tugendhaften Lebenswandel" führen! Diesen Hetzereien gelang es schließlich, daß sich der Prinz Anfang 1783 vorübergehend von seiner Herzensfreundin zurückzog. Aber ganz konnte er sich nicht von der Frau trennen, die ihn durch ihr anmutiges Wesen, durch ihre Reize, durch ihre geistige Regsamkeit und besonders durch ihre Heiterkeit, die des Geliebten oft wechselnder Stimmung Rechnung trug, beglückt hatte.

Der verschlagene Wöllner erkannte die Klippe. Es durfte nicht zum Bruch kommen. Er hatte neue Pläne. Er wollte den Kronprinzen und seine Mätresse für sich und damit auch Wilhelmine für den Orden gewinnen. Deshalb schlug er den goldenen Mittelweg ein. Plötzlich trat Wöllner, den Friedrich der Große dereinst „einen betriegerischen und Intriganten Fafen" genannt hatte, als Verteidiger der Frau auf, deren Kaltstellung er eben noch betrieben hatte. Er legte bei der Ordensleitung ein gutes Wort für den Kronprinzen ein und schrieb: Ormesus werde keine Sünde mehr begehen, aber Freundschaft gegen die Mutter seiner Kinder könne ihm der Orden nicht verbieten. Das sei grausam. Wöllners Fürsprache hatte natürlich den gewünschten Erfolg. Und bald war der alte traute Verkehr zwischen Wilhelmine und Friedrich Wilhelm wiederhergestellt. Wilhelmine hatte kein Hehl daraus gemacht, daß sie von den Offenbarungen des Ordens wenig halte. Jetzt, durch Wöllners Schachzug gewissermaßen für den Orden gewonnen, lenkte die kluge, stets wache Mätresse ein. Sie duldete das Treiben, wenngleich sie es selbst ablehnte. Die Feinde waren zu mächtig. Bald darauf erhielt der Thronfolger für seine als König dereinst um den Orden zu erwerbenden Verdienste den Titel „Ormesus Magnus". Der Teufelsspuk zog weitere Kreise. Die mit dem haltlosen, leichtgläubigen Fürsten im Charlottenburger Schloß vorgenommenen Ordenssitzungen erinnern mit ihren lichtscheuen Begleiterscheinungen an mittelalterliche Zustände. Nach des berüchtigten Schrepfers Selbstmord hatte Bischoffwerder dessen Apparate zur Geisterbeschwörung an sich gebracht. Johann Georg Schrepfer, 1739 in Nürnberg geboren, leistete als Husar Dienste im Siebenjährigen Kriege und wurde dann Kaffeewirt in Leipzig. Mit Bischoffwerder und Wöllner verband ihn innige Freundschaft. Am 8. Oktober 1774 erschoß sich Schrepfer im Rosenthal bei Leipzig. Seine Apparate sollten jetzt vorzügliche Dienste leisten. Unter Donner und Blitz zitierte man auf Friedrich Wilhelms Wunsch die Geister Julius Cäsars, Mark Aurels, des Philosophen Leibniz, des Großen Kurfürsten und später sogar in den Räumen des Palais der Rietz Unter den Linden den Geist des frühgeschiedenen Lieblingskindes, des Grafen von der Mark.

Da es den Rosenkreuzern nicht gelungen war, die unebenbürtige Mätresse auszuschalten, wählten ihre zahlreichen Feinde in der Hofgesellschaft einen anderen Weg. Sie wollten dem leicht lenkbaren Monarchen eine Gunstdame nach ihren Herzen zuführen. Ein Zufall kam den Verschwörern zu Hilfe.

Schon als Kronprinz hatte Friedrich Wilhelm eine fast krankhafte Neigung für die Ehrendame der verwitweten Königin an den Tag gelegt. Drei Jahre lang hatte er Julie von Voß mit Liebesanträgen bestürmt, ohne das ersehnte Ziel zu erreichen. Die Hofkreise hofften im stillen, durch die Verbindung des Königs mit einer adligen Dame den Einfluß der Trompeterstochter ausschalten zu können. Sie begünstigten deshalb die Neigung des Königs zu Julie von Voß durch regen Zuspruch nach beiden Seiten. Julie von Voß sträubte sich lange. Sie hatte schwere innere Konflikte zu überwinden, erlag aber schließlich den Werbungen des Königs, der sich nicht abweisen lassen wollte. Endlich erklärte sie sich bereit, das Opfer zu bringen, falls die folgenden Bedingungen erfüllt würden:

1. *Die Rietz sollte mit ihren Kindern sofort nach Litauen verbannt werden.*
2. *Der Ehebund mit dem König müsse durch Trauung zur linken Hand offiziell anerkannt werden.*
3. *Bedingungslose Zustimmung der Königin.*

Augenblicklich entspann sich am Hofe ein heimlicher Kampf für und wider die beiden Parteien Rietz und Voß.

Wilhelmine zeigte auch hier ihre überlegene Klugheit. Sie erhob keinen Widerspruch. Sie ließ der heiklen Angelegenheit freien Lauf. Im Gespräch mit Friedrich Wilhelm betonte sie nur den Treueid, der darin gipfelte, sie niemals zu verlassen! Und mit dieser Taktik blieb sie Siegerin! Der König weigerte sich, die erste Bedingung der Hofdame zu erfüllen. Sein Entschluß war unabänderlich. Man mußte sich damit abfinden und hoffte, die Zeit werde Wandel schaffen, damit das Bild der Rietzin allmählich verblasse.

Die zweite und dritte Bedingung wurden erfüllt. Die Königin gab schweren Herzens ihre Zustimmung. Die Geistlichkeit erklärte sich nach langen sinnlosen Diskussionen bereit, die Trauung zur linken Hand nach kirchlichem Ritus zu vollziehen. So kam die morganatische Ehe endlich zustande. Julie von Voß wurde zur Gräfin Ingenheim erhoben.

Der König lebte in einem Glücksrausch ...

Wilhelmine zog sich in aller Stille nach Charlottenburg zurück. Sie wußte, daß ihre Rolle noch nicht ausgespielt wäre. Sie wollte warten.

Der so glücklich begonnene Herzensbund mit Julie von Voß verlor nur zu rasch seinen Glanz. Am 2. Januar 1789 schenkte sie einem Knaben das Leben. Aber kaum drei Monate später starb sie an der Lungenschwindsucht. Die Adelspartei sah sich in ihren Hoffnungen, die sie auf die Verbindung des Königs mit der Gräfin Ingenheim gesetzt hatte, bitter enttäuscht. Die Wut darüber machte sich in einer elenden Verdächtigung gegen Wilhelmine Luft. Man klagte sie an, die Nebenbuhlerin durch Gift beiseite geschafft zu haben und fand beim Volke willige Ohren. Als gar der Leichnam der toten Favoritin keine Verwesungsspuren zeigte, gewann das böse Gerücht von dem Giftmord rasch an Überzeugungskraft. Auch die neuen Intrigen gegen Wilhelmine führten nicht zu dem erwarteten Ziel. Friedrich Wilhelm ließ sich nicht täuschen und kehrte nach dem Schicksalsschlag zu seiner alten bewährten Mätresse zurück.

Kaum ein Jahr später war der König in neuen Liebesfesseln. Jetzt war es die Gräfin Dönhoff, die ihn mit ihren Reizen bezaubert hatte. Sie war sogleich bereit, seinem Rufe zu folgen, und kannte keine Gewissensqualen. Nur forderte sie die Erfüllung der von der Gräfin Ingenheim unter 2 und 3 gestellten Bedingungen. Auf einer Ausschaltung der Rietz bestand sie nicht. Die würde sie sehr bald durch ihren unmittelbaren Einfluß selbst herbeiführen!

Am 11. April 1790 schloß der König die zweite morganatische Ehe. Die Gräfin Dönhoff wurde fürstlich ausgestattet und erhielt außerdem eine Mitgift von 200.000 Talern. Die Verwandten der neuen Favoritin bedachte der

König mit ansehnlichen Geldgeschenken. Die Dönhoff war eine Schöne ganz anderen Schlages als die Ingenheim. Sie blendete durch ein gefährliches Zusammenspiel mannigfaltiger Reize. Ihre Kaprizen und Launen waren geeignet, die Leidenschaft des Königs stets neu zu entfachen. Sie wußte, was sie wollte! Sie wollte mitregieren als eine „demie-reine"! Um herrschen zu können, hatte sie dem alternden König ihre blühende Schönheit geopfert. Sie erwartete bestimmt, in die Staatsangelegenheiten eingeweiht zu werden. Sie täuschte sich. Ihre ehrgeizigen Pläne erfüllten sich nicht. Diese Domäne wollte der König, so glaubte er wenigstens, mit niemand teilen! Er fühlte sich als absoluter Herrscher. Die Rosenkreuzer und Madame Rietz behielten nun dauernd den Sieg.

Eine Zeitlang war es der Dönhoff gelungen, den unbeständigen König zu fesseln und nach ihrem Willen zu leiten. Aber bald endete auch diese Verbindung mit einem Fehlschlag. Die Adelspartei hatte den Einfluß der neuen Gunstdame überschätzt. Die Dönhoff fiel in Ungnade. Um jene Zeit schüttete sie einer Freundin ihr wundes Herz aus und schrieb:

Glauben Sie aber, daß der König diejenigen liebt, deren Rat er so blindlings befolgt? Er fürchtet sie; das ist die ganze Geschichte. Wissen Sie, was größere Gewalt über ihn ausübt, als die Liebe? Das ist der Teufel der Pietisterei, das sind jene Gebote, Bußübungen und Absolutionen, von Schelmen und Geistersehern erdacht, welche für alle Übel, die sie anrichten, nimmermehr Absolution erhalten werden.

Wilhelmine stand nun nach harten Prüfungen und heftigen Stürmen fester in der Gunst des Königs als je zuvor. Die

Hofpartei gab allmählich den Kampf gegen die unebenbürtige Mätresse des Königs auf. Den geschicktesten Intrigen zum Trotz hatte sie immer wieder das Feld erobert. Man fand sich mit den Tatsachen ab und umbuhlte die ehedem Gemiedene. Sie wurde bald die gefeiertste Dame am Hofe Friedrich Wilhelms II. Und der König wandte sich ihr von neuem mit alter Herzlichkeit zu. Die einstige Liebe verwandelte sich in innige Freundschaft. Wilhelmine tat alles, um sich dieser Freundschaft würdig zu zeigen. Die nächsten Jahre brachten infolge der Kampagne mit Frankreich viele Unruhen und Trennungen. Zu Beginn der Feindseligkeiten weilte der König an der Front, zog sich aber bald nach Frankfurt a.M. zurück. Hier entzündete sich sein alterndes Herz noch einmal an den Reizen der schönen Tochter des Bankiers Bethmann. Um sie zu gewinnen, bot Friedrich Wilhelm auch dieser Angebeteten die Ehe zur linken Hand an. Seine Werbung blieb erfolglos. Die Heißbegehrte schenkte ihm zwar manche Schäferstunde, setzte aber allen Versuchungen tapferen Widerstand entgegen.

So ging auch diese neue Gefahr, die Wilhelmines Stellung abermals bedrohen wollte, glücklich vorüber.

Endlich sollte ihr des Königs ungeteilte Neigung und Freundschaft gehören!

Gegen Wilhelmine ist immer wieder der Vorwurf erhoben worden, sie habe sich in Staatsgeschäfte gemischt. Diese Anklage ist unhaltbar. Nie hat sie eine Rolle erstrebt, die eine Gräfin Dönhoff von Anbeginn ihrer Beziehungen zum König für sich in Anspruch nahm. Um Staatsfragen kümmerte sich Wilhelmine wenig. Ganz zweifellos hat der König, der ihr volles Vertrauen schenkte, die Meinung der weltklugen Frau zuweilen gehört. Er stand aber viel zu sehr unter dem Einfluß seiner „erprobten" Ratgeber und Ordensbrüder Bischoffwerder und Wöllner und hätte gegen deren autokratisches Regiment nichts vermocht, selbst wenn er es gewollt hätte!

Wilhelmine erkrankte. Der Leibarzt des Königs, Geheimrat Brown, riet zu einer Bäderkur in Pisa. Als Nachkur sollten dann die Seebäder in Neapel aufgesucht werden. Der König bewilligte die Kosten zu dieser Erholungsreise augenblicklich. Wilhelmine wurde mit Kreditbriefen an die ersten Bankhäuser in Mailand, Livorno, Florenz und Rom ausgestattet. In Begleitung des Herrn von Filistri, des Fräuleins von Chappuis, eines Geheimsekretärs und einer zahlreichen Dienerschaft reiste sie ab. Überall durfte sie mit fürstlichem Aufwand erscheinen. Auf dieser von der heimischen Clique vielbekrittelten Italienfahrt feierte Wilhelmine Triumphe. Ein Kreis bedeutender Künstler, Dichter und Gelehrter umschwärmte die Mätresse des Königs. Man fand sie geistreich und noch immer schön. Sie war damals bereits vierundvierzig Jahre alt. In Zürich besuchte sie den vielgenannten Johann Caspar Lavater und stand seitdem mit ihm in Briefwechsel. Glänzende Empfehlungsschreiben öffneten ihr allerorten die ersten Häuser. Wo sie sich zeigte, heftete sich ein Schwarm von Abenteurern und Glücksrittern an ihre Fersen. Daran trug sie selbst die Schuld. Sie hatte dem König versprochen, sich auf italienischem Boden mit den berühmtesten Adepten wegen des „Steins der Weisen" in Verbindung zu setzen. Die großen und kleinen italienischen Höfe wetteiferten miteinander, die gefeierte Mätresse des preußischen Königs würdig zu empfangen. Sie hatte Weltruf. Nur am neapolitanischen Hofe fand sie die Türen verschlossen. Die hochmütige Königin Karoline, die Tochter Maria Theresias, lehnte jede nähere Berührung mit der bürgerlichen Buhlerin ab! Die dem Hofe nahestehenden

Kreise nahmen die Verfemte hingegen mit offenen Armen auf. Gerade in Neapel wurde Wilhelmine von hochgestellten Personen mit Liebesanträgen und Heiratsangeboten sowie mit gesellschaftlichen Auszeichnungen reich bedacht. Auch Lady Emma Hamilton, die Gemahlin des englischen Gesandten und Freundin der Königin von Neapel, zeichnete Wilhelmine durch Besuche und liebenswürdige Korrespondenzen aus. Selbst Lord Bristol, der Bischof von Londonderry, erwärmte sein alterndes Herz an den reifen Reizen der Madame Rietz. Johann Gottfried Seume charakterisiert ihn treffend: „Der alte fünfundsiebzigjährige Pfaffe läßt noch kein Mädchen in Ruhe; er machte auch der Lichtenau den Hof und schrieb ihr zärtliche Briefe."

Durch die ihr am Hofe von Neapel widerfahrene Kränkung fühlte sich Wilhelmine tief beleidigt. Sie beklagte sich bitter beim König. Jetzt endlich bat sie ihn, er möge sie in den Adelsstand erheben, damit ihr künftig derartige Demütigungen erspart blieben. Sogleich erfüllte Friedrich Wilhelm auch diesen Wunsch. Das Adelsdiplom, das er ihr sandte, wurde um zwei Jahre zurückdatiert. Sie wurde zur Gräfin Lichtenau erhoben und erhielt das Recht, in ihrem Wappen den preußischen Adler und die königliche Krone zu führen. Der Schlußpassus des Diploms lautet: „So geschehen und gegeben in Unserer Königlichen Residenz-Stadt Berlin, den 28. Tag Monats Aprilis nach Christi, Unseres Herrn Geburth im Eintausend Sieben Hundert und Vier und Neunzigsten und Unserer Königlichen Regierung im Achten Jahre."

Diese Erhebung der Favoritin schaffte in der Heimat viel böses Blut. Neid und Mißgunst erwachten von neuem. Die Lichtenau schreibt in ihrer „Apologie" zu diesem Streite sehr klug und einsichtsvoll:

Hält mich denn wirklich jemand für gar so einfältig, nicht zu wissen, nicht zu ahnden, was diese Standeserhöhung auf mich für nachteilige Folgen haben mußte? Gesetzt, mein Verstand hätte nicht dahin gereicht, so hatte ich doch Freunde, die mir mit ihrem Lichte zu Hilfe kamen. Einer derselben schrieb mir nach meinem Unglück: ,Ich glaube, daß, wenn Sie nicht in den Grafenstand wären erhoben worden, das Publikum nie würde aufgehört haben, Sie zu schätzen und zu lieben. Denn dadurch wurde der Stolz der Vornehmen beleidigt, und Sie bei solchen ebenso verhaßt wie bei der Kaste, über die Sie sich erhoben und deren Neid dadurch erweckt wurde.' – Vollkommen wahr! Aber wie hätte ich es nun wohl anfangen sollen, dem gefährlichen Titel einer Gräfin auszuweichen? Der König schickte mir das Diplom durch meinen Bruder, den Stallmeister, nach Venedig; der König, sage ich – einerseits mein Freund, mein Wohltäter, aber auch ebensosehr mein gebietender Herr! Lange genug hatte ich mich geweigert; lange genug diese Ehre auf eine sanfte Art von mir geschoben: nun konnte und durfte ich es nicht länger! Kurz nach seiner Thronbesteigung äußerte der König schon verschiedene Male den nämlichen Wunsch. Der nicht weit zu suchende Grund davon war kein anderer, als weil er es für unschicklich hielt, für unnatürlich, daß eine Mutter, deren Kindern schon bei ihrer Geburt dieser Rang beigelegt wurde, ihn nicht ebenfalls genießen sollte! Immer aber machte ich dagegen Einwendungen, weil ich die daraus entspringenden Unannehmlichkeiten schon im Geiste sah, und es ist mir in der Tat lange genug geglückt. Da ich aber bei meiner Anwesenheit in Italien dem Könige einen Heiratsvorschlag für meine Tochter, die Gräfin von der Mark, mit dem Lord Hervey, dem Sohne von Mylord Bristol, machte, der aber in der Folge nicht zustande kam; so gab er mir in mehreren Schreiben seinen Entschluß, *mich zur Gräfin zu kreieren, zu erkennen; und ich hörte nun auf, mich zu weigern.*

Wo bleibt nun wohl die mir so oft und so bitter vorgeworfene Eitelkeit, Ehr- und Titelsucht? Ist man eitel, wenn man endlich, durch die Umstände gezwungen, einen höheren Charakter annimmt, den man vor beinahe zehn Jahren schon haben konnte? ...

Die Standeserhöhung selbst halte ich demnach meinerseits für vollkommen gerechtfertigt; nun entsteht aber die Frage: Wie habe ich mich nach derselben betragen – betragen gegen den Hof und die große Welt –, betragen gegen die Welt, zu der ich bis dahin selbst gehörte? In die erstere konnte ich unmöglich Ahnen und Stammbaum mitbringen; diesen Makel mußte ich also notwendig bis ins Grab tragen. Aber wie habe ich mich sonst benommen? Ist es insbesondere wahr, was Herr v. C. (Kriegsrat Friedrich von Coelln) mit seiner giftigen Feder schreibt:

,Man kann sich leicht vorstellen, daß das kronprinzliche Haus im letzten Regierungsjahre Friedrich Wilhelms II. einen natürlichen Abscheu vor der Umgebung des Königs haben mußte. Dieser traf vorzüglich die Gräfin Lichtenau, welche seit ihrer Vorstellung bei Hofe alle Prinzen des Hauses, selbst die Königin, mit Hohn behandelte.'

Bei ihrer Rückkehr aus Italien stand Wilhelmine auf dem Gipfel ihrer Macht. Alle ihre einstigen Feinde hatten sich mit ihr versöhnt, und wäre es nur zum Schein geschehen. Sie rechneten jetzt mit ihr. Wie keine ihrer Rivalinnen aus früheren Jahren besaß die Gräfin das Vertrauen des Königs. Gleichzeitig mit ihrer Standeserhöhung hatte Wilhelmine die Domänen Lichtenau, Breitenwerder und Roßwiese zu freier Verfügung erhalten. Sie war also Großgrundbesitzerin geworden. Auf diesen Umstand waren neue, sehr ernst gemeinte Heiratsanträge verschiedener Würdenträger zurückzuführen. So bot ihr z.B. der Lord Tempeltown, ein Vetter des berühmten englischen Staatsministers Pitt, die Hand zum Bunde. Es kam sogar zur Verlobung. Als der König von dieser beabsichtigten Verbindung hörte, erhob er energischen Widerspruch. Solche Werbungen galten in erster Linie der interessanten Frau, von der noch immer ein großer Charme ausging. Wilhelmine war anderer Ansicht. „Man glaubte mich", schrieb sie, „im Besitz von Millionen, und seitdem ich Gräfin geworden war, wußte ich mich vor Heiratsanträgen vornehmer Herren kaum zu retten."

Die Gräfin Lichtenau hatte sich in Berlin in ihrem Palais Unter den Linden in einem nach der Behrenstraße gelegenen Anbau ein eigenes Theater geschaffen. Zu der Eröffnungs- und Galavorstellung, für die die ersten Kräfte der Hofbühne gewonnen waren, lud sie die Königin, die ganze königliche Familie und den gesamten Hofstaat ein. Bisher war Wilhelmine bei allen Mitgliedern des königlichen Hauses verfemt gewesen. Man hatte jede Berührung mit ihr entrüstet abgelehnt. Niemand wollte die Buhlerin aus der Hefe des Volkes kennen! Durch den Willen des Königs hatten sich die Dinge gleichsam über Nacht geändert! Wilhelmine war jetzt standesgemäß und anerkannt! Und nun lud sie den Hof in ihre Gemächer. Es war wenig taktvoll, daß gerade als Festvorstellung Nasolinis Oper „Kleopatra" gewählt wurde. Damit wurden alte Wunden aufgerissen. Der Historiograph A.H. Dampmartin erzählt in seinem „Leben am Hofe Friedrich Wilhelms II." über dieses Fest:

Die Königin, der Kronprinz und seine Gemahlin sowie die anderen königlichen Prinzen und Prinzessinnen bebten vor Ingrimm über den sie erniedrigenden Zwang, sich bei einer Frau als Gäste zu sehen, deren Nähe sie aufs tiefste beleidigen mußte. Welch ein bejammernswertes Schicksal! Wie traurige Gedanken weckte es, welche Stürme kündigte es an! Der König trug auf seinem bleichen Gesicht die Zeichen einer tödlichen Krankheit; die gute Königin verzog die Lippen zu einem erzwungenen Lächeln ...

Die unglücklichste Rolle an jenem Abend bei der Gräfin Lichtenau spielte offenbar die Königin. Die Wahl des Stückes war in höchstem Grade taktlos und anstößig; die Augen der Anwesenden waren teils mitleidig, teils neugierig auf die Königin gerichtet, das getreue Ebenbild der unglücklichen und von ihrem treulosen Gatten verlassenen Octavia.

Zweifellos war dieses Fest ein Fehlgriff. Aber der König hatte befohlen. Vielleicht wollte er damit manches wieder gutmachen, was er gegen Wilhelmine, die ihm jahrelang treue Freundschaft bewahrt hatte, heimlich gefehlt! Vielleicht fühlte er das Ende seiner Tage herannahen! Das Leben des „Vielgeliebten" war ernstlich bedroht. Die Folgen des zügellosen ausschweifenden Genusses machten sich in den unverkennbaren Zeichen der Wassersucht geltend. Die Leibärzte standen ratlos. Sie verordneten eine Bäderkur in Pyrmont. Der König willigte ein. Er bestimmte, die Gräfin Lichtenau solle ihn begleiten. Niemand wagte zu widersprechen. Um jene Zeit übernahm es Lord Bristol, den König auf die Sicherstellung der Gräfin Lichtenau hinzuweisen, damit sie für alle Zukunft vor Not und Elend bewahrt bleibe. „Wenn Eure Majestät", sagte er, „es noch länger dulden, daß die Gräfin der Gefahr ausgesetzt bleibt, in Zukunft einmal die Not und Abhängigkeit kennenzulernen, so werde ich die geheiligte Schuld der Freundschaft erfüllen; ich werde ihr ein Schloß in England und eine Jahreseinnahme von 2.000 Pfund gesetzlich verschreiben."

Friedrich Wilhelm ließ sich nicht bitten. Sofort schenkte er seiner Mätresse 500.000 Taler in 5%igen holländischen Schuldscheinen. Als die Gesellschaft von der fürstlichen Schenkung Kunde erhielt, erhob sich oben und unten ein heftiges Geschrei. Aber was war geschehen? Jeder hatte, wo er konnte, seine Taschen gefüllt! Die Minister und Hofwürdenträger nahmen ihren Vorteil wahr. Der Adel überflutete den gutmütigen König mit Bittschriften, die fast stets zu dem erhofften Ziele führten; die Hofdiener und Lakaien stahlen im kleinen, wo sich ihnen Gelegenheit bot! Die Lichtenau hingegen nahm nur ein ihr freiwillig angebotenes Geschenk. Und der König wollte damit nur eine Dankespflicht für die ihm gehaltene Treue erfüllen.

Die Bäderkur in Pyrmont schien eine Besserung des Leidens zu bringen. Bei seiner Rückkehr nach Berlin fand für den König eine große festliche Begrüßung statt, an der sich das ganze Volk beteiligte. Auf einer Rundfahrt durch die Stadt erschien er an der Seite der Gräfin Lichtenau. Das Volk jubelte. Der „Vielgeliebte" war dem Leben zurückgewonnen!

Die scheinbare Besserung im Befinden des Königs erwies sich als trügerisch. Die Krankheit wurde heftiger. Friedrich Wilhelm sah seinen Stern sinken. Er, der die Stimmung seines Hauses kannte, wollte die Lichtenau veranlassen, vor seinem Tode nach England überzusiedeln. Wilhelmine wies dieses Angebot mit den Zeichen des Unmuts zurück. Eingedenk des geleisteten Treueides wollte sie bleiben. Und sie wich nicht von seiner Seite. Sie übernahm die Pflege des kranken Monarchen im Marmorpalais zu Potsdam. Nichts und niemand, auch die versteckten und offenen Drohungen vermochten nicht, sie zu veranlassen, den Platz am Lager des Königs zu räumen. Sie würde den Freund pflegen, bis sie selbst niedersank. Sie wußte, daß sie von der königlichen Familie nichts zu erwarten hatte, in dem Augenblick, da Friedrich Wilhelm die letzte Reise antrat. Auf den Vorschlag des holländischen Generals Constant, Berlin zu verlassen, erklärte sie tapfer: „Im Gefühl meiner Unschuld bleibe ich, ja, ich bleibe selbst dann, wenn ich die Gewißheit hätte, meine Tage in einem Kerker beschließen zu müssen oder unterm Beil des Henkers zu enden. Ich verlasse den König, der nie aufgehört hat, mein Wohltäter und Freund zu sein, unter keinen Umständen. Meine Pflege ist notwendig; seine Leiden scheinen durch meine Gegenwart gemildert zu werden, und ich will lieber tausend Toden trotzen, als mich von ihm entfernen, solange noch ein Hauch in ihm lebt."

Der König war dem Tode verfallen. Die Ärzte und Quacksalber vermochten das fliehende Leben nicht zurückzuhalten. Am 15. und 16. November 1797 steigerten sich die Qualen des Kranken. Der Leibarzt, Geheimrat Selle, bereitete die Lichtenau und die königliche Familie auf das Ende vor. Die Lichtenau, durch die lange aufreibende Krankenpflege erschöpft, brach zusammen und mußte zu Bett gebracht werden. Kaum hatte die Gräfin das Palais verlassen, so erschien General Bischoffwerder mit zwei Stabsoffizieren im Vorzimmer des Königs, bei dem nur noch Rietz und ein französischer Kammerdiener wachten. Die Mitglieder der königlichen Familie waren in der Todesstunde des „Vielgeliebten" nicht zugegen. Ein entsetzlicher Todeskampf begann. Nichts von dem Nimbus, der den Lebenden umgeben hatte, war geblieben. Nun, da der König seiner Macht entkleidet war, kannte niemand mehr Pflichten. Die treue Freundin lag schwerkrank. Am 16. November 1797, vormittags 9 Uhr, wurde der König von seinen Leiden erlöst.

Kaum war Friedrich Wilhelm verschieden, so wandte

sich das Schicksal der Lichtenau. Sie wurde von allen Freunden verlassen. Die wechselten sofort ins gegnerische Lager. Der einstige Verehrer der Gräfin, Graf von Haugwitz, gab mit Zustimmung des neuen Herrschers den Befehl, daß eine Abteilung des Garderegiments die Wohnung der Gräfin besetzen solle. Es wurde ihr angekündigt, daß sie in strenger Haft sei. Nun brach der Sturm los! Alle Nichtswürdigkeit häuften die Edlen des Landes auf das Haupt der Verfemten, Schutzlosen! Sie war eine Spionin, eine Diebin, kurz, eine Frau, die den Staat verraten hatte. Hinter dem Aufruhr über die Wehrlose versteckten sich viele Feiglinge und wirklich Schuldige.

Da man keine Beweise hatte, mußte die Lüge helfen. Man lästerte. Zum Dank für alle Wohltaten und Gnadenbeweise, die diese Hure vom König in einem langen Leben erhalten, habe sie den Monarchen vergiftet. Der Haß wuchs rapide. Man schrie und tobte wider die Gräfin und forderte ihre augenblickliche Bestrafung. Man wollte selbst Lynchjustiz üben. Es war gut, daß die Geschmähte in sicherem Gewahrsam saß, sonst hätte der Pöbel sie zertreten.

Nun wurde Gericht gehalten. Die Anklage enthielt sieben Punkte:

1. Die Gräfin Lichtenau habe Staatsgeheimnisse verraten.
2. Sie habe die Geistesschwachheit des Königs gemißbraucht und die schwindelhaften Umtriebe der Rosenkreuzer unterstützt.
3. Sie habe die königlichen Kassen, besonders die Baukasse, bestohlen.
4. Sie habe sich in Pyrmont die zu den Staatsdomänen gehörigen Güter schenken lassen.
5. Sie habe den schönsten Krondiamanten, den „Solitär“,

*entwendet und dem sterbenden König zwei Brillantringe
von den Fingern gezogen.*
*6. Drei Tage vor des Königs Tode habe sie das Portefeuille
des Königs heimlich beiseitegebracht.*
*7. Sie habe die königliche Familie bewußt von dem sterben-
den König ferngehalten.*

Drei Monate lang saß die Lichtenau in Untersuchungshaft.
Die Richter fanden keine nachweisbare Schuld. Alle Anga-
ben der Angeklagten hielten der Nachprüfung stand. Sie
hatte nichts verschwiegen. Auch nichts, was geeignet gewesen wäre, gegen sie zu sprechen. So mußte der Gerichtshof
die Unschuld der Gräfin anerkennen.

König Friedrich Wilhelm III. erhielt Bericht. Er war vor-
eingenommen. Seine Abneigung gegen die Mätresse seines
Vaters siegte über sein stark ausgeprägtes Rechtsempfinden.
Die Lichtenau mußte fallen. Am 17. Februar 1798 wurde ihr
durch eine königliche Kommission eine Kabinettsorder zu-
gestellt, in der Friedrich Wilhelm III. befahl, die ihr von
seinem Vater geschenkten Güter, ihre Häuser in Charlottenburg und Berlin und jene 500.000 Taler in holländischen Papieren der Krone zurückzugeben. Die Schenkungen seien
von dem hochseligen König erpreßt.

Der Schmuck der Gräfin, den die Juweliere auf 15.630
Taler abgeschätzt hatten, ihr Silberzeug im Werte von 26.579
Talern sowie das gesamte Mobiliar wurde ihr als Eigentum
belassen. Aus dem Erlös solle sie ihre Schulden bezahlen.

Außerdem wurde die Gräfin nach der Festung Glogau
verbannt. Sie erhielt ein Gnadengehalt von jährlich 4.000
Talern. Auch mußte sie erklären, die königliche Entscheidung weder schriftlich noch mündlich anzufechten oder
sonst irgendwie das königliche Haus bloßzustellen.

Die Gräfin fand sich mit Gleichmut in ihre neue Lage. In Glogau lebte sie sich rasch ein und verstand es, die dortige Gesellschaft an sich zu fesseln. Nach einiger Zeit machte die noch immer lebensfreudige Lichtenau die Bekanntschaft des Gitarrespielers Fontano, dessen wirklicher Name Franz von Holbein war. Die Beziehungen gestalteten sich bald inniger und führten zu einem Liebesverhältnis. Wilhelmine beklagte sich im Gespräch mit dem Erkorenen wiederholt über das Schicksal, das sie zur Gräfin und bald darauf so unglücklich gemacht habe. „Ich wünschte", sagte sie, „daß ich geblieben wäre, was ich ursprünglich war, eine ehrliche Künstlerstochter." Franz von Holbein warb um die Hand der Gräfin. Sie richtete an den König die Bitte um Erlaubnis zu einer Reise nach Karlsbad und holte gleichzeitig die Zustimmung des Königs zu ihrer Vermählung mit Franz von Holbein ein.

Friedrich Wilhelm III. schrieb ihr unter dem 24. April 1802:

Besonders Liebe!
Ich will Euch die eheliche Verbindung, welche Ihr nach Euerer Anzeige vom 19. dieses Monats mit dem von Holbein einzugehen beabsichtigt, ganz gern mit dem Wunsche erlauben, daß solche zu Eurer Zufriedenheit auslaufen möge; bewillige Euch ebenso gern die zu einer Reise nach dem Carls Bade erbetene Erlaubnis, und hoffe übrigens, da Ich mich von dem Ungrunde der im verflossenen Jahre zu Eurem Nachteile ausgebreiteten Gerüchte überzeugt habe, daß Ihr auch jetzt zu Meiner Zufriedenheit Euch benehmen werdet.
Ich bin Euer gnädiger König.
gez. Friedrich Wilhelm.

So begann die Lichtenau einen neuen Lebensabschnitt, der sie in eine ganz veränderte Sphäre einführen sollte. Sie mußte feierlich geloben, sich fernerhin gegen niemand schriftlich oder mündlich über ihren Prozeß mit dem königlichen Hause zu äußern. Als künftiges Domizil wurde ihr Breslau angewiesen, wo sie am Bischoffsgarten vor dem Ohlauer Tor eine sehr geräumige Wohnung bezog. Am 3. Mai 1802 fand die Hochzeit mit Franz von Holbein statt. Aus der neunundvierzigjährigen Gräfin Lichtenau wurde eine Frau von Holbein. Während der ersten drei Jahre war diese Ehe sehr glücklich. Dann begann Holbein wieder ein unstetes Wanderleben, ging nach Paris und nach Wien, wo er sich in eine Schauspielerin verliebte und nach vielen unerfreulichen Auseinandersetzungen für immer von Wilhelmine schied.

Im Jahre 1804 strengten die Bankhäuser Schickler in Berlin und Micali in Livorno einen Prozeß gegen die ehemalige Gräfin Lichtenau an und forderten Zahlung der für die Italienreise geleisteten Vorschüsse über zusammen 30.000 Taler. Diese Rechnungen wurden nach dem Tode des Königs von der Finanzverwaltung nicht anerkannt und blieben unbeglichen. Da Wilhelmine selbst nicht in der Lage war, die hohe Summe zu beschaffen, reiste sie nach Berlin und setzte sich mit dem Hofe in Verbindung. Der König entschied, daß die von ihr damals angekauften Kunstgegenstände als Eigentum des Staates zu betrachten seien und schrieb ihr auf ihre Immediateingabe:

Besonders Liebe!
Ich habe nunmehr auf den über Euere Eingabe vom 4. vorigen Monats eingegangenen Bericht des Staatsministers Freiherrn v. der Reck und nach der dato an denselben so wie

an den Gros Kanzler von Goldbeck erlassenen Order be-
schlossen, Euch wegen der Ansprüche der Handlungshäuser
Schickler hierselbst und Micali in Livorno von respektive
14.061 Talern und 3.002 Talern, außer Verbindung setzen
zu lassen, zu welchem Ende der Gros Kanzler das Nöthige
verfügen wird, und mache Euch daher solches hierdurch be-
kannt,

   als Euer gnädiger König.
   gez. Friedrich Wilhelm.

Auch der Rest der Schuld an Schickler wurde später auf
Befehl des Königs bezahlt und somit war Frau von Holbein
endlich dieser Sorge überhoben.

Die Frau, die ehedem im Mittelpunkt der Ereignisse am
preußischen Hofe gestanden hatte, führte nun ein ganz
zurückgezogenes Leben. Von den vielen Menschen in aus-
gezeichneter Stellung, Einheimischen und Fremden, die
dieser Frau nahestanden, als sie an des Königs Seite ging,
war kaum einer geblieben! Die einstige Mätresse, die in ihrer
Glanzzeit hohe Ansprüche an ihre Lebenshaltung stellen
durfte, geriet mehr und mehr in Abhängigkeit und zuweilen
sogar in Not. Sie hatte ein reiches Leben hinter sich. In ihrer
Jugend hörte sie die Kunde der großen Siege Friedrichs des
Einzigen, sie sah den Ruhm Preußens! Dann ging sie viele
Jahre als vertraute Freundin Friedrich Wilhelms II. durch
Tage des Glanzes und der Lust, und schließlich wurde sie
Zeuge des Niedergangs, der schicksalsschweren Tage von
Jena und Auerstädt und die Unterwerfung Deutschlands
durch den Welteroberer Napoleon. Alle Freuden, die ihr in
ihrer Jugend und auch später in so reichem Maße erblühten,
hat die Lichtenau in den letzten Jahrzehnten durch Verein-
samung und Zurücksetzung bezahlen müssen. Gerade

durch ihr wechselvolles Leben ist diese vielbewunderte und vielverlästerte Frau der Typus der Mätresse geworden, der nach glanzvollen Tagen das Elend naht. In ihrer Not wandte sich die Lichtenau nach Abschluß des Tilsiter Friedens an den Kaiser Napoleon, der sie im Jahre 1811 tatsächlich in St. Cloud empfing und sich für sie am preußischen Hofe einsetzte. Napoleon wollte damit keineswegs den Interessen der Bittstellerin dienen; ihm war die Gelegenheit willkommen, den preußischen König zu demütigen. Durch Vermittlung Napoleons wurden ihr die Güter Lichtenau und Breitenwerder zurückgegeben.

Ein Zeitgenosse, Dr. Wilhelm Dorow, der in Paris wiederholt mit der Gräfin Lichtenau zusammentraf, schildert sie in seinen Aufzeichnungen „Erlebtes aus den Jahren 1813–1820" (Leipzig, 1843) „als eine sehr interessante und begabte Frau; reich an Gedanken und Ideen, entwickelte sie solche in dem gewähltesten Redefluß, doch schreiben konnte sie nicht. Ihre Briefe sind der Orthographie wegen beinahe unverständlich und die Buchstaben den Hieroglyphen zu vergleichen; sie schrieb z.B. ‚uhr Sach' = Ursache, ‚ehlent' = elend, ‚lechsung' = Lesung usw. Doch nimmt man sich die Mühe, diese Briefe in ordentliches Deutsch umzuschreiben, so sind die Gedanken, die Wendungen vortrefflich." Sie war auch in dieser Beziehung ein Kind ihrer Zeit; die Muttersprache beherrschte sie nicht, wohl aber die französische Sprache, deren man sich fast ausschließlich in der europäischen Welt jener Epoche als Umgangssprache in den gebildeten Kreisen bediente. An anderer Stelle spricht Dorow von dem Eindruck, den die Gräfin noch in vorgerücktem Alter machte: „Schön von Gesicht", sagt er, „konnte man die Gräfin Lichtenau eigentlich nicht nennen; die Gestalt war reizend; herrlich hatte sich diese erhalten, und ihr Hals und Nacken erschienen noch wahrhaft jugendlich schön." Diese Schilderung deckt sich im allgemeinen mit einer anderen zeitgenössischen Darstellung ihres Wesens und ihrer Erscheinung. Max Ring zeichnet sie in seinem Roman „Rosenkreuzer und Illuminaten" (Berlin, 1861) wie folgt: „Sie blieb eine der interessantesten Frauen, die ich in meinem Leben kennengelernt habe. Sie war eine pikante Brünette mit dunklen feurigen Augen. Was ihr an Schönheit in großem Stile abging, ersetzte sie durch Anmut und Reiz; selbst ihre kleine aufgeworfene Nase gab ihrem lebhaften Gesicht einen eigentümlichen schelmisch-liebenswürdigen Ausdruck. Dabei besaß sie die schönste Büste von der Welt; Hals und Nacken waren wahrhaft klassisch, ihr Arm vollendet. Die Liebhaber und Kenner verfehlten nie, sich in dem Laden von Fasquel an der Schloßfreiheit einzustellen, wo sie ihre Handschuhe anzuprobieren und einzukaufen pflegte. Alte Herren erinnerten sich nach Jahren noch mit Entzücken dieses Genusses. Ihre üppige Figur, ihr frisches Wesen gab die wahrhaftige Vorstellung von einer vollkommenen Bacchantin. Alles an ihr atmete verzehrende Sinnlichkeit und glühende Lebenslust, die gewaltsam aus den verlockenden Blicken, dem verführerischen Lächeln ihrer schwellenden Lippen, dem Wellenspiele ihres vollen weißen Busens hervorsprühte. Im Gespräch und in der Unterhaltung erschien sie als eine hochbegabte, sehr gebildete Frau, reich an Gedanken und glücklichen Einfällen, die sie im gewähltesten Redefluß entwickelte; bei genauerer Bekanntschaft entdeckte man freilich, daß ihr Wissen höchst lückenhaft und oberflächlich war; sie konnte nicht einmal orthographisch richtig schreiben, obgleich ihre Briefe voll reizender Wendungen und überraschender Gedanken waren, wenn man sich die Mühe nahm, die Hieroglyphen zu entziffern."

„Es ist wahr", sagte sie mir selbst einmal, „daß ich einen ziemlich richtigen Geschmack, feinere Lebensart, einige Fertigkeit in den nötigsten Sprachen und endlich einige Kenntnis der Malerei, Dichtkunst und Musik habe, aber es ist alles nur Routine – die viele Gelegenheit, die ich hierzu, teils durch die Bekanntschaft der vorzüglichsten Männer Deutschlands in diesen Fächern, teils auch durch meine Reisen nach Frankreich, Italien und der Schweiz erhielt, kam mir zustatten – aber Menschenkenntnis – diese besaß ich niemals."

Die Überlieferungen von dem Leben der Mätresse des Königs sind leider sehr lückenhaft. Der größte Teil ihrer Briefe an den König sind ein Raub der Flammen geworden. Die einzigen zuverlässigen Nachrichten enthält die „Apologie" der Gräfin (Leipzig und Gera, 1808). So blieb vieles über ihr wahres Wesen im Dunkel. Weitaus die meisten Nachrichten der zeitgenössischen Schriften und Pamphlete sind einseitig eingestellt und gefärbt. Deshalb sei hier noch eine knappe Charakteristik der Gräfin herangezogen. Dieses Porträt ist in dem zweiten Band des Werkes von Geiger, „Berlin 1688–1840" (Berlin, 1895), enthalten und berücksichtigt alle historischen Quellen: „Die Geliebte des Königs selbst lebte in anständigem, nicht prunkvollem Haushalt auf einem Landgut und in einem Stadthause. Sie war und blieb fast drei Jahrzehnte die treue Gefährtin des Königs. Sie war, nachdem ihre körperlichen Reize auf den Fürsten keinen Eindruck mehr übten, seine Freundin und seine Vertraute. Sie war weder Kupplerin und Gelegenheitsmacherin, noch Spionin und Diebin. Sie war keine Dirne, sondern ein Weib, das, in früher Jugend auf die schiefe Bahn geleitet, die Folgen des ersten Fehlers mutig trug. Sie war kein Tugendspiegel, aber auch keine Heuchlerin. Sie war wohltätig und guten Regungen nachgebend, Menschenfreundin wird sie, lange nach den Tagen ihres Glanzes, von Freunden genannt ... Schönheit und Klugheit mochten ihr später noch manche Triumphe verschaffen, die sie nicht immer mit keuscher, grausamer Strenge zurückwies, aber ihre Haupteigenschaft war Treue. Diese bestimmte den König, bei ihr auszuharren, wenn Herz und Sinne auch anderweitig beschäftigt waren."

Endlich noch die Kritik eines erklärten Feindes, der aber nicht um jeden Preis schmäht, wie die zahlreichen zeitgenössischen Pamphletisten, denen lediglich daran lag, die Schatten recht schwarz aufzutragen. Der Kriegsrat Friedrich von Coelln schreibt in den „Vertrauten Briefen über die inneren Verhältnisse am preußischen Höfe seit dem Tode Friedrichs II." (Amsterdam und Köln, 1807):

„Der Prinz ließ die Lichtenau in Paris erziehen. Als sie zurückkam und ihn mehr wie jede andere fesselte, bemerkte sie der König und bestand auf ihrer Entfernung. Auf diese Weise bekam sie einen Mann wie Rietz und war des Prinzen Frau. Sie liebte ihn wirklich, ja, sie war sogar eifersüchtig, bis ihre Existenz endlich von einem klügeren Betragen abhing. Nun wurde sie die Kupplerin des Königs und unterrichtete ihre Schlachtopfer seiner Wollust, wie sie sich mit dem König zu benehmen hätten. Sie hatte aber des Königs Reizbarkeit so genau studiert, daß die alte Freundin, wenn er sich durch häufigen Wechsel abgestumpft hatte, noch Reizmittel im Rückhalt hatte, wodurch sie ihn so zu fesseln wußte, daß er immer wieder zu ihr zurückkam.

Bösartig war sie nicht. Sie war ganz Weib, rachsüchtig in der Liebe und eitel. Sie hat manche Schurken gehoben und Bettler bereichert, die sie nach ihrem Falle mit Füßen treten wollten. Den König hat sie nie zu großen Ausgaben verleitet, und was sie erhielt, war wahrlich für einen königlichen Verschwender, der hundert Millionen aus dem Fenster geworfen hat, eine Bagatelle. Einige Güter in der Mark, für ein paarmal hunderttausend Taler Juwelen und fünfhunderttausend Taler, um die sie Struensee geprellt hatte, waren das Ganze ... Güter in Südpreußen hat sie sich nie schenken lassen. Bestochen von fremden Mächten war sie nie. Am Tode der Ingenheim war sie unschuldig. Die Rosenkreuzerei war ihr zum Gelächter; sie persiflierte solche in Gegenwart des Königs, wodurch sie ihn oft wütend machte.

Die Natur hatte ihr alle Reize verliehen, genußliebende Männer zu fesseln. Tändelnde Liebe war ihre schwache Seite nicht. Ihr Körper war wunderschön, ganz Ebenmaß und ohnegleichen. Es fehlte ihr nicht an Unterhaltungsgabe und an Geschmack in Kunstsachen. Ihr Tisch war der ausgesuchteste in Berlin, ihre Zirkel die zwanglosesten und freudenvollsten, die es gab. Sie war zur Mätresse geboren und erzogen."

Dreimal hat diese Frau in ihrem wechselvollen Leben Namen und Rolle geändert. Doch nur jene Zeit ist für die Nachwelt interessant, die sie an der Seite des preußischen Prinzen und nachmaligen Königs als dessen Mätresse und Freundin verbracht hat.

Am 9. Juni 1820 starb die Gräfin an den Folgen einer Leberkrankheit im Alter von achtundsechzig Jahren. Glanz und Ruhm waren längst verblichen, als ihre sterblichen Reste am 13. Juni 1820 in den Grabgewölben der St. Hedwigskirche zur letzten Ruhe bestattet wurden.

In ihrem bewegten Leben hat die Lichtenau die Wahrheit des Wortes vielfältig erfahren: „Der König der Könige ist Vergänglichkeit!"

Wilhelmine Enke
Die Gräfin von Lichtenau

Amy Lyon
Lady Hamilton

Ein ereignisreiches Frauenleben in drei scharf umgrenzten Etappen: Armut und Not, Glanz und Reichtum, Trübsal und Tod.

Amy Lyon war das schönste Mädchen ihrer Zeit. Ein freundliches Schicksal hatte dieses Wunderkind armen Eltern in die Wiege gelegt. So war seine früheste Jugend nicht von strahlendem Glück durchsonnt. Geburtsjahr und Geburtstag der Amy Lyon sind, wie so vieles in ihrem wechselvollen Leben, nicht genau bekannt. Aller Wahrscheinlichkeit nach wurde sie am 26. April 1763 in Chester, der Hauptstadt der Grafschaft Cheshire geboren. Getauft ist sie jedenfalls am 12. Mai 1765 in der Kirche zu Great Neston. Bald nachher starb ihr Vater. Er hinterließ die Mutter nach kurzer Ehe in den ärmlichsten Verhältnissen. Die noch junge Frau zog mit der Kleinen in ihre Heimat, nach Hawarden in Flintshire zurück. Hier arbeitete sie unermüdlich, um sich und das Kind durchs Leben zu bringen. Es war ein hartes Los.

Doch die Kleine entwickelte sich prächtig. Sie ward der Stolz des Dorfes. Wer sie sah, vergaß ihre dürftige Herkunft. In Lumpen gehüllt glich sie dennoch einer Prinzessin. Ihr reines, edles Gesicht, überflammt von kastanienbraunem Gelock, bezauberte ihre Umgebung durch die strahlenden blauen Augen. Sie lachte gern und viel, weil sie sich selbst schön fand mit den regelmäßigen Zahnreihen hinter den feingeschwungenen Lippen. Neben den klassischen Formen des jugendfrischen Körpers bestach die Anmut ihres natürlichen Wesens und der melodische Klang ihrer Stimme.

Nichts Anerzogenes, nichts Gekünsteltes störte die Harmonie der ganzen Erscheinung.

Als Amy Lyon dreizehn Jahre alt geworden war, forderte das harte Leben sein Recht. Sie mußte der Mutter verdienen helfen. Bald sollte sie auf eigenen Füßen stehen. Nach sehr mangelhaftem Unterricht – sie konnte kaum lesen, weniger noch richtig schreiben – nahm sie eine Stellung im Hause des von allen Dorfbewohnern hochgeachteten Arztes Mr. Thomas an. Sie erlangte die Zufriedenheit ihrer Herrschaft. Die gute Behandlung, die ihr in diesem Hause zuteil ward, hat sie auch später noch dankbar anerkannt. Nach drei Jahren gab Amy diesen Dienst auf und machte die erste große Reise. Sie fuhr mit der „Diligence" nach London. Vermutlich war ihr von ihrem bisherigen Dienstherrn eine ähnliche Stellung in der Metropole besorgt worden. In der Familie des Dr. Richard Budd, eines Arztes des Bartholomäus-Hospitals am Chatham Place in Blackfriars, fand sie Aufnahme als Helferin im Hause. Nach einiger Zeit gelang es ihr, eine einträglichere Stellung zu finden. Sie wurde von einem Händler am St. James Market angeworben. Wahrscheinlich hoffte der Handelsmann durch das auffallend schöne Mädchen seine vornehme Damenkundschaft an sein Geschäft zu fesseln. Aber schon nach einigen Wochen erfolgte ein Szenenwechsel. Eine der reichen Kundinnen fand sehr bald Gefallen an der gewandten Helferin und bot ihr eine Stellung als Gesellschafterin in ihrem Hause. Sichtbar änderte sich plötzlich das Leben des armen Mädchens. Sie vertauschte die bescheidenen Kleider mit kostbaren Gewändern. Das steigerte die Grazie ihrer Erscheinung gewaltig. Aber in der neuen Umgebung herrschte ein sehr lockerer Ton. Der Herrin Beispiel war kein Vorbild für das jugendliche, mit allen Reizen geschmückte Mädchen. Hier lauerten viele Gefahren. Das eben erwachte Sinnenleben wurde in leidenschaftliche Bahnen gelenkt. Amy wurde eitel und leichtsinnig. Mühelos erworbenes Geld rann durch ihre Hände. Der Tag war ausschließlich beschaulicher Muße und den Vorbereitungen zu tändelnden Vergnügungen gewidmet. Die in den Salons der Herrin verkehrenden Gäste sparten nicht mit Schmeicheleien und umschwärmten die Schöne. Wenn sie in zwangloser Art heimatliche Volkslieder zum Vortrag brachte, lauschten die Gäste hingerissen und spendeten der Sängerin brausenden Beifall. Das Theater hatte es ihr angetan. Für dramatische Effekte war sie besonders empfänglich. Allmählich stieg das Selbstbewußtsein der Vielumworbenen bedenklich. In diesem pflichtlosen Dasein legte sie den Grund zu einem später so scharf hervortretenden Charakterzug: der Neigung zur Intrige. Ihre Eigenliebe wuchs. Sie begann, sich zu bewundern. Stundenlang konnte sie den Spiegel befragen und entdeckte dann stets neue Reize an sich selbst!

Es war nun nur noch eine Frage der Zeit, welcher Ritter unter den zahlreichen Courmachern berufen sein sollte, die köstliche Blüte zu brechen!

Der Auftakt im Liebesleben des schönen Mädchens vollzog sich nicht ganz alltäglich. Ein Beweggrund edlerer Menschlichkeit führte sie, so schien es wenigstens, in den Irrgarten der Liebe. Ein seltsames Ereignis gab den Anlaß, durch den dieses erste Verhältnis mit seinen bitteren Folgen den Glorienschein eines Opfers an sich trug. Zu Beginn des amerikanischen Krieges wurde ihr Vetter, ein junger Mann, als Matrose zwangsweise eingezogen und auf ein Kriegsschiff geschleppt. In ihrer Bekümmernis um das harte Los des Freundes, sann sie auf Mittel, ihn zu befreien. Sie wandte sich direkt an den Kapitän des Kriegsschiffes, den späteren Admiral John Willet Payne. Ihn bat sie inständig, den jungen Burschen freizugeben. Eine so liebreizende Bittstellerin konnte der Kapitän unmöglich davonschicken, ohne ihren Wunsch erfüllt zu haben. Jedoch, er knüpfte an die Freilassung des Matrosen eine Bedingung: Amy selbst sollte das Lösegeld bezahlen und Paynes Mätresse werden. Ein hoher Preis! Die Entscheidung mußte sofort fallen! Die Leidenschaft siegte. Der Freund kam frei. Sie kaufte ihn los. Das galante Leben begann. Es war ein einziger Taumel der Lust. Der Kapitän wurde um den Besitz der „schönsten Frau" beneidet. Er dachte nicht daran, die lockeren Beziehungen durch einen Ehebund zu festigen. Als Payne die Segel zur Kriegsfahrt hissen mußte, kam ein kurzer Abschied. Der Liebestraum war zu Ende. Amy blieb hilflos zurück. Sie war in schwerer Not; denn sie trug ein Kind unter dem Herzen. Von Sorgen bedrückt, kehrte die kaum Siebzehnjährige nach Hawarden zur Mutter zurück. Das Kind der flüchtigen Liebe, ein Mädchen, kam zur Welt. Bis zu seinem fünften Lebensjahre wurde es der Obhut der Großmutter, einer Mrs. Kidd, anvertraut. Amys unverbrauchte Jugend überwand die Sorgen rasch. Es zog sie wieder nach London, um das Glück von neuem zu versuchen. Nach der Entbindung war sie noch schöner, noch reizvoller geworden. Aber die Glücksgöttin blieb aus. Der Himmel war umwölkt. Die Not wuchs mit jedem Tage. Aller Mittel entblößt, stand sie im Strudel der mitleidlosen Weltstadt. Keiner achtete ihrer bisher so vielgepriesenen Schönheit. Nur Wüstlinge hefteten sich an ihre Fersen. Von bitterster Not gezwungen, mußte sie wie eine der niedrigsten Dirnen ihren Körper feilbieten. In düsterster Schicksalsstunde wendete ein glücklicher Zufall das Äußerste ab. Amy lief einem Abenteurer in den Weg. Der gewiegte

Scharlatan erkannte sogleich die unter den abgetragenen Kleidern verborgene herrliche Gestalt der jugendlichen Frau. Ihr Anblick verwirrte ihn. Das war, was er suchte. Diese Schöne mußte er gewinnen. Ein unübertreffliches Spekulationsobjekt! Eine solche Vollendung im Körper eines Weibes hatte die Weltstadt London noch nicht gesehen! Dr. James Graham, „the empiric and showman", ein Quacksalber, war beglückt. Seine marktschreierische Reklame verfehlte die Massenwirkung nicht. Adel, Lebewelt und Bürgertum gaben sich in den vielverheißenden Vorlesungen des Wunderdoktors ein Stelldichein. Jeder wollte „Hygiea", die Göttin der Gesundheit und Schönheit mit eigenen Augen sehen, sich an ihren Reizen berauschen. Der smarte „business-man" Graham, dieser Hohepriester der pompejanischen Isis, ließ von ersten Künstlern Gravüren seiner „Göttin" herstellen, die reißenden Absatz fanden. Unter ihnen war vielleicht damals schon George Romney, der hier das Modell, das seinen Ruhm als Maler begründen sollte, zum ersten Male sah. Weitaus die größte Sehenswürdigkeit in Grahams Institut war der sogenannte „Tempel des Apollo" mit dem himmlischen Bett (celestial bed). Hier zeigte sich die Schöne in berückenden Stellungen, in köstliche schleierartige Gewänder eingehüllt. Der Eindruck wurde durch stetig wechselnde farbige Lichteffekte gesteigert. Dazu erklang gedämpfte geistliche Musik, um die Schaulustigen in eine höhere Sphäre zu führen. Der Scharlatan verstand sein Geschäft. Immer neue Scharen strömten herbei. Der Tempel des Apollo, mit der Göttin „Hygiea" war das Tagesgespräch der Weltstadt London.

Wie lange Amy Lyon dem Wundermann als Schaustück gedient hat, ist nicht bekannt. Als sie ihn verließ, nahm ihr Schicksal eine neue, ganz unerwartete Wendung. Ihr Weg führte in ein Schloß. Grahams „Göttin" hatte in dem jungen Baronet Sir Harry Fetherstonhaugh, einem eifrigen Besucher des Wundertempels, höchste Leidenschaft entfesselt. In bewegten Worten sprach er der Schönen von seiner unstillbaren Liebe. Er wurde erhört. Man war rasch einig. Der zu erwartende Luxus lockte mit magischer Gewalt. Amy folgte dem Baron auf sein fürstliches Schloß Up Park in Sussex. Ein neues, in solcher Fülle bisher ungeahntes Leben ging für die abenteuernde Amy auf. Hier öffneten sich unbegrenzte Möglichkeiten. Sie wurde Fetherstonhaughs Mätresse. Augenblicklich erwachte ihr Hochmut. Jetzt zeigte sich ihr wahrer Charakter unverhüllt. Der zahlreichen Dienerschaft begegnete sie mit Stolz und Geringschätzung. Die Feste jagten einander. Unsummen rannen durch die Hände der schönen Mätresse. Der Reichtum des leichtfertigen Schloßherrn schien unerschöpflich. Die glänzenden Reiterfeste zeigten die Vielumworbene als kühnste Reiterin. Wer sie sah, war begeistert. Keine Hürde war ihr zu hoch, kein Graben zu tief. Sie nahm jedes Hindernis mit vollendeter Grazie, als wäre sie im Sattel geboren. Wie eine Regentin hielt sie in Up Park Hof. Die Gäste des Barons waren von ihren Talenten bezaubert. Nur sie war die einzige Dame dieses Kreises. Die Ladies der englischen Hocharistokratie hielten sich geflissentlich von solchem Treiben fern. Sie wollten mit der Mätresse des jungen Barons keine Berührung haben. Ihre Herkunft lag, wie man sich erzählte, in tiefstem Dunkel ...

Bald änderte sich das lachende Leben. Die Freude war rasch dahin. Der junge Baron wurde der gefeierten und anspruchsvollen Schönen müde. In wenigen Wochen hatte die Mätresse seine Börse so sehr erleichtert, daß er beinahe vor dem Ruin stand. Noch nicht mündig, wurde er von seiner hochmütigen Sippe bedrängt, das Verhältnis zu der Verschwenderin augenblicklich zu lösen. Fetherstonhaugh beeilte sich, diesem Rat zu folgen. Er trennte sich fast etwas zu eilig von seiner Mätresse, obgleich er Vaterfreuden zu erwarten hatte. Der Baron mietete der eben noch von vielen Kavalieren Gefeierten in einem entlegenen Viertel Londons eine ganz bescheidene Wohnung. Neuer Szenenwechsel. Nach Luxus und Glanz grauester Alltag. Die Trennung war vollzogen. Keiner der zahlreichen Liebesbriefe, die die schöne Amy an ihren Ritter richtete, wurde einer Antwort gewürdigt. Wieder stand die bitterste Not vor der Tür. Dazu die Schwangerschaft. Das Kind kam zur Welt, ist aber sehr bald wieder gestorben. Inmitten dieser harten Bedrängnis geschah ein Wunder: Während ihrer Glanzzeit auf Up Park hatte die nun Verlassene die Bekanntschaft des englischen Edelmannes Sir Charles Greville aus dem stolzen Hause der Warwick gemacht. Greville, ein begeisterter Kunstfreund und Besitzer einer bedeutenden Gemäldesammlung, stand mit den berühmtesten Malern seiner Zeit in regem Verkehr. Er nahm sich der aller Mittel entblößten Mätresse seines Freundes Fetherstonhaugh an. Jetzt bediente sie sich, um ihr bisheriges Leben zu verwischen, eines anderen Namens. Sie nannte sich von nun an Miss Emily Harte.

In Grevilles Hause zu Paddington Green sollte der Ruhelosen endlich für längere Zeit eine Heimat werden. Aber der neue Freund und Beschützer stellte gewisse Bedingungen: Er wollte ihr sein Haus und sein Herz nur dann öffnen, wenn Emily verspreche, ihr leichtfertiges, wildes und vergnügungstolles Wesen zu ändern und sich zu bessern. Unter dieser Voraussetzung erklärte er sich bereit, auch ihre Mutter und ihr Kind ins Haus zu nehmen. Emily schlug ein. Sie war beglückt und dankbar.

Unter Grevilles Führung begann nun tatsächlich ein neues Leben. Ihm lag daran, die schöne Frau, die ihm außerordentlich gefiel, in geordnete Lebensverhältnisse zu bringen. Sein Projekt war zunächst ein Rechenexempel. Er mußte sparen; denn er war arm. Der Haushalt in Edgware Row durfte jährlich höchstens 100 Pfund kosten. Und die Freundin, die in Up Park Unsummen vergeudet hatte, war jetzt gezwungen, sich mit einem lumpigen Taschengeld von nur 30 Pfund im ganzen Jahre einzurichten. Darin gipfelte Grevilles Erziehungsprinzip. Emily sollte wirtschaften lernen. Im übrigen sorgte er beinahe väterlich für ihre sehr vernachlässigte Ausbildung. Er ließ sie in fremden Sprachen, in Musik, in Gesang, Literatur und im Rechnen unterrichten. Man ging nur selten aus. Der Tag hatte nun viele Pflichten. Er war nicht einzig nur fragwürdigen Vergnügungen gewidmet. Wie ein kostbares Juwel hütete Greville seine neue Freundin. Die straffe Erziehungsmethode hatte Erfolg. Die leichtfertige, wilde und unbeherrschte Emily wurde fleißig, häuslich und sparsam. Ihre Mutter, die aus unbekannten Gründen gleichfalls den Namen geändert hatte, führte als Mrs. Cadogan den Haushalt mustergültig. Zu Grevilles Freunden gehörte der Maler George Romney. Sein Künstlerauge begeisterte sich an der jungen, strahlend schönen Emily. Und von Stund an ward sie sein einziges, unübertroffenes Modell, das er in zahlreichen Attitüden nach antiken Plastiken mit dem Pinsel verewigte. Greville wachte eifersüchtig über seinen Schützling. Fast hermetisch schloß er ihn von der Außenwelt ab. Er kannte das zügellose Temperament seiner Mätresse; auch durfte er sich aus finanziellen Gründen keinerlei Extravaganzen leisten. Sein Einkommen als Mitglied des Parlaments betrug jährlich 500 Pfund, von denen alle Ausgaben bestritten werden mußten. Neue

Entgleisungen hätten seine Stellung in der exklusiven englischen Gesellschaft und seine staatliche Karriere bedroht.

Eines Abends lud er die Geliebte zu einem Ausflug nach den Ranelagh Gardens ein, um sie durch den Anblick der fröhlichen Menge, der bunten Lichter und durch die Lieder der auftretenden Sänger und Sängerinnen zu zerstreuen. Emily war beglückt; sie gab sich dem Vergnügen leidenschaftlich hin. Und kaum hatte die Primadonna geendet, so siegte in Grevilles Mätresse der so lange Zeit schon gezügelte Ehrgeiz, auch ihre Sangeskunst in aller Öffentlichkeit zu zeigen. Inmitten der Menge begann sie mit ihrer glockenhellen Stimme ihre Lieblingslieder vorzutragen, die sie gerade mit ihrem Gesangsmeister eingeübt hatte. Greville war der Verzweiflung nahe. Als die eigenwillige Gastsängerin geendet hatte, brach ein ungeheurer Beifallssturm los. Um weiteren, bedenklicheren Schaustellungen vorzubeugen, bestieg Greville in höchstem Zorn die nächststehende Kutsche und kehrte mit seiner romantisch veranlagten Geliebten auf schnellstem Wege nach Hause zurück. Dieses Ereignis wäre beinahe die Ursache zu einem Bruch der beiderseitigen Beziehungen geworden. Die sangesfreudige Emily konnte es nicht fassen, daß Greville sich durch ihr herausforderndes Wesen in aller Öffentlichkeit tief beleidigt fühlte. Er verstand sie nicht mehr. Er wußte nicht, daß sie um jeden Preis vor der Welt glänzen, irgendeine Rolle spielen wollte. Dieser krankhafte Ehrgeiz ließ sie nicht zur Ruhe kommen und war die Triebfeder aller ihrer Handlungen. Sie wollte Triumphe feiern, gleichviel auf welche Art. Der kühle Diplomat Greville hatte für solche Gedankengänge kein Verständnis. Sein Zorn ebbte nicht so rasch ab. Und jetzt griff die schöne Mätresse zu einem Theatercoup. Sie vertauschte ihre elegante Gesellschaftstoilette mit den einfachen Kleidern, die sie trug, als sie Grevilles Haus betrat, und erklärte, daß sie für immer scheiden wolle. Diese Wirkung seines Unwillens hatte Greville nicht erwartet. Der Theatercoup gelang. Augenblicklich lenkte Greville ein, und die Beziehungen der beiden wurden inniger denn je zuvor. Fast vier Jahre lang dauerte der Herzensbund. Emily schenkte ihrem „dearest Greville" in dieser Zeit drei Kinder, zwei Mädchen und einen Knaben. Zu einer Ehe mit der Geliebten hatte sich Greville teils aus wirtschaftlichen Gründen, teils aus Mangel an Entschlußfähigkeit und Rücksichten auf seine Familie nicht entscheiden können.

Sommer 1784: Ganz unerwartet sollte eine neue Schicksalsfügung den Traum der ruhmsüchtigen Emily Harte erfüllen. Grevilles Onkel, der Ritter Sir William Hamilton, lebte seit langen Jahren als Gesandter des Britischen Reiches am Hofe des Königs von Neapel. In hohem Maße genoß er das Vertrauen des englischen Königs. Hamiltons reiche Fähigkeiten als Diplomat hatten sich oft bewährt. Daneben hatte er sich aber auch als Forscher auf naturwissenschaftlichem Gebiete hervorgetan und besaß als erfahrener und kenntnisreicher Sammler von Kunstschätzen Weltruf. Sein bedeutender Reichtum gestattete ihm, auf großem Fuße zu leben. Auch als Gesellschafter erfreute sich der Gesandte Seiner Britischen Majestät am Hofe von Neapel großer Beliebtheit. Er war ein glänzender Erzähler, ein passionierter Jäger, sehr musikalisch und selbst in vorgerückten Jahren der beste Tänzer am neapolitanischen Hofe. 1782 war ihm seine Gemahlin durch den Tod entrissen worden. Seitdem lebte der Neffe Greville in einiger Unruhe. Es war nicht ganz ausgeschlossen, daß der reiche Onkel sich wiederverheiraten werde. In diesem Fall ging er des Erbes verlustig und mußte alle Zukunftshoffnungen begraben. Er hatte als

Kunstsammler im Hinblick auf die zu erwartende Erbschaft ganz erheblich über seine Verhältnisse gelebt und beträchtliche Schulden gemacht. Die Gläubiger hatten sich stets vertrösten lassen. Sie kannten die engen verwandtschaftlichen Beziehungen Grevilles zu dem Gesandten in Neapel und warteten willig. Seit die Mätresse in Edgware Row eingezogen war, wuchsen die Lasten doch ganz erheblich. Aber weder ihr noch seiner Sammlerneigung wollte er entsagen. Die wirtschaftliche Belastung seines Hauswesens stand bald in keinem Verhältnis mehr zu den bescheidenen Einnahmen. Greville war in Sorgen. Seit einiger Zeit drängten verschiedene Gläubiger. Der reiche Onkel war fern. Auch war es sehr fraglich, ob er für die kostspieligen Passionen des armen Neffen Verständnis aufbringen und ihm die Schuldenlast tragen helfen werde.

Inmitten dieser Krise erschien im Sommer 1784 Sir William Hamilton im Hause seines Neffen. Ein längerer Urlaub führte ihn in die Heimat. Als er die schöne Emily kennengelernt hatte, kam er häufiger nach Edgware Row, um sich an der Grazie und Anmut der Freundin seines Neffen zu laben. Und im Gespräch sagte er diesem: „Sie ist schöner als irgend etwas von der Natur Erschaffenes." So wurde der Verkehr zwischen Grevilles Onkel und Emily allmählich wärmer, inniger. Fast an jedem Nachmittag, den Hamilton in London zubrachte, kam er nach Paddington Green, um „the fair tea-maker of Edgware Row", wie er sagte, zu sehen und sich an ihrem Anblick zu ergötzen.

Die wachsende Neigung des Onkels zu Emily kam Greville sehr gelegen. Sie erleichterte den Verkehr und gab Ausblicke für die Zukunft. Der Diplomat kombinierte im geheimen. Freimütig sprach Greville mit dem Onkel über seine schwierige wirtschaftliche Lage. Sir William half.

Nicht ganz uneigennützig. Gleichzeitig machte er nämlich den Vorschlag, um eine Entlastung des Budgets herbeizuführen, „the fair tea-maker of Edgeware Row" für einige Zeit zu entführen. Der Neffe möge seine Mätresse zu einer Italienreise überreden. Bald darauf benutzte Sir William eine günstige Gelegenheit, die schöne Emily selbst für seinen Plan zu gewinnen. Sie werde, sagte er ihr, bei den berühmtesten italienischen Gesangsmeistern Unterricht erhalten und dann gewiß die gefeiertste Sängerin ihrer Zeit werden. Das sei jedoch nur zu erreichen, wenn sie in eine vorübergehende Trennung von Greville willige. Der „teure" Greville, so fügte der Onkel hinzu, möge sie nach Ablauf eines Jahres wieder heimholen. Emily war von dem glänzenden Projekt begeistert. Sie dankte dem großmütigen Onkel sehr herzlich. Zunächst stieg nicht der leiseste Verdacht in ihr auf, daß Greville diesen Antrag des Onkels mit Freuden begrüßte, um sich allmählich ganz von ihr zu trennen und sie in dessen Hände zu spielen. Dann, ja dann brauchte er nicht mehr in Sorgen zu leben, daß ihm eines Tages Sir Williams Erbschaft entgehen werde.

So hatten Onkel und Neffe in geheimer Übereinkunft über Emilys Schicksal entschieden. Nach einiger Zeit wurde der Plan in die Tat umgesetzt. Sir William war inzwischen nach Neapel zurückgekehrt und hatte seine Zustimmung gegeben, daß Emily von ihrer Mutter begleitet werden solle. Beide verließen London am 14. März 1786 und reisten auf dem Landwege über Deutschland nach Italien. Als Grevilles Mätresse war die schöne Emily aus London geschieden, um die Mätresse Sir Williams zu werden. Greville ging planmäßig zu Werke. Er hüllte sich in tiefstes Stillschweigen, das auch die glühendsten Liebesbriefe Emilys nicht zu brechen vermochten.

Vier Tage nach ihrer Ankunft in Neapel schöpfte sie einen leisen Verdacht. Sie schrieb an Greville: „Ich hatte heute morgen eine Besprechung mit Sir William, die mich krank gemacht hat. Greville, mein teurer Greville, schreibe mir etwas Liebes." Doch Greville blieb stumm. Inzwischen wirkte Sir Williams weltmännische Geste. Seit der Ankunft in Neapel nannte sich Grevilles Geliebte übrigens nicht mehr Emily, sondern Emma. Hamilton war bezaubert von Emmas Wesen, von ihren künstlerischen Talenten, von ihrer Anpassungsfähigkeit in die ganz neuen Verhältnisse. Noch bewegten sich die Beziehungen der beiden ganz in den Bahnen gesellschaftlicher Etikette. Aber allmählich sah Emma klarer. Ihr Mißtrauen wuchs. Am 1. August 1786 schrieb sie an Greville: „Wenn ich bei Dir wäre, würde ich unser beider Leben beenden ... Ich werde niemals seine Mätresse! Wenn Du mich zurückstößt, werde ich ihn zwingen, mich zu heiraten!" Greville schwieg auch jetzt, und im November 1786 war Emma Sir Williams Mätresse! Die neapolitanische Gesellschaft nahm die schöne Frau mit offenen Armen auf. Nur der Hof weigerte sich, sie zu empfangen. Die Königin Maria Karoline, eine Tochter Maria Theresias, dachte nicht daran, die Buhlerin des englischen Gesandten anzuerkennen. Um dieser Zurücksetzung ein Ende zu machen, entschloß sich Sir William, Emma zu heiraten. Das war, was sie erstrebt hatte! Im Jahre 1791 trat das ungleiche Paar die Reise nach London an, um seinen Bund in der Heimat segnen zu lassen. Am 6. September 1791 fand in der Kirche St. Marylebone zu London die Trauung vor vielen Zeugen des englischen Hochadels statt. Emma zeichnete den Ehepakt als „Amy Lyon", während die Vermählungsanzeigen ihren Namen als „Miß Emma Harte" trugen! Nun war sie die Gemahlin des englischen Gesandten Sir William Hamilton und hatte ein Anrecht auf alle gesellschaftlichen Auszeichnungen einer solchen. Gleich nach seiner Vermählung wurde Sir William vom englischen König in Audienz empfangen. Der König äußerte: „Man meldet mir, Sie wollen wieder heiraten, aber ich hoffe, es ist nicht wahr." „Eure Majestät", erwiderte Hamilton, „die Trauung mit Miß Emma Harte ist soeben vollzogen." Auch die englische Königin lehnte den Empfang der Lady Hamilton ab. Um aber nicht ohne Anerkennung der europäischen Höfe nach Neapel zurückkehren zu müssen, bediente sich die intrigante Emma eines Tricks. Sie veranlaßte Sir William, über Paris zurückzureisen und erreichte es tatsächlich, bei der Königin Marie Antoinette, der Schwester der Königin von Neapel, in Audienz empfangen zu werden. Jetzt waren alle gesellschaftlichen Klippen überwunden. Lady Hamiltons Gewandtheit, von ihrer bezwingenden Schönheit unterstützt, gelang es bald darauf, das Herz der Königin Maria Karoline zu erobern. Schon nach kurzer Zeit lebte sie mit der Königin auf „vertraulichstem" Fuße. Endlich war ihre ehrgeizige Sehnsucht gestillt, in der großen Welt eine Rolle zu spielen. Die Regierungsgeschäfte am neapolitanischen Hofe lagen ausschließlich in der Hand der Königin. Ferdinand IV. kümmerte sich nicht um Politik und Diplomatie. Sein ständiger Gast und Begleiter, Sir William Hamilton, schildert den König und seine Neigungen: „Kein europäischer Fürst, ohne Ausnahme, hat eine so schlechte Erziehung gehabt wie der König von Neapel. Nicht eine Sprache spricht er außer dem Italienischen ohne peinliche Anstrengung; und sein gewöhnliches Italienisch ist eine neapolitanische Mundart, wie seine niedrigsten Untertanen, die Lazzaroni, es untereinander sprechen. Französisch versteht er zwar und spricht es im Notfall, aber er liest selten einen französischen Schriftsteller, und weit seltener versucht er darin zu schreiben. Alle Briefe zwischen ihm und seinem Vater, dem König von Spanien, werden in dem gemeinsten neapolitanischen Rotwelsch geschrieben ... Ferdinand, der sehr selten etwas liest, ist höchst unglücklich, wenn es regnet und das Wetter zu schlecht ist, um auf die Jagd zu gehen. In diesem Fall wird allerlei hervorgesucht, die Zeit zu töten und Seiner Majestät Langeweile mit dem läppischsten und kindischsten Zeitvertreib zu verscheuchen ... Ferdinands Leidenschaft ist die Wut für Leibesübungen wie Jagen und Fischen. Dafür ist ihm keine Strapaze, keine Entbehrung zu groß ... So bringt der König größtenteils seine Zeit hin, während Deutschlands, Englands, Frankreichs und Spaniens Potentaten in Kriege verwickelt sind. Nicht als ob er gleichgültig gegen das Glück seiner Untertanen oder sorglos um die Sicherheit oder das Gedeihen seiner Besitzungen wäre. Im Gegenteil, sein Herz, das für sein Volk sehr günstig gestimmt ist, treibt ihn, dies durchgängig an den Tag zu legen; aber seine verfehlte Erziehung macht ihn blöde, verlegen und linkisch, und seine Minister wünschen gar nicht, seinen Geist zu wecken oder zu kräftigen."

Ferdinand war der echte „König der Lazzaroni". Mit den Bürgern aller Schichten verkehrte er auf vertraulichstem Fuße und überließ der Königin nur zu gern die Geschäfte der Regierung. Maria Karoline war sich ihrer Würde und Herkunft stets bewußt. Sie verstand es, Distanz zu halten. Seit der engen Freundschaft mit Lady Hamilton, die nun vor allem danach trachtete, sich bei Hofe sehr vorteilhaft einzuführen, veranstaltete die Königin rauschende Festlichkeiten. Lady Emmas erfinderischer Geist bewährte sich. Ihre vielgerühmten Attitüden nach klassischen Vorbildern fanden allgemeine Bewunderung. Dazu tanzte sie wunderbar. Ihrer Erfindungsgabe ist der noch heute berühmte Schleiertanz zu verdanken. Bei der Tarantella war sie unermüdlich; ihre Ausdauer in diesem wilden, leidenschaftlichen Tanze war so groß, daß sie auch die ernsthaftesten Mitbewerber aus dem Felde schlug. Hier zeigte sie sich als echte Bacchantin. Im Laufe der Zeit maßte sie sich Rechte an, die nicht durchweg den Beifall der Königin fanden und zu vorübergehenden Spannungen führten. Aber seitdem die schöne Emma die Gemahlin des Gesandten des mächtigen Britischen Reiches geworden war, nahm sich jeder in acht. Wenngleich sie auch keinen Einblick in das Räderwerk der großen Politik Europas hatte, so erfuhr sie doch vielerlei aus der geheimen Werkstatt Sir Williams und war in der Lage, zu intrigieren oder zu vermitteln, je nach Gutdünken. Als Lady Hamilton wollte sie herrschen und von dem Adel sowie vom Volk gewürdigt werden wie eine große Dame, deren Einfluß sehr weit reicht. Emma überschätzte diesen Einfluß, aber der Schein in der Öffentlichkeit blieb doch stets gewahrt. Es bildete sich um ihre Persönlichkeit ein gewisser Nimbus, den sie geschickt mit allen Mitteln ihrer Schauspielerkunst zu steigern wußte. Viele gingen ihr ins Garn; sie nahm es mit der ehelichen Treue auch nicht sehr genau. Ihre etwas leichte Art gefiel den männlichen Mitgliedern der Gesellschaft und trug ihr manchen heimlichen Verehrer ein. Die großen Verbindungen ihres Gatten waren auch hier die Triebfeder der Ovationen gewisser Leute, die im Trüben fischen. Gerade diesem Umstand war es zuzuschreiben, daß das Wirken Sir Williams in Neapel nicht immer den Beifall der englischen Heimat fand.

In diese Krisenstimmung fielen die ersten Unruhen, durch die Revolution in Frankreich verursacht. Die Königin von Neapel sah der Zukunft mit Besorgnis entgegen. Würde die Flamme des Aufruhrs auf Italien übergreifen, so wäre auch das Königreich Neapel sogleich bedroht. In diesen ungewissen Zeiten lag ihr daran, den englischen Gesandten, der ihr schon seit fast zwanzig Jahren bekannt war, auf seinem Posten zu halten, soviel sie dazu beitragen konnte. Die sehr kluge Königin wußte, daß die Sicherheit und der Bestand der bourbonischen Herrschaft in Neapel zum weitaus größten Teil von der Haltung des Britischen Reiches abhing. Dieser Erwägung sind viele Auszeichnungen zuzuschreiben, die der Lady Hamilton erwiesen wurden. Sie waren eigentlich an die Adresse des englischen Gesandten gerichtet; Emma war lediglich die Mittelsperson. Sie überschätzte jedoch fast immer ihre Stellung und ihren Einfluß.

September 1793: Der englische Kapitän Horatio Nelson kam zum ersten Male nach Neapel und machte hier die Bekanntschaft der Gattin Sir Williams. Er war, von seinem Stiefsohn Josiah Nisbeth begleitet, mit der „Agamemnon" im Hafen von Neapel eingelaufen und brachte dem Gesandten Botschaften der englischen Regierung. Hamilton öffnete ihm sein Haus und stellte ihn auch der Köngin Maria Karoline vor, die ihn mit Auszeichnung empfing. Ihr ausgesprochener Franzosenhaß ließ es ihr ratsam erscheinen, sich enger an die britische Macht anzulehnen. Nelson gewann von der schönen Emma den denkbar besten Eindruck und schrieb seiner Frau: „Lady Hamilton ist wunderbar gütig gegen Josiah. Sie ist eine liebenswürdige junge Dame, die ihre schwierige Stellung mit Erfolg behauptet."

In Neapel rüstete man sich nicht für die kommenden stürmischen Zeiten, obgleich der politische Horizont von Wetterwolken verdüstert war. Man verließ sich vielmehr auf die Hilfe Englands.

Im Sommer 1795 gelang es den französischen Umstürzlern, das Kabinett in Madrid durch heftige Drohungen einzuschüchtern. Der König von Spanien wich dem Druck; er war bereit, einzulenken und mit dem unruhigen Nachbar Frieden zu schließen. Diese Absicht teilte er dem König Ferdinand von Neapel in einem Geheimschreiben mit. Der Bruch mit England war unvermeidlich, sobald der beabsichtigte Frieden zustande kam. Die Lage spitzte sich immer mehr zu. In ganz Italien gewannen die Franzosen die Oberhand und schalteten, wie es ihnen paßte. Auch der Friede, den Neapel mit der Französischen Republik schloß, änderte nichts an den unsicheren politischen Verhältnissen. Der König war gewissermaßen nur noch „König von Frankreichs Gnaden". Im Jahre 1798 schrieb der englische Gesandte an den Generalbefehlshaber der englischen Flotte im Mittelländischen Meer: „Trotz des scheinbaren Friedens mit der Französischen Republik droht der Monarchie von Neapel doch unmittelbare Vernichtung. Die letzte Botschaft des Pariser Direktoriums war die Sprache der Straßenräuber: euer Geld oder euer Leben! Da, wer in Gefahr zu ertrinken ist, natürlich nach jedem Zweiglein greift, so werden Sie wohl begreifen, daß die größte Hoffnung der Regierung, sich dieser drohenden Gefahr zu entziehen, auf den Schutz der unter Ihrem Befehl stehenden königlichen Flotte gestellt ist." Jetzt wurde Nelson mit einer Flotte entsandt, um die Bewegungen des Feindes und seine Rüstungen zur See zu beobachten. Nelson errang am 1. August 1798 in der denkwürdigen Seeschlacht bei Abukir einen entscheidenden Sieg über die Franzosen.

In ganz Europa herrschte Freude über diesen gewaltigen Erfolg. In Neapel war der Jubel besonders groß.

Als Nelson an Bord der „Vanguard" im Hafen von Neapel einlief, begrüßten die dankbaren Neapolitaner den Sieger und feierten ihn als den Befreier aus schwerer Not. Der König, die Königin, der englische Gesandte und seine Gemahlin waren erschienen, um ihren Dank darzubringen. Und hier sollte es sich wieder zeigen, wie glänzend sich Lady Emma Hamilton auf die Schauspielkunst verstand. Mit den Worten: „O Gott, ist es möglich!" fiel sie dem Seehelden in die Arme und spiegelte in tiefer Ergriffenheit eine Ohnmacht vor! Nun wurde der Sieger von Abukir viele Tage lang gefeiert. Zu seinen Ehren wurden rauschende Feste veranstaltet, die jedoch dem ernsten weltenfernen Seemann nichts bedeuten konnten. Lady Hamilton hatte jetzt nur ein Ziel: Den Namen des gefeiertsten Mannes wollte sie mit dem ihrigen verknüpfen. Nelson sollte ihr Freund werden! Sie rastete nicht, dieses Ziel zu erreichen. Mit seinem Glanze, mit seinem Ruhme wollte sie prahlen, durch ihn höher noch emporsteigen!

An dem von den Österreichern gegen die Franzosen geführten Landkrieg nahm auch das Königreich Neapel teil. Der König Ferdinand marschierte mit einer Truppenmacht von 32.000 Mann nach Rom, wurde aber vom Feinde vernichtend geschlagen und konnte sich eben noch nach Neapel retten.

Hier war die Gefahr inzwischen so beträchtlich gestiegen, daß der königlichen Familie zu ihrer Rettung kein anderer Ausweg blieb, als unter dem Schutz der Engländer auf der von Admiral Nelson befehligten „Vanguard" nach Palermo zu flüchten. Lady Hamilton und ihr Gatte begleiteten die königliche Familie in dieser Schicksalsstunde, und Emma verstand es, allen Beteiligten einzureden, daß die Rettung aus der Gefahrenzone nur ihrer Opferwilligkeit, Umsicht und Tatkraft zu verdanken gewesen sei.

Neapel war von den Franzosen eingenommen worden.

Die Revolution brach aus. Die Monarchie schien verloren. Aber nach wenigen Stunden erschien Nelson und entsetzte die Stadt. Unter den der Treulosigkeit Angeklagten befand sich auch der Prinz Francesco Caraccioli, ein vortrefflicher neapolitanischer Seeoffizier. Er hatte die königliche Familie nach Sizilien begleitet. Als dann die Republik proklamiert wurde, kehrte er jedoch nach Neapel zurück, um sein Vermögen zu retten, das andernfalls eingezogen worden wäre. Hier ließ er sich überreden, das Kommando über eine republikanische Flotte zu übernehmen. Als die Monarchie wiederhergestellt wurde, kam er wegen Hochverrats vor ein Kriegsgericht, das ihn zum Tode verurteilte.

Das Urteil wurde auf Nelsons Admiralsschiff in Gegenwart der königlichen Familie und der Lady Hamilton vollstreckt. Caraccioli bat um Gnade: „Ich bin ein alter Mann", sagte er, „hinterlasse keine Familie, die mich beklagt, und kann also wohl nicht um mein Leben besorgt sein. Aber gehangen zu werden, ist mir doch entsetzlich!" Caraccioli glaubte, daß die Fürsprache der Lady Hamilton sein Los erleichtern werde und schickte nach ihr. Die stolze Frau war aber nirgends zu finden. So wurde das Urteil vollstreckt. Gegen Abend wurde Caraccioli vor den Augen der ganzen Schiffsbesatzung an einer Rahe aufgehängt. Wie Augenzeugen berichten, soll Lady Hamilton dem entsetzlichen Schauspiel mit Genugtuung gefolgt sein, obgleich ihre Fürsprache das grausame Schicksal dieses verdienstvollen Mannes in letzter Stunde hätte abwenden können. Man hatte alle Schiffsräume durchsucht, aber die Lady war nirgends zu finden gewesen!

Fünf Tage nach der glücklichen Rückkehr der königlichen Familie nach Neapel wurde Lady Hamilton durch die Königin mit kostbaren Juwelen und ebensolchen Gewändern zum Dank für ihre Dienste belohnt. Auch Sir William war durch fürstliche Gaben ausgezeichnet worden.

Während dieser aufgeregten Zeit, in der das Schicksal Neapels auf dem Spiele stand, warb Emma Hamilton eifrig um Nelsons Neigung. Sie hatte nur zu bald Erfolg. Der weltfremde, gutgläubige Admiral ließ sich von der vielerfahrenen Venuspriesterin blenden. Sein rauhes Handwerk hatte ihm nicht Zeit gelassen, die Seelen verschlagener und raffinierter Frauen zu studieren. Es bedurfte nicht einmal besonderer Kunst, den arglosen Mann einzufangen und nach ihren Wünschen zu gängeln. Daß sie dadurch die glückliche Ehe Nelsons zerstörte, verschlug ihr nichts. Für sie gab es nur ein Ziel: Sie wollte ihren Ehrgeiz stillen. Auf Nelsons Vorschlag erhielt die eitle Frau im Dezember 1799 vom damaligen Großmeister der Malteserritter, dem Kaiser Paul I. von Rußland, das Malteserkreuz für „besondere Verdienste".

Unter den Augen ihres Gatten wurden Emmas Beziehungen zu Nelson allmählich inniger. Sie vergaß ganz, daß sie Sir William alles zu verdanken hatte.

Aber sie dachte jetzt nicht an ihre Pflichten. Sie wollte in der Sonne fremden Ruhmes und fremder Verdienste stehen. Ihr Egoismus und ihre krankhafte Eitelkeit besiegten zu allen Zeiten ihres abenteuerlichen Lebens jede höhere Regung.

Im Sommer 1800 kehrte Sir William Hamilton, nach Enthebung von dem Gesandtenposten, in Begleitung Nelsons und der Lady Hamilton über Wien, Dresden und Hamburg nach London zurück. In der Heimat wurde der erfolgreiche Seeheld mit höchsten Ehrungen und Auszeichnungen bedacht. Während der zu seiner Huldigung veranstalteten öffentlichen Festlichkeiten wich Emma nicht von seiner Seite. Sie nahm an allen Empfängen durch die Behörden teil, obgleich ihre ständige Gegenwart von Nelsons Frau und dessen Verwandten wie auch in der breiten Öffentlichkeit höchst peinlich empfunden und abfällig besprochen wurde. Sie hatte den Schauplatz ihrer rastlosen Theatersucht nun von Neapel nach London verlegt. Noch wollte sie nicht von der Bühne abtreten. Noch nicht! Und an Nelsons Seite waren die Aussichten für ihren beinahe krankhaften Ehrgeiz am günstigsten.

Der gefeierte Seeheld war in den Armen dieser raffinierten Frau zum Schwächling geworden. Er unterlag ganz und gar ihrem Einfluß, ließ sich vollständig von ihr leiten und – mißbrauchen. Damit gab er, unbewußt einen Teil seines in harten Kämpfen errungenen Ruhmes an eine Unwürdige preis! Die einst so gefeierte Schöne sah ihre Reize welken. So spann sie ihre Netze nur um so fester um Nelson. Erst entfremdete und dann trennte sie ihn endgültig von den Seinen. Am 30. Januar 1801 legte sie Nelson ein Kind in die Arme; ein Mädchen, das ihrer Liebe zu Nelson entsprossen sei. In gutem Glauben bekannte sich Nelson zur Vaterschaft. Das in aller Heimlichkeit geborene Kind erhielt bei der Taufe in der Kirche St. Marylebone am 13. Mai 1803 den Namen Horatia Nelson-Thompson.

Im Mai 1801 setzte Sir William seinen letzten Willen auf. Sein Neffe Charles Greville war Testamentsvollstrecker und Haupterbe. Nach Sir Williams Tode sollten der Lady Hamilton 300 Pfund, ihrer Mutter 100 Pfund unmittelbar ausgezahlt werden. Außerdem sollte Lady Emma bis an ihr Lebensende ein Jahrgeld von 800 Pfund erhalten. Am 8. März 1803, als Sir William dem Tode nahe war, erhöhte er durch ein Kodizill die Summe des für Lady Emma sofort fälligen Legats auf 800 Pfund.

Nach seiner Rückkehr aus Neapel hatte Hamilton in der Nähe Londons das Landhaus Merton Place erworben, das er später seinem Freunde Nelson überließ. Am 6. April 1803 starb Sir William Hamilton. Die letzten Jahre seines Lebens waren wenig glücklich. Infolge der dauernden Unrast, hervorgerufen durch die zahlreichen Besuche, die Lady Emma nicht glaubte entbehren zu können, glich sein Heim einem Gasthaus. Ihm fehlte der Frieden, auf den er sich in seinem Alter gefreut hatte und der ihm fast während seines ganzen Lebens versagt geblieben war. Lady Emmas Wesen war solchem Frieden abhold. Sie brauchte Fremde zu ihrem Glück!

In den letzten sechs Nächten vor Hamiltons Ende war Nelson ständig um ihn. Sir William starb in der Überzeugung, daß Nelson nur durch reine, aufrichtige Freundschaft mit Emma verbunden sei. Die Geburt des Kindes, das den Namen Nelsons trug, war ihm verheimlicht worden. Bis zuletzt hat der Sterbende in Nelson den tugendhaftesten, tapfersten und aufrichtigsten Charakter verehrt.

Am Todestage ihres Gatten schrieb Lady Hamilton in echt theatralischer Pose die Worte nieder: „6. April. Unglückstag für die verwaiste Emma. 10 Minuten nach 10 Uhr vormittags hat mich der treue Sir William für immer verlassen!"

Allein diese Notiz ist ein Porträt jener vielumschwärmten Frau.

Nun begann der letzte Akt ihres romanhaften Lebens: Sie war jetzt vor aller Welt die Mätresse des berühmten Seehelden Horatio Nelson!

Bald nach dem Tode Sir Williams wandte sich Lady Hamilton an die Königin Maria Karoline, die sie während ihrer Glanzzeit in Neapel „ihre Königin" zu nennen pflegte, und erbat für ihre zahlreichen politischen und persönlichen Verdienste, die sie sich um das königliche Haus erworben habe, eine Extraentschädigung. Der erwartete klingende Erfolg blieb aus. Die Königin begnügte sich mit einer öffentlichen Belobigung der Bittstellerin durch den sizilianischen Minister beim englischen Kabinett in London!

Im Mai 1803 trat Nelson eine längere Dienstreise nach dem Mittelländischen Meere an. Er ließ seine Mätresse wohlversorgt zurück. Emma, die allmählich ihre einstigen körperlichen Reize eingebüßt hatte, wußte sich durch Reisen über die Einsamkeit zu trösten. Bald lebte sie in London, bald in Merton Place. Nach wie vor bewegte sie sich auf großem Fuße, gab viele Gesellschaften und warf das Geld, wie vor langen Jahren in Up Park als Mätresse Fetherstonhaughs, unbedenklich für Tand und Putz, für entbehrlichen Luxus und üppige Gastereien fort. Das hielt sie nicht ab, immer wieder Bittschriften an das Parlament zu richten, damit ihr, der Gattin des verdienstvollen Gesandten Sir William Hamilton, eine lebenslängliche Pension bewilligt werde. Selbst frostige Ablehnungen ihrer Bittschriften brachten sie nicht zur Vernunft. Sie lernte es nicht, sich mit den immerhin nicht unbeträchtlichen Summen, die ihr zur Verfügung standen, einzurichten. Sie machte Schulden über Schulden. Bald war das Haus in Merton Place so stark belastet, daß dem nominellen Eigentümer in Wirklichkeit kein Ziegel auf dem Dache mehr gehörte.

Am 20. August 1805 kehrte Lord Nelson von seiner Seereise endlich nach Merton Place zurück. Hier wollte er nun für lange Zeit der Ruhe pflegen und sich der Vereinigung mit Emma und der kleinen Horatia erfreuen. Aber kaum vierzehn Tage später erschien der Kapitän Blackwood in Merton Place. Die Admiralität ließ bei Nelson anfragen, ob er bereit sei, den Oberbefehl über die gesamte englische Flotte zu übernehmen und den Dienst sofort anzutreten. Nelson erbat sich kurze Bedenkzeit. Er glaubte genug geleistet zu haben und wäre gern endlich auf der Scholle geblieben, so sehr der ehrenvolle Ruf den ruhmgekrönten Seehelden auch locken mochte. Fast hatte er sich schon entschieden zu verzichten, als er der Lady Mitteilung von dem unerwarteten Ereignis machte. Sie besann sich nicht lange. In dramatischer Pose sagte sie: „Nelson, wie schmerzlich uns auch die neue Trennung werden mag, biete deine Dienste dem Vaterlande an. Man wird sie mit Freuden annehmen, und dein Herz wird Ruhe finden. Du wirst einen neuen ruhmreichen Sieg erringen und dann – kehre zurück und sei glücklich hier!" Nelson war augenblicklich aus allen Zweifeln erlöst: „Tapfere Emma! Gute Emma!", rief er aus, „gäbe es mehr solcher Emmas, so würde es auch mehr Nelsons geben!"

An dem „Menschen Nelson" lag der „guten" Emma sehr wenig, viel mehr lag ihrem unersättlichen Ehrgeiz an dem „Helden Nelson", mit dessen unsterblichen Taten sie sich vor der Welt brüsten wollte.

Der tapfere Nelson ging, um nicht wiederzukehren.

Wenige Wochen später fand er in der denkwürdigen Schlacht bei Trafalgar am 21. Oktober 1805, nach einem unvergleichlichen Siege, den Tod.

Seiner Mätresse hinterließ er ein stattliches Vermögen. Nach Nelsons Tode verfügte sie, ohne die Liegenschaften, über ein jährliches Einkommen von rund 50.000 Mark für sich, ihre alte Mutter und für ihr Kind! Bald verkaufte sie das überschuldete Landhaus Merton Place, das sie schuldenfrei übernommen hatte, und erwarb eine neue Villa in Richmond. Sie verschwendete das Geld in unsinnigster Weise und war nach kurzer Zeit aller Mittel entblößt. Sie trieb übermäßigen Luxus in Kleidern, Wagen und Pferden; dabei war sie dem Glücksspiel und dem Trunk ergeben. Von ihrer ehedem so berückenden Gestalt und Schönheit war nichts geblieben. Sie war nun dick und unförmig geworden. Glanz und Ruhm waren dahin. Einmal noch zeigte sich ein Lichtblick. Der alte Duke of Queensberry entdeckte eine längst vergessene Neigung für die einst gefeierte Frau und ließ sie nach Richmond kommen, wo er ihr ein Haus schenkte, das jedoch sehr bald unter den Hammer kam. Sie hoffte beim Tode dieses Gönners auf eine reiche Erbschaft. Der Herzog starb. Die Testamentseröffnung brachte eine bittere Enttäuschung. Neben einigen wertlosen Schmuckstücken erbte sie eine unbedeutende Summe, die in ihren Händen sogleich zerrann. Nun waren alle Hilfsquellen versiegt. Die Gläubiger gaben keinen Aufschub mehr. Die Gattin des ehemaligen englischen Gesandten Sir William Hamilton, die Mätresse des berühmten englischen Seehelden Lord Nelson, wanderte im Sommer 1813 ins Schuldgefängnis. Kings Bench war das Asyl der stolzen Lady. Hier verbrachte sie etwa zehn Monate.

Im Frühjahr oder Sommer des Jahres 1814 gelang es dem Ratsherrn Josua Jonathan Smith, sie durch Bürgschaftsleistung aus dem Gefängnis zu befreien und ihr die Flucht nach Calais zu ermöglichen. Das Dasein der großen Mätresse endete in Trübsal und Entbehrung. In Calais lebte sie unter den ärmlichsten Verhältnissen nur wenige Monate noch. Am 15. Januar 1815 starb sie an der Wassersucht im Alter von höchstens 52 Jahren. Ihr einst so herrlicher Körper trug längst schon die Zeichen des Verfalls, ehe er der Erde zur letzten Ruhe übergeben ward. Wie eine Verfemte wurde sie in fremder Erde begraben. Niemand kennt den

Ort, da ihre Gebeine liegen. Der Hügel, der sie deckte, wurde schon wenige Jahre später dem Erdboden gleichgemacht.

Ein treffliches Bild dieser ruhelosen Frau hat Goethe in seiner „Italienischen Reise" entworfen. Er, der große Zeitgenosse, hat die Vielbewunderte erkannt und mit wenigen scharfen Strichen gezeichnet:

Caserta, den 16. März 1787.

Der Ritter Hamilton, der noch immer als englischer Gesandter hier lebt, hat nun, nach so langer Kunstliebhaberei, nach so langem Naturstudium, den Gipfel aller Natur- und Kunstfreude in einem schönen Mädchen gefunden. Er hat sie bei sich, eine Engländerin von etwa zwanzig Jahren. Sie ist sehr schön und wohlgebaut. Er hat ihr ein griechisches Gewand machen lassen, das sie trefflich kleidet, dazu löst sie ihre Haare auf, nimmt ein paar Schals und macht eine Abwechslung von Stellungen, Gebärden, Mienen usw., daß man zuletzt wirklich meint, man träume. Man schaut, was so viele tausend Künstler gerne geleistet hätten, hier ganz fertig, in Bewegung und überraschender Abwechslung. Stehend, kniend, sitzend, liegend, ernst, traurig, neckisch, ausschweifend, bußfertig, lockend, drohend, ängstlich usw., eins folgt aus dem anderen. Sie weiß zu jedem Ausdruck die Falten des Schleiers zu wählen, zu wechseln und macht sich hundert Arten von Kopfputz mit denselben Tüchern. Der alte Ritter hält das Licht dazu und hat mit ganzer Seele sich diesem Gegenstand ergeben. Er findet in ihr alle Antiken, alle schönen Profile der sizilianischen Münzen, ja den Belvederschen Apoll selbst. Soviel ist gewiß, der Spaß ist einzig! Wir haben ihn schon zwei Abende genossen.

Später zu Neapel, den 22. März 1787:

Freilich, wer sich Zeit nimmt, Geschick und Vermögen hat, kann sich auch hier breit und gut niederlassen. So hat sich Hamilton eine schöne Existenz gemacht und genießt sie nun am Abend seines Lebens ...

Hamilton ist ein Mann von allgemeinem Geschmack und, nachdem er alle Reiche der Schöpfung durchwandert, an ein schönes Weib, das Meisterstück des großen Künstlers, gelangt.

Und endlich Neapel, den 27. Mai 1787:

Hamilton und seine Schöne setzten gegen mich ihre Freundlichkeit fort. Ich speiste bei ihnen, und gegen Abend produzierte Miß Harte auch ihre musikalischen und melischen Talente.

Auf Antrieb Freund Hackerts führte uns Hamilton in sein geheimes Kunst- und Gerümpelgewölbe ...

Auffallend war mir ein aufrechtstehender, an der Vorderseite offener, inwendig schwarz angestrichener Kasten, von dem prächtigsten goldnen Rahmen eingefaßt. Der Raum groß genug, um eine stehende menschliche Figur aufzunehmen, und demgemäß erfuhren wir auch die Absicht. Der Kunst- und Mädchenfreund, nicht zufrieden, das schöne Gebild als bewegliche Statue zu sehen, wollte sich auch an ihr als einem bunten unnachahmbaren Gemälde ergötzen, und so hatte sie manchmal innerhalb dieses goldnen Rahmens, auf schwarzem Grund vielfarbig gekleidet, die antiken Gemälde von Pompeji und selbst neuere Meisterwerke nachgeahmt. Diese Epoche schien vorüber zu sein, auch war der Apparat schwer zu transportieren und ins rechte Licht zu setzen; uns konnte also ein solches Schauspiel nicht zuteil werden ...

Darf ich mir eine Bemerkung erlauben, die freilich ein wohlbehandelter Gast nicht wagen sollte, so muß ich gestehen, daß mir unsere schöne Unterhaltende doch eigentlich als ein geistloses Wesen vorkommt, die wohl mit ihrer Gestalt bezahlen, aber durch keinen seelenvollen Ausdruck der Stimme, der Sprache sich geltend machen kann. Schon ihr Gesang ist nicht von zusagender Fülle.

Und so mag es sich auch am Ende mit jenen starren Bildern verhalten. Schöne Personen gibt's überall. Tief empfindende, zugleich mit günstigen Sprachorganen versehene viel seltener, am allerseltensten solche, wo zu allem diesen noch eine einnehmende Gestalt hinzutritt.

Die Schönheit der Hamilton blieb zu allen Zeiten ihres Lebens steril. Die edelste Hülle allein ist nichts, wenn sie nicht durch eine empfindsame Seele belebt wird. Die Hamilton war seelenlos. Ihr fehlte der Geist, der sich den Körper baut. Eine Mätresse, die im Primitiven steckenblieb. Sie hatte, trotz zahlreicher Instinkte, nicht den Hauptinstinkt des Weibes, das durch ihre Reize, durch ihr ganzes Wesen eine Steigerung des Lebens herbeiführt. Sie war keine Geliebte, nicht einmal eine wirkliche Mutter. Zu allen Zeiten blieb sie äußerlich. Der Effekt bestimmte ihre Handlungen, die niemals klug waren. Ihre Spekulation galt unwesentlichen, leicht verlierbaren Dingen, die wertlos werden, ehe sie „besessen" sind. Hinter der Schönheit der Hamilton lag kein Geheimnis verborgen, dessen Enthüllung hohe Opfer gerechtfertigt hätte. Es fehlte ihr sogar an jener Klugheit, die ein Erbgut aller Frauen zu sein pflegt.

Ihr Leben ist ein einziges Theaterstück, eine endlose Kette von Zufälligkeiten und kleinen Abenteuern, weil die Hauptheldin nicht einmal eine „Abenteurerin" war! Wie sie ihre Attitüden stellte, so glaubte sie auch das Leben modeln und biegen zu können. Keiner ihrer zahlreichen Liebhaber hat sie je schmerzlich vermißt. Jeder ließ sie leichten Herzens ziehen, weil er rasch ihrer müde geworden war.

Emma Hamilton ist eine jener Frauen, die viel erleben, ohne selbst in die Speichen des Lebensrades einzugreifen. Sie ließ sich treiben. Sie borgte stets von fremdem Glanz. Als dann alle ihre Lichtquellen erloschen waren, sank sie in düstere Nacht!

Amy Lyon
Lady Hamilton

Lola Montez
Gräfin von Landsfeld

Ludwig I., der romantische und kunstbegeisterte König von Bayern, verfolgte seit seiner Thronbesteigung das Ziel, die im bayrischen Volke stark betonten Glaubensgegensätze durch kluge Duldsamkeit zu überbrücken. Er wollte keine Störung der konfessionellen Eintracht und ließ, ein treuer Sohn der katholischen Kirche, auch Andersgläubigen ihr Recht. Neben den Regierungsgeschäften wandte er sich mit Begeisterung dem Dienste der Musen zu. Architekten, Bildhauer, Maler, Schauspieler und Schauspielerinnen waren seine besten Freunde. Diese Kunstliebe wurde dem König in vielen Kreisen des Volkes verargt. Er galt als der Mann, der sich von der Welt der Wirklichkeit abschließe und ein Traumleben führe. So sparsam und haushälterisch der Monarch sonst auch lebte, für die Kunst hatte er stets eine offene Hand. Ihm verdankt München noch heute seine Vorrangstellung im deutschen Kunstleben.

Mit dem Jahre 1837, als Karl von Abel das bayrische Ministerium des Inneren übernahm, setzten zwischen den konfessionellen Parteien sehr bald heftige Reibungen ein. Abel verfolgte ultramontan-absolutistische Tendenzen und zeigte wenig Entgegenkommen für die Wünsche Andersgläubiger.

Bis zum Jahre 1844 arbeitete die Regierungsmaschine ohne tiefgehende Störungen. Eine Wendung der Dinge trat sichtbar ein, als der konfessionelle Hader kräftiger zutage trat. Hie katholisch, hie protestantisch!

Wer trug die Schuld? In beiden Lagern kam es in der Folge zu leidenschaftlichen Zusammenstößen.

Abels unbedingt einseitige Einstellung zu religiösen Fragen hatte, statt die Meinungsverschiedenheiten zu überbrücken, die Klüfte erweitert. Da die Reibungen kein Ende nehmen wollten, wurde auch des Königs ursprüngliches Vertrauen in seinen Minister erschüttert. Er äußerte entmutigt: „Mit Abel geht's nicht mehr!" Das war der Auftakt!

Die Umgestaltung des bayrischen Regierungssystems sollte sich in höchst eigenartiger Weise vollziehen. Eine damals in Bayern noch ganz unbekannte Frau war vom Schicksal als Mittelsperson ausersehen, den Stein ins Rollen zu bringen.

Lola Montez, oder wie sie sich nannte: Maria Dolores Porris y Montez, hatte bis zu ihrer Ankunft in Münchens Mauern von Jugend auf ein unstetes, abenteuerliches Leben geführt. Ihr leidenschaftlich kapriziöses Wesen, angeblich das Erbteil spanischen Blutes, ließ sie niemals seßhaft werden. Das wechselvolle Schicksal hatte ihr tatsächlich von allen Nationalitäten etwas angetüncht und einen eigenartigen Nimbus um diese exzentrische Frau geschaffen. Über ihre Herkunft war recht eigentlich niemand im klaren. In ihren Memoiren sagt sie, daß sie Irländerin durch ihren Vater, Spanierin durch ihre Mutter, Engländerin durch ihre Erziehung, Französin aus Neigung und Kosmopolitin durch die Umstände sei. Ihre Bemerkung, „daß sie allen Nationen und keiner angehöre", ist durchaus zutreffend. Lola Montez wurde im Jahre 1823 in Montrose in Schottland geboren als Tochter des englischen Offiziers im Dienste der Kolonialtruppen Gilbert. Ihre Mutter entstammte einem alten spanischen Geschlecht. Bald nach ihrer Geburt begann das unstete Wanderleben.

In zartem Alter reiste das Mädchen mit ihren Eltern nach Andalusien. Man blieb jedoch nicht lange in Spanien, da der Vater nach Indien versetzt wurde, wo er bald nach seiner Ankunft starb. Bis zu ihrem neunten Jahre weilte Lola in Indien und kehrte dann mit ihrer Mutter nach Europa zurück. Das leidenschaftliche, aufgeweckte, aber zügellose Mädchen wurde nun in einer Pension zu Bath, zwischen Bristol und London, erzogen. Aber schon in sehr früher Jugend setzt das abenteuerliche Liebes- und Wanderleben ein. Als Balletteuse zieht Lola von London nach Paris, Warschau, Petersburg und Moskau, und weiter über Petersburg nach Berlin. Hier tanzt sie vor dem Hofe in Sanssouci. Rasch bricht sie die Zelte wieder ab und reist nach Leipzig, Wien, Paris, Venedig, Ferrara, Rom, Capua und Neapel. Mit 25 Jahren betritt sie zum dritten Male den Boden der Ville Lumière und begibt sich über Marseille nach Madrid und Barcelona. Aber auch in ihrer angeblichen Heimat hält sie sich nicht lange auf. Sie besucht noch Sevilla und einige andere spanische Orte, reist dann aber wieder nach Frankreich, tanzt in Bordeaux und zieht nach erneutem flüchtigen Aufenthalt in Paris über Baden-Baden, Homburg im September 1846 nach München.

In der bayrischen Residenz nahm zunächst niemand von der Fremden Notiz. Wer hätte ahnen können, daß diese landfremde Frau sehr bald die ganze Stadt in Aufruhr und Bewegung setzen sollte! Wohl fiel sie durch die Reize ihrer exotischen Schönheit überall auf, wo sie sich zeigte. Man steckte die Köpfe zusammen, schaute der Schönen nach und erfuhr wohl auch, daß sie gekommen sei, um sich vor den Münchner Bürgern als Kunsttänzerin zu produzieren. Daß sie sehr bald „bayrische Geschichte tanzen" würde, daran hätte niemand geglaubt!

Lola Montez begab sich zum Hoftheaterintendanten und erbat ein Engagement als Ballettänzerin. Aber, sie fand verschlossene Türen. Im Vertrauen auf ihre Weltgewandt-heit, unterstützt von ihrem Liebreiz und ihrem feurigen Wesen, suchte sie auf anderem Wege zum Ziele zu gelangen. Allen Instanzen zum Trotz wollte sie ihren Willen durchsetzen. Sie erbat eine Audienz beim König, ließ sich nicht abweisen und wurde tatsächlich auch empfangen. Ihre Frechheit siegte! Gleich bei ihrem ersten Erscheinen im Schloß geriet sie mit dem diensttuenden Kammerdiener, der sie nicht melden wollte, in heftigen Streit. Der König griff persönlich ein, und befahl, sie vorzulassen: er werde ihr selbst den Kopf waschen. Doch bald änderte sich das Bild. Als Ludwig die schöne Lola sah, die sich als Spanierin einführte, schwand sein Zorn. Er war bei seinem emp-fänglichen Wesen für Frauenreize sogleich von dem Scharm ihrer Persönlichkeit bezaubert und ließ sich betören, sie anzuhören. Seine große Neigung für die spanische Sprache gab zunächst vielleicht den Ausschlag. Die Pforten des Paradieses öffneten sich der fremden, berückend schönen Frau überraschend schnell, und die Audienz dauerte viel länger als sonst allgemein üblich. Diese folgenschwere Au-dienz sollte zum Auftakt einer berühmten und berüchtigten Tragikomödie werden und die gesamte Kulturwelt eine Zeitlang mit interessantem und prickelndem Unterhaltungs-stoff speisen. Kein gewöhnlicher Sterblicher, nein, ein Ge-krönter, ein König war der Gegenspieler. Ein König und eine spanische Tänzerin!

Kaum hatte die schöne Lola ihre Bitte vorgetragen, war sie auch schon gewährt. Ludwigs alterndes Herz stand in Flammen. Die Entscheidung des Hoftheaterintendanten wurde augenblicklich kassiert. Die Münchener Bühne war um einen Star reicher. Das Debut brachte jedoch keinen überwältigenden Erfolg. Der Beifall der Theaterbesucher war sehr geteilt. Frau Fama hatte vorgearbeitet. Der „erzwungene" Zutritt zu den Brettern, die die Welt bedeuten, beschäftigte die Gemüter der Künstler und Künstlerinnen wie der Schaulustigen gleichermaßen. Auch das zweite Auftreten der spanischen Tänzerin vermochte die Münchner nicht zu begeistertem Enthusiasmus hinzureißen; die Aufmerksamkeit galt viel mehr der exotischen Schönheit als ihren choreographischen Leistungen! Blieb Lola die Gunst des Publikums zwar versagt, so erlebte sie an jenem Abend einen Erfolg, der alle Bühnenerfolge in den Schatten stellte: Sie fand den rauschenden Beifall eines einzigen, des Königs. Sein Künstlerauge begeisterte sich an der Grazie ihrer Gestalt, an dem Ebenmaß ihrer Glieder, an ihrem berückenden Gesicht mit den herrlichen tiefblauen Augen, an den schweren schwarzen Flechten, an dem leuchtend roten Mund mit den blendendweißen Perlenzähnen. Der alternde König vergaß bei dem Anblick der andalusischen Blume die Last seiner Jahre, die Bürden seines hohen Amtes. Es galt ihm gleich, daß alle Hofschranzen argwöhnisch seine Schritte umlauerten! Hier lockten Sehnsucht und Leidenschaft. Ihr Sirenengesang übertönte alle Hemmungen, alle Bedenken. Ludwig zog die landfremde Tänzerin zu sich empor. Im Augenblick sah er nur das lockende Licht, nicht die tiefen Schatten, von denen auch das lieblichste Bild umhüllt ist. Eine originelle Frau, die es gewagt hatte, alle Schranken des Zeremoniells zu durchbrechen, um sich ihm zu nähern! Zunächst wohl ohne jede Berechnung, sondern nur von der Absicht getrieben, an der Münchner Bühne zu debütieren. Doch ihr rascher weiblicher Instinkt ließ sie bald mehr erkennen. Der Eindruck ihrer bestrickenden Reize auf den Herrscher blieb ihr nicht verborgen. Sie kannte ihre Vorzüge, hatte sie schon oft erprobt: Ihr sprühendes Temperament, ihr hinreißendes Gebärdenspiel, ihr bizarres Wesen hatten bereits manchen Sieg über Männerherzen davongetragen. Aber hier war der Preis ungleich höher! Was ihr des unsteten Wanderlebens Jahre bisher nicht gewährt, das sollte ihr die Gunst des Augenblicks nun schenken. Ihn wollte sie nützen!

In den Kreisen der Hofgesellschaft wurde diese Verbindung des Königs mit der spanischen Tänzerin zunächst noch milde beurteilt. Lola war nicht die erste Schöne, die des Herrschers Herz entflammt hatte. Als sie jedoch mit magischer Gewalt ihren Einfluß auf den König fühlbar geltend machte und ihn seiner Umgebung entfremdete, änderte sich die Gesinnung der öffentlichen Meinung. Sogar die Ratgeber der Krone sahen sich in ihrer Stellung zum Monarchen bedroht. Und bald war man oben und unten in heller Aufregung. Wilde Gerüchte von der Zügellosigkeit der Fremden waren in Umlauf. Sie wuchsen lawinenartig an und riefen die törichtsten Kombinationen in den Köpfen der Bürger hervor. Man sah in Lola bereits eine deutsche Pompadour, die Glück und Eintracht zwischen Herrscher und Volk zerstören werde. Die extravaganten Launen der neuen Geliebten Ludwigs lieferten allerdings mancherlei Zündstoff und ließen die beweglichen Zungen der Bürger nicht zur Ruhe kommen. Aus den komischsten Szenen schmiedete man Haupt- und Staatsaktionen. Die schöne Lola wurde zur Heldin des Tages!

Es war menschlich nur zu verständlich, daß der König die Vielgeschmähte, die ihm ein spätes Glück bescherte, gegen alle Anfeindungen in Schutz nahm, auch in solchen Fällen, in denen sie sich selbst ins Unrecht gesetzt hatte. Lolas Erscheinen in den Straßen Münchens verstieß nun allerdings sehr oft gegen Sitte und Brauch. Sie zeigte sich mit der Reitpeitsche in der Hand, die Zigarette, zuweilen sogar die Zigarre im Munde, und fiel unbedingt aus dem gewohnten Rahmen der Wohlanständigkeit. Aber außerdem hatte Lola eine sehr lockere Hand! Sie griff zur Selbsthilfe, wo sie sich in ihren angemaßten Rechten geschmälert glaubte. Die berüchtigten Ohrfeigengeschichten brachten sie mit den polizeilichen Vorschriften in Konflikt und lieferten das Material zu öffentlichen Skandalszenen, die der König dann stets durch persönliches Eingreifen niederschlagen mußte.

So hatte sie eines Tages ihren Hund, den sie sehr liebte, zur Behandlung nach der Tierarzeneischule gebracht. Nach einiger Zeit erkundigte sie sich nach dem Befinden ihres vierfüßigen Trabanten. Der etwas derbe Tierarzt erklärte ihr ziemlich kurz angebunden, daß der Hund noch keineswegs wiederhergestellt sei. Über den negativen Erfolg der Heilkunst des Arztes entrüstet, gab Lola ihm eine Ohrfeige und nahm den Pflegling augenblicklich wieder mit. Der beleidigte Arzt strengte die Klage an, die nur durch des Königs Vermittlung beigelegt werden konnte. Aber Lola hatte aus dieser Erfahrung nichts gelernt. Derselbe Hund wurde sehr bald die Ursache zu einem neuen Zusammenstoß seiner Herrin. Der Ort der Handlung war diesmal die Straße, der Partner ein Packknecht. Lolas Dogge war im Begriff, den Ziehhund des Packknechtes anzufallen. Dieser wollte die Tiere nicht gerade sanft mit einer Axt voneinander trennen. Als die schöne Andalusierin ihren Liebling in Gefahr sah, versetzte sie dem Manne eine schallende Ohrfeige. Der also Gezüchtigte war ganz konsterniert und blieb zunächst ruhig. Aber die Umstehenden verhielten sich um so kriegerischer.

Lola war gezwungen, in einem Juwelierladen Zuflucht zu suchen, bis die Gendarmerie eingriff und ernste Konflikte verhütete. Des Königs Mätresse wurde verklagt. Auch diesmal kam sie gelinde davon. Mit einigen Reichstalern Schmerzensgeld wurde die Sache beigelegt. Doch der Zorn des Volkes war entfacht. Unwillig klagten die Leute: „Soweit ist es also gekommen, daß diese Fremde bayrische Bürger ungestraft züchtigen darf!" Die schlagfertige Lola ließ sich jedoch nicht entmutigen. Sie bewohnte damals noch eines der Nebengebäude des Gasthofes „Zum Goldenen Hirschen". Bald darauf wollte sie ihren Kammerdiener an dem Maskenfest einer Privatgesellschaft teilnehmen lassen, dem jedoch der Zutritt verwehrt wurde. Lola, über diese Zurückweisung aufgebracht, beschwerte sich bei dem Leiter des Festes. In dem sich entspinnenden heftigen Wortwechsel ließ sich Lola hinreißen, den Gastgeber und einen Schneidermeister, der sich in den Streit einmischte, tätlich anzugreifen. Der Gastgeber steckte die Ohrfeige von Damenhand ruhig ein, aber der Schneidermeister zahlte in gleicher Münze und warf die Schöne einfach zur Tür hinaus. Auch dieser stürmische Auftritt hatte ein gerichtliches Nachspiel, das Lola diesmal eine Arreststrafe eintrug, die ihr jedoch durch königlichen Gnadenakt erlassen wurde. An diesen Streichen und ihren üblen Folgen nicht genug, vergriff sich Lola bald darauf an einem Postbeamten, der ihr den Eintritt in das Postamt untersagte. Auch er wurde von zarter Hand gezüchtigt und klagte augenblicklich wegen Beamtenbeleidigung. Dieser Fall war ernsterer Art. Lola wurde von der Polizei vorgeladen. In ihrem Zorn über die nach ihrer Ansicht endlosen Scherereien mit der heiligen Hermandad zerriß sie die polizeiliche Ladung vor den Augen des Polizeibeamten und machte sich durch diese Handlung von neuem strafbar. Der Münchner Polizeidirektor, Freiherr von Pechmann, der erst vor kurzem von Landshut nach München berufen worden war, überwies die Akten dem Stadtgericht, da er das Polizeigericht nicht mehr für zuständig hielt. Als nun der König von den neuen ärgerlichen Zwischenfällen hörte, ließ er Pechmann zu sich rufen, um die leidige Angelegenheit in irgendeiner Form zu schlichten. Der König wollte im Laufe der Konferenz die Meinung des Volkes aus dem Munde seines ersten Polizeibeamten hören. Auf Ludwigs Frage antwortete Pechmann nach einigem Zögern keck: „Majestät! Sie haben die schönste Perle aus Ihrer Krone verloren, die Liebe des Volkes!" Der König war über diese Antwort so zornig, daß er rief: „Fort, fort! In Landshut ist auch eine gute Luft!" Damit war Pechmann entlassen und seiner Stellung als Polizeidirektor enthoben.

Unbedingt mußten derartige Vorfälle im Publikum und bei den Behörden eine dauernde Gereiztheit schaffen. Die anfängliche Mißstimmung gegen die Mätresse des Königs verwandelte sich allmählich in Haß! Dieser Haß vergröberte Lolas Schwächen und Fehler; er steigerte sie zu Verbrechen, die nach dem Urteil des Richters riefen. Und auch der König kam in ernste Konflikte. Auf der einen Seite ließ ihm seine Neigung zu Lola alle ihre Irrungen und Torheiten in mildem Lichte erscheinen, und doch konnte er unmöglich um ihretwillen die Gesetze beugen und Präzedenzfälle schaffen, die das Staatswohl gefährdeten.

Es war ein Unglück für den König und für seine Mätresse, daß sich die Öffentlichkeit so lebhaft mit beiden beschäftigte. Daran trug Lolas unbeherrschtes Wesen Schuld. Dadurch wurden die Beziehungen des Königs allmählich ihres rein privaten Charakters entkleidet und dem Urteil der breiten Massen unterworfen. Es hatte den Anschein, als ob sich aus der Privatangelegenheit des Monarchen zu einer Dame eine Staatsaktion entwickeln sollte! Ludwigs späte

Neigung wurde in allen Schichten des Volkes bespöttelt, und jeder glaubte berechtigt zu sein, Kritik zu üben. Hierdurch wurde Lola einerseits gereizt, andrerseits aber zu dem irrigen Glauben verführt, ihre Stellung zum König sei wichtiger, als sie in Wirklichkeit war! Allmählich glaubte sie sogar daran, daß sie, die Landesfremde, berufen sei, in Bayern eine politische Rolle zu spielen und nährte diesen Irrtum in falschem Hochmut so lange, bis er sich zu fixen Ideen auswuchs.

Auf diesen Abwegen leistete ihr die innerpolitische Lage in München Vorschub. Die Spaltung der Parteien spitzte sich immer mehr zu; die religiösen Streitigkeiten zwischen Katholiken und Protestanten wollten nicht zur Ruhe kommen. In beiden Lagern wurden taktische Fehler begangen, unter denen naturgemäß der Frieden der Gesamtheit leiden mußte. Keiner wollte nachgeben. Das Ministerium unter Abel ging in den Bahnen der ultramontanen Partei, die von ihren Rechten kein Jota abtreten wollte. Das alles war in der historischen Entwicklung des Landes begründet. Und in diesen Kampf der Meinungen drängten sich nun die unerquicklichen Ereignisse der Liebesaffäre des Königs mit der vielgeschmähten spanischen Tänzerin, die zunächst eigentlich nichts anderes sein wollte als Ludwigs Freundin. Es war eine Gespensterfurcht, die mehr in dieser Frau sah, als sie in Wirklichkeit war. Und diese Gespensterfurcht trug wesentlich dazu bei, in der schönen Lola die unselige Ansicht zu nähren, daß sie nicht etwa vom Volke, sondern vom Klerus und von der ultramontanen Partei geschmäht und verfolgt werde. Vielleicht wurde sie in dieser Ansicht bestärkt durch die Haltung zahlreicher Bürger, die in ihrer Verbindung mit dem König tatsächlich ein Unglück für das Land erblickten. Es ist durchaus verständlich, daß diese Auffassung seitens des Klerus vom moralischen Gesichtspunkt aus geteilt wurde. Aber daß die ultramontane Partei oder gar die Jesuiten sich Lola erkoren hatten, um sich ihrer als Werkzeug zu bedienen, eine solche Idee grenzte an maßlose Selbstüberschätzung und Eitelkeit. „Lola selbst erzählte, die Jesuiten hätten bereits während ihres Aufenthalts in Paris den Versuch gemacht, sie für Bekehrungszwecke – es handelte sich um einen russischen Grafen Medem – zu gewinnen. Lola will die Zumutung nicht nur zurückgewiesen, sondern auch Guizot, dem die häufigen Bekehrungen russischer Edelleute in Paris bereits auffällig waren, verraten und dadurch den ersten Anstoß zur Aufhebung des Jesuitenordens in Frankreich gegeben haben." (Vgl. Heigel, „Ludwig I." Leipzig, 1872)

Sie glaubte nun wirklich an ihren Einfluß auf die Staatsgeschäfte und verstrickte mit der Zeit auch ihren königlichen Freund in diese unselige Auffassung von den Dingen. Ihre Urteilskraft war geblendet. Sie prahlte, berufen zu sein, die Ausweisung der Jesuiten in Bayern herbeizuführen. Sie sah Gespenster: Jesuiten nicht nur auf der Straße, sondern auch in den Winkeln ihrer Zimmer. Diese ganze ihr feindliche Welt wuchs in ihrer Einbildung riesengroß. Auf Schritt und Tritt sah sie lebensfeindliche Agenten im Dunkeln schleichen. Sie überspannte den Bogen, spielte sich vor der Öffentlichkeit als erklärte Gegnerin des Systems Abel auf und goß mit diesem Gebaren nur Öl ins Feuer.

Das unbedachte, den Lippen im Eifer der Debatten entflohene Wort wirkte weiter und schürte im Volke den Geist des Widerspruchs und Unmutes. Bald gab es nur eine Stimme: Die schöne Lola war die Ursache des beklagenswerten sittlichen Verfalls! Solange sie in der Gunst des Königs stand, konnte man ihr nicht beikommen und suchte sie durch beißenden Hohn und Verachtung zu strafen. Der Hader blieb nun nicht mehr auf Münchens Mauern beschränkt; er verbreitete sich rasch über das ganze Land.

Auch außerhalb der bayrischen Landesgrenzen begann man aufzuhorchen. Die Zeitungen brachten ihren Lesern allüberall nun täglich interessante Nachrichten vom Verfall des bayrischen Hofes durch Lolas wachsenden Einfluß, die den alternden König zu ihrem Sklaven gemacht habe.

In der Voraussetzung, daß die im vorigen Jahrhundert in Paris erschienenen „Memoiren der Lola Montez" wirklich aus ihrer Feder stammen, ist die völlige Verkennung ihrer Stellung am bayrischen Hofe und die Selbstüberschätzung, die aus ihren Worten spricht, doch höchst bedenklich. Sie schreibt:

Man sprach mit mir von Politik, vom Katholizismus, von den Ultramontanen, vom Jesuitismus. Ich zeigte mich als gute Katholikin und als schlechte Jesuitin. Man versuchte mich zu bessern. Ich fragte, wie ich besser werden könnte? „Sie müssen in unsere Lehre gehen." „In Ihre Lehre, meine Herren? Nun, wohlan, ich will den Versuch machen, ich möchte doch wissen, wohin es führen wird. Sie sagen also, die Jesuiten waren gute Menschen ... Sie haben für die Sache der Religion, die doch auch die Sache der Könige ist; für die Sache der gesetzlichen Ordnung, welche doch ebenfalls die Sache der Könige ist, unzählige Märtyrer gehabt; ich will Ihnen das alles glauben, da Sie es, wie ich nicht zweifle, schwarz auf weiß besitzen — nun, was soll ich mehr tun? Geht noch etwas über den Glauben?" „Jawohl, es wäre auch gut, wenn Sie es andere ebenfalls glauben machten." „Andere? Was kümmert mich der Glaube anderer? Es ist lächerlich, sich darum zu quälen. Und ich tauge vollends nicht dazu, ich habe in meinem Leben mehr Heiden als Gläubige gemacht." „Spotten Sie nicht, meine

*Schöne", wurde mir zur Antwort, „es handelt sich hier um
nichts Geringes, bedenken Sie Ihre Stellung!" „Meine Stellung?" „Sie sind die Geliebte eines Königs." „Was tut das
hier zur Sache?" „Sie gehen mit uns oder Sie gehen — "
„Warten Sie, meine Herren, einen Augenblick verzeihen Sie,
meine Antwort währt nicht länger. — Ich gehe nicht mit Ihnen
— und Sie gehen!"*

Eitelkeit und Selbstüberschätzung, die aus dieser Auffassung ihrer persönlichen Stellung hervorgehen, verleiteten
Lola sehr bald, höhere Ansprüche an den König zu stellen,
der, wie sie wußte, geneigt war, ihr jeden Wunsch zu erfüllen. Sie glaubte, sobald sie sich durch einen höheren Rang
von der Masse unterscheide, würden nicht allein die Verfol-
gungen und Schmähungen nachlassen; sie werde dann unbehelligt ihrem königlichen Freund bei den Regierungsgeschäften helfen und in das Räderwerk der Staatsmaschine
eingreifen können. Sie bestürmte den König, ihr Rang und
Namen einer Gräfin zu verleihen. Durch die Standeserhöhung hoffte sie, bei den Ratgebern des Monarchen zu gewinnen und die bisherige Abneigung der Regierungsmänner
ins Gegenteil zu verkehren.

Ludwig war bereit, ihr auch diesen Wunsch zu erfüllen.
Hatte es schon viel Staub aufgewirbelt, daß er seiner Mätresse einen kleinen Palast in der Barer Straße überwies und
ihr eine jährliche Apanage von 70.000 Gulden aussetzte, ihr
eine Pension auf Lebenszeit am Hoftheater zubilligte, kostbare Roben, edles Geschmeide, eine Equipage und einen
kleinen Marstall zu ihrer Verfügung hielt und sie für die
Schönheitsgalerie hatte malen lassen, so mußten die Neider
schreien, wenn sie von der Standeserhöhung hören würden,
die all diese Schätze krönen sollte!

Ehe der König sein Wort einlösen konnte, mußten die Formalitäten des Indigenats erfüllt werden. Hier war eine Klippe zu umschiffen. Das Indigenat, mit dem der volle Genuß aller bürgerlichen, öffentlichen und privaten Rechte verbunden war, wurde entweder durch die Geburt oder durch die Naturalisation erworben. So konnten also auch Landesfremde das bayrische Indigenat erhalten durch ein besonderes, nach erfolgter Vernehmung des Staatsrats ausgefertigtes königliches Dekret. Der Staatsrat hatte keineswegs eine entscheidende Stimme; der König konnte gegen das von der Majorität abgegebene, ja selbst einstimmige Gutachten der höchsten Behörde das Indigenat verleihen.

Der damalige Minister des Auswärtigen in Bayern, Graf Otto von Bray-Steinburg, schreibt über die wachsenden Ansprüche der Favoritin des Monarchen:

„Die Prätension der Begünstigten stieg fortwährend und ebenso die ihr willfahrende Schwäche des Königs. Heimatlos, wie sie war, verlangte sie in den bayrischen Staatsverband aufgenommen zu werden, um Adel und Titel zu erhalten. Im Februar 1847 erging an den Minister des Äußeren durch königliches Handbillett der Befehl, für die Senora Lola Montez ein Indigenatsdekret anfertigen zu lassen, wie solches in Bayern nur ausnahmsweise und in Anerkennung hervorragender, dem Lande geleisteter Dienste erteilt wird. Vor allem mußte die Statsangehörigkeit der zu Begnadigenden nachgewiesen werden. Bei der Lola Montez aber war es zweifelhaft, ob sie ledig oder verheiratet, Spanierin oder Engländerin sei. Sie besaß keinen anderen Ausweis als eine auf ihrer Durchreise durch das Fürstentum Reuß j.L. ausgestellte Fahrkarte. Unter diesen Umständen war die Ausfertigung der Indigenatsurkunde nicht nur vollständig unangemessen, sondern auch ungesetzlich, was die einberufene

Staatsratssitzung einstimmig anerkannte. Das Sitzungsprotokoll wurde Sr. Majestät unterbreitet, folgte aber unter Erneuerung des früheren Befehls mit dem Signat zurück:

Unverweilt die soeben von Mir genommene Entschließung, die Ich auf das beigefügte Staatsprotokoll gesetzt habe, auszuführen, und das ohne Einrede.
München, 10. Februar 1847, gez. Ludwig.

Gleichzeitig erhielt Graf Bray ein Handbillett:

An den Minister Graf v. Bray.
In Bayern besteht das monarchische Prinzip. Der König befiehlt, und die Minister gehorchen. Glaubt einer, es sei gegen sein Gewissen, so gibt er das Portefeuille zurück und hört auf, Minister zu sein. Der König läßt sich nicht von Ministern vorschreiben, was Er tun und lassen soll. Was Ich bereits älteren Ministern gesagt, erkläre Ich hiermit auch jungen.
gez. Ludwig.

Graf Bray unterbreitete dem König alsbald das geforderte Indigenatsgesuch für Lola Montez im Konzept, bat aber gleichzeitig um seine Amtsenthebung, die augenblicklich erfolgte.

Die anderen Minister, die das Protokoll der Staatsratssitzung mitunterzeichnet hatten, v. Abel, v. Schrenk, v. Gumppenberg und Graf Seinsheim, reichten nunmehr glcichfalls ihre Abschiedsgesuche ein. Abel, der schon seit einiger Zeit beim König in Ungnade war und wußte, daß seine Zeit vorüber sei, wollte bei seinem Scheiden vor aller Welt seine Verdienste um Land und Krone noch einmal ins rechte Licht setzen und wurde in dieser Absicht der geistige

Urheber eines Memorandums an den König, das in eitler Selbstüberhebung nicht nur gegen die Form verstieß, sondern auch weit über den Rahmen der Indigenatsangelegenheit hinausging und den Eindruck der Maßregelung des Königs durch seinen Premierminister hervorrief. Die unehrerbietige Eingabe lautet:

München, den 11. Februar 1847.

Allerdurchlauchtigster Großmächtigster König!

Allergnädigster König und Herr!

Es gibt Augenblicke im öffentlichen Leben, in welchen den Männern, die das unschätzbare Vertrauen ihres Monarchen zur obersten Leitung der Staatsverwaltung in ihren verschiedenen Zweigen berufen hat, nur noch die betrübende Wahl offensteht, entweder der Erfüllung der heiligsten durch den geleisteten Eid, durch Treue, Anhänglichkeit und heiße Dankbarkeit besiegelten Pflichten zu entsagen, oder in gewissenhafter Erfüllung dieser Pflichten die schmerzliche Gefahr des Mißfallens ihres geliebten Monarchen nicht zu beachten.

In diese Lage sehen die treugehorsamst Unterzeichneten durch den Allerhöchsten Beschluß, der Senora Lola Montez das bayrische Indigenat durch Königliches Dekret zu verleihen, sich versetzt, und sie alle sind eines Verrates an den Eurer Königlichen Majestät gelobten heiligsten Pflichten unfähig — ihr Entschluß konnte daher nicht schwanken.

Diese Indigenatsverleihung ward in der Staatsratssitzung vom 8. d.M. von dem K. Staatsrate v. Maurer als die größte Kalamität, die über Bayern kommen könne, offen und laut bezeichnet; diese Überzeugung ward von dem ganzen Staatsrate geteilt, sie ist der Ausdruck der Gesinnungen aller treuen Untertanen Eurer Königlichen Majestät, und es hat nicht erst einer Staatsratssitzung bedurft, um ebendiese Überzeugung in

den treugehorsamst Unterzeichneten unerschüttert zu begrün-
den.

Seit dem Monat Oktober des vorigen Jahres sind die Au-
gen des ganzen Landes auf München gerichtet, und es haben
sich in allen Teilen Bayerns über das, was hier vorgeht, und
was beinahe den ausschließlichen Gegenstand der Gespräche
im Innern der Familien, wie an öffentlichen Orten bildet, Ur-
teile festgestellt, und es ist aus diesen Urteilen eine Stimmung
erwachsen, die zu den bedenklichsten gehört.

Die Ehrfurcht vor dem Monarchen wird mehr und mehr in
dem Innern der Gemüter ausgetilgt, weil nur noch Äußerun-
gen des bittersten Tadels und der lautesten Mißbilligung ver-
nommen werden. Dabei ist das Nationalgefühl auf das tiefste
verletzt, weil Bayern sich von einer Fremden, deren Ruf in
der öffentlichen Meinung gebrandmarkt ist, regieret glaubt,
und so manchen Tatsachen gegenüber nichts diesen Glauben
zu entwurzeln vermag.

Männer, wie der Bischof von Augsburg, dessen Treue und
Anhänglichkeit an Eure Königliche Majestät über jeden
Zweifel erhaben sind, vergießen über das, was vorgeht, und
über die täglich mehr sich entwickelnden Folgen bittere Thrä-
nen; die treugehorsamst mitunterzeichneten Minister des In-
nern und der Finanzen sind selbst Augen- und Ohrenzeugen
der heißen Thränen und der bitteren Klagen des genannten Bi-
schofs gewesen.

Der Fürstbischof von Breslau hatte kaum von einem hier
verbreiteten Gerüchte, er habe ein das befragliche Verhältnis
entschuldigendes Gutachten abgegeben, Kenntnis erlangt, als
er augenblicklich einen Brief hierher erließ, mit der Auffor-
derung, diese Sage, wo immer davon gesprochen werde, auf
das bestimmteste als unwahr zu erklären, und seine entschie-
dene Mißbilligung der Vorgänge auszusprechen.

Sein Schreiben ist hier kein Geheimnis mehr, wird bald im ganzen Lande bekannt sein – und welches ist die Wirkung?

Die ausländischen Blätter bringen täglich die schmählichsten Anekdoten und die herabwürdigendsten Angriffe gegen Eure Königliche Majestät. Das anliegende Stück der „Ulmer Chronik" enthält eine Probe. Alle polizeiliche Aufsicht vermag die Einbringung dieser Blätter nicht zu verhüten: sie werden verbreitet und mit Gierde verschlungen. Der Eindruck, der in den Gemütern zurückbleibt, kann nicht zweifelhaft sein, – er erneut sich täglich und wird bald nie und durch nichts mehr verlöscht werden können.

Eine gleiche Stimmung besteht von Berchtesgaden und Passau bis Aschaffenburg und Zweibrücken, ja, sie ist über ganz Europa verbreitet, sie ist ganz die gleiche in der Hütte des Armen, wie in dem Palaste des Reichen.

Es ist nicht bloß der Ruhm und das Glück der Regierung Eurer Königlichen Majestät – es ist die Sache des Königtums, die auf dem Spiele steht; daher das Frohlocken derer, die auf den Umsturz der Throne hinarbeiten, und die sich zur Lebensaufgabe gemacht haben, das Königtum in der öffentlichen Meinung zu verderben; daher aber auch der tiefe Schmerz und die Verzweiflung aller derer, welche Eurer Königlichen Majestät mit treuer Liebe anhängen, und die über die Gefahren, denen das Königtum vielleicht zu keiner Zeit in größerem Maße ausgesetzt gewesen ist, die Augen nicht verschließen.

Dabei liegt es außer dem Bereiche menschlicher Kräfte, auf die Länge zu verhüten und zu verhindern, daß die Rückwirkung dessen, was vorgeht, nicht mehr und mehr auch auf die bewaffnete Macht übergehe; und wo soll noch eine Hilfe gefunden werden, wenn auch dieses ungeheure Übel einträte, wenn auch dieses Bollwerk wankte?

*Was die treugehorsamst Unterzeichneten hier mit gebro-
chenem Herzen Eurer Königlichen Majestät in tiefster Ehrfurcht vorzutragen wagen, beruht nicht auf Gespensterseherei;
es ist das traurige Ergebnis der Beobachtungen, welche sie —
jeder in seinem Wirkungskreise — tagtäglich seit Monaten
machen müssen.*

*Was unter solchen Verhältnissen von dem nächsten Land-
tage zu erwarten sei, liegt wohl offen am Tage: unberechenbar
sind die letzten Folgen seiner Verhandlungen, wenn sie unter
solchen Eindrücken gepflogen werden.*

*Jeder der treugehorsamst Unterzeichneten ist bereit, in
jedem Augenblicke für Eure Königliche Majestät Gut und
Blut freudig hinzuopfern; sie glauben von ihrer treuen Anhänglichkeit genugsame Proben gegeben zu haben.*

*Aber eben deshalb ist es ihnen eine doppelt heilige Pflicht,
Eurer Königlichen Majestät die Gefahren offen darzulegen,
welche mit jedem Tage wachsen, und Allerhöchst dieselben zu
beschwören, ihre flehentliche Bitte um die Gewährung der
einzigen hier möglichen Hilfe zu erhören und dem unseligen
Gedanken zu entsagen, als sei es Leidenschaft oder Widerstand gegen den Allerhöchsten Willen Eurer Königlichen Majestät, welcher allerorten sich kundgibt, während dieser Widerstand nur gegen Verhältnisse gerichtet ist, durch welche
jeder treue Bayer untergraben sieht, was ihm vor allem am
Herzen liegt: den Ruhm und die Macht und das Glück, die
ganze Zukunft seines geliebten Königs.*

*Die treugehorsamst Unterzeichneten haben die Folgen des
Schrittes, zu welchem die treueste und innigste Anhänglichkeit an Eure Königliche Majestät und die Erkenntnis der
unberechenbaren Wichtigkeit des Augenblicks allein sie vermocht hat, nach allen Richtungen wohl erwogen; sie wissen
und sind davon durchdrungen, daß, wenn Eure Königliche*

Majestät ihr heißes Flehen nicht zu erhören geruhen, ihre Wirksamkeit auf der Stelle, zu welcher sie die Gnade und das Vertrauen ihres geliebten Königs und Herrn berufen hat, beendet und dann nur noch eine Pflicht auf dieser Stelle zu erfüllen ihnen übrig ist, die Pflicht, Eure Königliche Majestät um die Enthebung von der Führung der ihnen anvertrauten Ministerien, wenn auch mit tiefem Schmerzgefühle, ehrfurchtsvoll zu bitten.

v. Abel, v. Schrenk. v. Gumppenberg. Graf v. Seinsheim.

Der Unwille des Königs wurde durch dieses Memorandum, das viele versteckte „Rüffel" enthielt und von dem Treitschke gesagt hat, „daß es in der Geschichte deutscher Monarchien ohne Beispiel dastehe", aufs höchste gesteigert. Er verfügte unter dem 16. Februar die sofortige Verabschiedung der Minister und übertrug dem Staatsrat v. Maurer, einem Protestanten, die Regierungsgeschäfte. Maurer unterzeichnete augenblicklich das von seinen Vorgängern abgelehnte Indigenatsdekret. Der Wille des Königs war erfüllt; Lola Montez wurde mit allen Rechten zur Gräfin von Landsfeld erhoben.

Mit dem an den König gerichteten „Memorandum" hatte es noch eine besondere Bewandtnis. Beim Empfang des Schriftstücks fragte der Monarch den Ministerpräsidenten: „Ist dies die einzige Handschrift?" Abel bejahte. Dennoch erschien nach wenigen Tagen das Memorandum im Abdruck in allen führenden Zeitungen Deutschlands und des Auslands. So erhielt die „Weserzeitung" z.B. eine Abschrift, die von einer ungeübten Kinderhand angefertigt war ...

Ludwig war über diesen Vertrauensbruch seiner Minister außerordentlich empört und soll in einer Abendgesellschaft in Gegenwart seiner Mätresse geäußert haben: „Alle meine Minister habe ich entlassen! Das Jesuitenregiment hat aufgehört in Bayern!"

Der sonst so kluge und scharfblickende Fürst schien sich tatsächlich die krausen Gedankengänge seiner Mätresse ganz zu eigen gemacht zu haben und jedes Augenmaß für die ihn umgebende Welt verloren zu haben!

Am 24. Februar berief der König den Freiherrn v. Zu-Rhein als Verweser der Ministerien für Finanz und Kultus; Maurer erhielt das Justizministerium. Was die Kammern nicht erreicht hatten, war der schönen Lola gelungen: Das Ministerium Abel war gestürzt! In der Audienz der neuen Minister sagte Ludwig: „Glauben Sie nicht, meine Herren, daß das Staatsschiff nach einem anderen System geleitet werde. Nur der überflüssige Ballast wird herausgeworfen!" Zunächst hatten die Liberalen das Heft in der Hand. Doch sollten sich die Erwartungen, die der König an die Wandlung knüpfte, nicht erfüllen.

Der eigentliche Sturm sollte erst losbrechen! Das „Ministerium der Morgenröte", wie die neuen Männer allgemein genannt wurden, hatte sich keiner sehr langen Herrschaft zu erfreuen. Die Wühlarbeit im gegnerischen Lager wirkte sich erst ganz langsam aus.

Der 1. März war ein kritischer Tag erster Ordnung. Von der Universität aus sollte der Unfrieden diesmal ins Volk getragen werden. Professor Ernst v. Lasaulx, ein bei den Studenten beliebter Lehrer, stellte, zweifellos in bester Absicht, im Senat den Antrag, die Hochschule möge als erste sittliche Korporation im Staate dem verabschiedeten Minister Abel, der für die Sittlichkeit stets eingetreten sei, ihre Anerkennung zollen. Sein Antrag wurde von den Professoren v. Philipps, v. Moy und Höfler unterstützt. Sobald der König von dieser Absicht erfuhr, verfügte er augenblicklich die Verabschiedung der genannten vier Professoren. Als die Studenten dies durch Anschlag am Schwarzen Brett am Montagmorgen erfuhren, zogen sie in die Ludwigstraße vor die Wohnungen der Professoren Lasaulx und Höfler und brachten ihnen begeisterte Ovationen dar. Und als sie dann zu gleichem Zwecke vor das Haus des Professors Philipps ziehen wollten, wurden sie unterwegs von anderen Professoren und dem Universitätskommissar Braumühl angehalten und zur Ruhe ermahnt. Zunächst trennten sich die Studenten, versammelten sich jedoch um zwei Uhr nachmittags von neuem und rückten nun vor die Villa der Gräfin von Landsfeld, um ihr, die sie für die Urheberin der Entlassungsdekrete der Universitätslehrer hielten, ein Pereat zu bringen. Lola erschien am Fenster, steckte die Zunge heraus, leerte ein Glas Champagner und warf es dann auf die Straße hinab. Außerdem drohte sie den Studenten mit einem Dolche und einer Pistole und ohrfeigte schließlich vor allem Volke ihren Liebhaber, den Leutnant Nußbaum, der sie von ihren Torheiten abhalten und ins Zimmer zurückziehen wollte. Die Mätresse des Königs inszenierte durch ihr freches Gebaren erst den öffentlichen Skandal. Die Demonstranten bestanden zum kleineren Teil aus Studierenden, wurden aber bald durch schau- und radaulustige Passanten verstärkt, die sich in ihrem Elemente fühlten. Später besetzten Infanterie und Kavallerie die Theresienstraße, aber das wüste Geschrei und Gejohle dauerte bis in die späten Abendstunden. Die Ruhestörer zogen dann noch in anderen Stadtteilen umher und schlugen Fenster und Laternen ein. Der König, der sich zu Fuß nach der Villa der Gräfin begeben hatte, wurde auf dem Hin- und Herwege nicht mit der ihm gebührenden Achtung und Ehrfurcht behandelt. Doch schon am anderen Tage ebbte der Tumult wieder ab, so daß Lola sogar am Abend unbehelligt in ihrer Loge im Theater erscheinen konnte.

Eine Zeitlang schien es, als wären alle Klippen glücklich umschifft. Der Sommer ging ohne besondere Störungen vorüber. Dem König wurde auf seinen Reisen vom Volke begeistert gehuldigt, wo immer er sich zeigte. Manche Schichten der Bevölkerung glaubten fest daran, daß nun allmählich das „Ministerium der Morgenröte" in München und draußen an Boden gewinnen und ersprießliche Arbeit leisten werde. Und doch erwies sich diese Hoffnung nur zu bald als trügerisch.

Die schöne Lola schwelgte im Triumph ihres Sieges und bestürmte den König immer wieder, die Minister in ihre Salons einzuführen. Er nahm die Geliebte gegen alle Verunglimpfungen in Schutz. Wenn man ihm die Gründe auseinandersetzte, aus denen jeder gern auf Lolas Gesellschaft verzichtete, erwiderte er: „Welcher stolzen Frau aus diesen gerühmten besseren Ständen wäre es wohl anders ergangen, wenn sie jung, schön und hilflos in die Welt geschleudert worden wäre? Und ist etwa die und die wirklich besser? Ich kenne sie alle und halte den Unversuchten ihre gepriesene Tugend nicht allzu hoch!" Der König merkte noch immer nicht, daß die Abenteuerin nach dem ihr geläufigen Gesetz handelte: Die Welt ist für mich da. Sie stellte kühl berechnend ihre Schönheit und die Reize ihres Körpers in den Dienst ihrer Ziele. Sie wußte, was sie wollte! Nur der König ahnte auch jetzt noch nicht, daß er seine Gunst an eine Wertlose verschwendete! So gab er auch ihrem Drängen nach und bat die Minister, sich bei ihr sehen zu lassen, fand aber taube Ohren. Ganz ausdrücklich hatte der Minister v. Maurer erklärt, daß er dem Kreise der neukreierten Gräfin fernbleiben werde. Das faßte Lola als persönliche Beleidigung auf und wühlte gegen Maurer so lange, bis der König ihn fallenließ. Er kannte schließlich nur noch den einen Maßstab für die Treue seiner nächsten Umgebung, ob sie bereit sei, mit seiner Mätresse zu verkehren! Schon am 30. November 1847 sah sich Maurer durch die unerquicklichen Verhältnisse gezwungen zu demissionieren. Gleichzeitig mit ihm legte auch der Minister Freiherr v. Zu-Rhein sein Portefeuille nieder. Das Ministerium der Morgenröte hatte eine so kurze Lebensdauer, daß von einer zielbewußten, fruchtbringenden Arbeit nach den neuen Richtlinien keine Rede sein konnte.

Der Fürst von Oettingen-Wallerstein wurde nunmehr vom König mit der Bildung des neuen Kabinetts betraut, in dem auch der Staatsrat v. Berks, der bisherige Reisekavalier der Lola Montez, zum allgemeinen Verdruß ein Ressort erhielt. Es war nichts gewonnen. In den Oberschichten der Bevölkerung flaute der Unwille mit den bestehenden Verhältnissen nicht ab. Überall herrschte eine schwüle Kampfstimmung, die früher oder später zur Entladung drängte. Dabei war aber nur der kleinste Teil des Volkes an den brennenden Fragen der Parteien wirklich beteiligt. Der großen Masse fehlte jedes politische Verständnis. Sie wurde, wie zu allen Zeiten, von der herrschenden Partei einfach mitgerissen. Die neuen Männer hatten vergeblich versucht, das Volk für die lebendige Teilnahme an den Regierungsproblemen und für die politische Agitation zu erziehen. Die liberal gerichteten Elemente träumten von einer Wendung der Dinge und debattierten fleißig auf der Bierbank. Die klerikale Presse hingegen kannte ihre Ziele. Sie geißelte voller Zorn das „Wiederauftauchen des Prinzips der alten Majestätsrechte, dieser Häresie der letzten Jahrhunderte, an der Fürsten und

Völker sich beteiligten". Einige königliche Dekrete im Interesse des paritätischen Friedens steigerten den Unwillen der Ultramontanen. Mit jedem Tage wuchs die Aufregung, durch polternde und unbesonnene Kanzelredner genährt. Man beschuldigte Lola nun ganz offen der unbefugten Einmischung in Regierungsgeschäfte. Man wies auf ihr aufreizendes und freches Wesen hin und beklagte in bewegten Worten den unseligen Einfluß der Hetäre auf den Landesherrn, den diese fremde Buhlerin um die Liebe seines Volkes bringen wolle. Oben und unten wurde an allen Orten der Stadt agitiert und randaliert. Der öffentliche Skandal war das Tagesgespräch. Daneben gab es aber auch eine Gruppe von Konjunkturjägern, die die schöne Lola mit Gnadengesuchen überschwemmten, so daß diese glauben mußte, sie habe wirklich etwas zu entscheiden. Im Volksmund hieß sie die „Gouvernante vom Lande". Ihre Briefe an die Münchner Geschäftswelt pflegte sie als „Maitresse du Roy" zu unterzeichnen, bis ihr der König solchen Unfug verbot. In der Armee wurde die Mätresse fast einstimmig abgelehnt. Die Offiziere sprachen öffentlich von der „Hure" des Königs. Als dieser davon erfuhr, erließ er einen Befehl, der jede Unterhaltung über das heikle Thema verbot. Damit war jedoch nichts erreicht. Die Kritik ging lustig weiter; man sprach jetzt nur verschleiert von „Herrn Maier" und seiner „Pepi".

Inzwischen war das tolle Jahr angebrochen. In deutschen Landen gab es auf der Bühne „München" seine erste Gastrolle. Aus an sich unbedeutendem Anlaß kam der Stein ins Rollen und war nicht mehr aufzuhalten. Unter den Musensöhnen begann der Zwiespalt, wuchs sich zum Tumult aus und pflanzte sich dann mit Windeseile in alle Schichten der Bevölkerung fort.

Die Neigungen der Studentenschaft für des Königs

Freundin waren geteilt. Einige Mitglieder der Verbindung „Palatia" waren ihr treu ergeben; sie wurden jedoch aus dem Korpsverband ausgestoßen, „weil sie sich an den gesellschaftlichen Veranstaltungen in der Villa der Gräfin Landsfeld beteiligt hatten". Die Ausgestoßenen gründeten eine neue Verbindung unter dem Namen „Alemannia", die nur zu bald den Charakter einer Satellitenkohorte der Mätresse darstellte. Es kam zu wüsten Zusammenstößen zwischen der gesamten Studentenschaft und den Alemannen. Die Reibereien nahmen von der Universität aus ihren Anfang. Die „Alemannia" wurde von den übrigen Korps, den „Isaren", „Bayern", „Pfälzern", „Schwaben" und „Franken" in Verruf erklärt. Trotz der begütigenden Ermahnungen des Rektors und des Ministers Fürsten von Wallerstein nahm der Streit immer größere Dimensionen an. Am 9. Februar kam es dann zu öffentlichen Raufereien und Exzessen. Politische und private Angelegenheiten schied man nicht mehr reinlich voneinander. Es hatte sich im Laufe der Zeit so viel Zündstoff angesammelt, daß die Explosion unvermeidlich geworden war. Im Vordergrunde aller Erörterungen stand Lola, die Heldin des Tages. Nun hatte ein Mitglied der „Alemannen", ein Graf Hirschberg, einen anderen Kommilitonen während der Streitigkeiten am 9. Februar mit dem Dolche bedroht; der Tumult wuchs augenblicklich. Die Studenten formierten sich zu einer Demonstration. Aus der Schwabinger Straße kam eine Gegendemonstration, von der Gräfin Landsfeld geführt. Der Zusammenstoß war unabwendbar. Es wurde so lebhaft gerauft, daß die schöne Lola in die Theatinerkirche flüchten mußte, um nicht von dem erregten Volke gelyncht zu werden. Am 10. Februar kündigte ein königlicher Erlaß den Schluß der Universität bis zum Beginn des Wintersemesters an. Der König wollte durch diesen Befehl den Herd der Unruhen ein für allemal beseitigen. Diese in das gesamte Volksleben tiefeinschneidende Verfügung führte zu neuer ungeheurer Erregung der Bevölkerung. Niemand scheute sich, es offen auszusprechen, daß die Mätresse des Königs die Urheberin all des Unglücks sei.

Die Studentenschaft fühlte sich in ihrem Studiengang zurückgeworfen; die Bürger Münchens sahen sich für lange Zeit in ihren Einnahmen schwer geschädigt. Nur die Alemannen oder, wie man sie nannte, die „Lolamannen", standen zu ihrer Protektorin. Nachmittags zwei Uhr fand eine Versammlung der Studenten statt, die dann unter dem Gesang des „Gaudeamus igitur" zum Ministerium des Innern zogen, um dem Fürsten von Wallerstein ihren Abschiedsgruß zu bringen. Die zunächst noch friedliche Demonstration nahm sehr bald einen tragischen Verlauf. Die Polizeiorgane hielten den Aufzug der Studenten für staatsgefährlich, und die Gendarmen machten auf Kommando des Hauptmanns Bauer von den Bajonetten Gebrauch. Nun war die Volkswut entfesselt.

Zur gleichen Zeit fand auf dem Rathaus eine Sitzung der Bürger statt, die sehr stürmisch verlief. Die Bürger forderten, daß der Magistrat sofort eine Deputation an den König schicke, um die augenblickliche Aufhebung des Befehls zur Schließung der Universität zu erwirken. Wilde Gerüchte von schweren Verwundungen der Bürger und inzwischen eingetretenen Todesfällen durcheilten die Stadt und schürten das Feuer der Erregung. Bürgermeister Dr. v. Steinsdorf sah sich gezwungen, den Wünschen der Einwohnerschaft zu entsprechen und zog mit einer Abordnung nach der Residenz. Der König schlug die erbetene Audienz ab und ließ sagen, er werde lieber sein Leben lassen, als sein Wort zurücknehmen. Die Allerhöchste Entschließung werde dem

Magistrat im Laufe des Tages zugehen. So zog der Bürgermeister unverrichteter Sache wieder ab. Am Abend erschien der Ministerverweser des Innern v. Berks – er hieß in ganz München nur noch der „Mätressenminister" – und verkündete, daß Seine Majestät allergnädigst geruht hätten, die Universität nach Ostern, also für das Sommersemester wieder zu eröffnen. Die Bürgerschaft wollte sich jedoch mit der neuen Verfügung nicht zufrieden geben, sondern erklärte einmütig, am nächsten Morgen um acht Uhr zu weiteren Verhandlungen auf dem Rathause zu erscheinen.

Während der Nacht brachen ernstere Unruhen aus. Die aufgeregte Menge demonstrierte wütend vor der Villa der Gräfin Landsfeld in der Barer Straße und verübte gleichzeitig verheerende Angriffe gegen das Polizeigebäude in der Weinstraße; die Volkswut war durch das Verhalten der Gendarmerie während des Tages aufs höchste gestiegen. Endlich gelang es einer Militäreskorte, in den späten Nachtstunden die Ruhe einigermaßen wiederherzustellen. Inzwischen war auch die Villa der Mätresse des Königs militärisch gesperrt worden.

Tags darauf, am 11. Februar, versammelten sich die Bürger frühzeitig wieder auf dem Rathause. Eine neue Abordnung sollte dem König die Forderung überbringen, daß die Universität nicht erst nach Ostern, sondern sofort wieder geöffnet werden müsse. Der König war isoliert. Er befand sich in einer verzweifelten Lage. Das Volk hatte sich gegen ihn erhoben. So entschloß er sich, unter dem Zwange der übermächtigen Ereignisse nachzugeben und ließ der Bürgerschaft nach dem Rathause die Entscheidung bringen, daß er die Erlaubnis zur sofortigen Wiedereröffnung der Universität erteilt habe.

Um nun den Stein des Anstoßes zu beseitigen, schrieb er

gleichzeitig an seine Herzensfreundin und bat sie, bis auf weiteres die Hauptstadt zu verlassen. Somit war Lola aus München verbannt. Sie wurde unter scharfer Bedeckung und Begleitung einiger Alemannen nach der Krondomäne Blutenburg bei Nymphenburg abgeschoben. Sie hatte dem Willen des erzürnten Volkes weichen müssen. Selbst die Macht des Königs war an diesem Bollwerk zerschellt. In der Stunde der schwersten Prüfung seines Lebens opferte er um des Volkes willen die Geliebte! Er glaubte fest daran, daß die breiten Massen lediglich durch die Lust am Skandal zu ihrer auflehnenden Haltung getrieben worden seien. Die Rädelsführer suchte er in den Kreisen der klerikalen Partei, deren Macht durch den Einfluß der Verbannten gebrochen war. Er scheute sich nicht, diese Auffassung offen zu äußern: „Hätte sie nicht Lola Montez, sondern Loyola Montez geheißen, so säße sie ruhig in München!"

Es war ein kurzer Traum. Das Spiel war aus. Der König hatte es verloren! Die schöne Lola war um ein Jahrhundert zu spät geboren. Früher gehörten solche Nebenfrauen zum guten Ton der Höfe. Das 19. Jahrhundert hatte am Vorabend des Revolutionsjahres nicht mehr das erforderliche Verständnis für die Launen und kapriziösen Wünsche einer Lola Montez, der ein luxuriöses Leben an der Seite des Herrschers nicht genügte, sondern die in dreistem Übermut entscheidenden Einfluß auf die Staatsgeschäfte für sich forderte und ihren Günstlingen einen Platz an der Sonne schaffen wollte!

In der „Deutschen Revue" des Jahres 1902 schreibt August Fournier über den Höhepunkt des Lola-Skandals in München und seine tragischen politischen Folgen sehr knapp und aufschlußreich:

Im Februar 1848 kam es bei Görres' Leichenbegängnis

– er war der erbittertste Gegner der Favoritin gewesen – zu neuen Tumulten, die endlich zur Verabschiedung der Montez führten. Noch nach ihrer Abreise tobte der Pöbel in der Barer Straße und begann ihre Villa zu demolieren. Aber nun zeigte es sich, daß die Bewegung doch tiefer ging: das Volk forderte in lauten Demonstrationen vom König den Zusammentritt der Stände, ein gerechtes Wahlsystem und größere politische Freiheiten. Ludwig, der ernste Zusammenstöße vermeiden wollte und vielleicht auch der Haltung des Militärs nicht ganz sicher war, gab nach. In einem Manifest vom 6. März verhieß er vollständige Preßfreiheit, ein Gesetz über Ministerverantwortlichkeit, eine Wahlreform, die Beeidigung des Heeres auf die Verfassung und dergleichen mehr. Als diese Zugeständnisse in den Kreisen seiner Familie Widerspruch fanden, und als das bloße Gerücht, die Landsfeld sei zurückgekehrt, einen neuen Aufruhr erzeugte, legte der König am 19. März die Krone nieder. Für die Montez ist er nicht mehr eingetreten. Er selbst hatte noch am 17. ein Dekret unterzeichnet, das sie des bayrischen Indigenats verlustig erklärte. Nach dem, was ihm über sie zu Ohren gekommen war, schien er sie seines Schutzes nicht mehr wert zu halten. Nur mit materiellen Mitteln unterstützte er sie, als sie sich in England verheiratet hatte, bis ihm ein Erpressungsversuch vollends die Augen öffnete ...

In der letzten Zeit war die Montez in Wort und Schrift für die Emanzipation der Frauen aufgetreten. Ihr Leben war keine Empfehlung für ihre Idee.

Nach ihrer Vertreibung aus dem Paradiese München begann Lola Montez ein wüstes Wanderleben, überall wurde sie von alten und jungen Gecken umschwärmt, lebte bald in London, bald in Paris und ging schließlich mit dem Agenten Willis im Jahre 1852 nach Amerika, wo sie in New York,

Boston, Philadelphia und New Orleans als Tänzerin auftrat. In San Franzisko erschien sie auf der Bühne als Befreierin Bayerns vom Joch der Ultramontanen!

Nach einem ziellosen Liebes- und Nomadenleben starb die einst Vielgefeierte und Vielgeschmähte in tiefstem Elend. Auf dem Kirchhof zu Greenwood bei New York steht ein Grabstein mit der knappen Inschrift:

Mrs. Eliza Gilbert, died January 17. 1861,
aged 42 years.

Lola Montez
Gräfin von Landsfeld

Inhalt